y-knot

権力を読み解く
政治学

羅芝賢・前田健太郎　著

Musubu

有斐閣

デザイン　高野美緒子

著者紹介

羅　芝賢（ナ　ジヒョン）　　　　　　　　担当：序章，第Ⅰ部，第Ⅱ部

現職：國學院大學法学部准教授

略歴：1984 年韓国大邱に生まれる。2008 年高麗大学文学部卒業。2017 年
　東京大学大学院法学政治学研究科博士課程修了。博士（法学）。東京大
　学公共政策大学院特任講師などを経て現職。

主著：『番号を創る権力——日本における番号制度の成立と展開』（東京大
　学出版会，2019 年，藤田賞奨励賞受賞）

　/// 読者へのメッセージ ///

　　政治学に親しみを感じるための方法を 1 つご紹介します。政治
　ニュースを見ながら，「ジョン・ロックさんならどう思うかな」「カー
　ル・マルクスさんなら何をいうかな」と思考をめぐらせてみるのです。
　もちろん，ロックやマルクスの著作を先に読まなければなりません。

前田　健太郎（まえだ　けんたろう）　　　　　担当：第Ⅲ部，終章

現職：東京大学大学院法学政治学研究科教授

略歴：1980 年東京に生まれる。2003 年東京大学文学部卒業。2011 年東京
　大学大学院法学政治学研究科博士課程修了。博士（法学）。首都大学東
　京大学院社会科学研究科准教授などを経て現職。

主著：『市民を雇わない国家——日本が公務員の少ない国へと至った道』
　（東京大学出版会，2014 年，サントリー学芸賞受賞），『女性のいない民
　主主義』（岩波書店，2019 年）

　/// 読者へのメッセージ ///

　　昔から，1 人で考えている時よりも，他人と話している時のほうが，
　うまく考えがまとまります。この教科書も，2 人の著者で議論しながら
　書きました。実は，歴史上の政治思想家の多くも，無類のおしゃべり好
　きだったそうです。もしかすると，それが政治の本質なのかもしれませ
　んね。

目　次

第 **II** 部　　**国民国家の成立**
なぜ世界は1つになれないのか

第 III 部　国民国家の民主主義
その理想と現実

第 7 章　民主主義の多様性 ···················· 177

Column 一覧

/// ウェブサポートページ ///

　学習をサポートする資料を提供しています。下記のQRコードからご参照ください。

https://www.yuhikaku.co.jp/yuhikaku_pr/y-knot/list/20008p/

序章

　政治学の面白さを知ってもらいたい。

　私たちが本書を執筆した動機は，この言葉に尽きます。大学で政治学を教えていると，「政治」に強い関心を持ち，その面白さについて語る受講者に出会う機会は少なくありません。しかし，「政治学」に関しては，これといった印象を持たずに教室を訪れる受講者がほとんどではないでしょうか。そんな受講者たちが，すべての授業を終えた学期の最後に，「政治学への興味が湧いてきました」という感想を伝えてくれること。私たちにとって，それ以上の喜びはありません。とても私的なことになりますが，本書の一番の目的は，この喜びを味わう機会を増やすことにあります。

▷ 政治学の面白さ

政治学の魅力は，時空を超えて広がる論争のスケールの大きさにあります。

例えば，21世紀の日本の民主主義について考える際に，紀元前4世紀のギリシアで活動していた哲学者アリストテレスの議論が参考になると聞くと，少し驚きませんか。都市国家（ポリス）の時代を生きたアリストテレスは，友愛に支えられた平等な者同士の相互支配こそが良い政治を実現すると考えました（アリストテレス 2001）。広大な領域に無数の人々が暮らす近代国家の時代には，このような議論よりも利害対立を調整する政治制度の設計が重視されてきましたが，その仕組みが行き詰まると，再び古典的な議論への注目が集まります。ここ最近の民主主義国では，政治的な対立が激化した結果，互いを敵同士に見立てて攻撃することが問題になってきました。こうした時代状況の下で，アリストテレスが実はきわめて重要な指摘をしていたということが，改めて確認されたのです。

これは，自然科学ではなかなか見られない光景でしょう。自然科学では，「パラダイム」と呼ばれるような，研究者の間で広く認められた理論や法則が定立されれば，それ以前の議論に遡ることはないのが一般的です（クーン 2023）。今日の物理学の授業で，アリストテレスの力学を学ぶことはありません。しかし，政治学の授業では，アリストテレスはもちろん，マキャヴェッリも，ホッブズも，当たり前のように登場します。それは，こうした思想家たちが参加していた論争が，いまだに決着を見ていないからです。この終わりのない論争に魅力を感じるとしたら，政治学の面白さを感じる準備が整ったといえるでしょう。

本書を読み進めていくと，そこではカール・マルクスという人物への言及が特に多いことに気づくはずです。これは他の政治学の教科書とは異なる特徴かもしれません。かつては日本でも，マルクス

の思想が政治学の議論の中で頻繁に登場していました。西洋社会を
モデルとする段階的発展論を日本に当てはめるためにその思想が用
いられていたのです。それに対する反動として，近年ではマルクス
への言及を避ける傾向が見受けられます。しかし，この教科書では
マルクスを正面から取り上げることにしました。それは，マルクス
の思想が正しいと考えるからではなく，それを生み出した西洋社会
を理解することが，日本をよりよく知ることにつながると考えたか
らです。

　20世紀以後の日本の政治学は，欧米の政治学の影響を強く受け
てきました。その欧米の政治学者たちが常に論敵として念頭に置い
ていたのが，マルクスです。だからこそ，現代の政治学を理解する
うえでは，マルクスのいう階級や革命といった概念の意味を理解す
ることが欠かせません。それを知ることで，日本を含む東アジアが，
欧米の政治学を生み出した西洋社会とどのように異なるのかが見え
てくるでしょう。

　このように，政治学の大きな論争の流れをたどりながら，自分の
生きる社会について考えることこそが政治学の醍醐味だと，私たち
は考えています。

▷　「権力を読み解く」とは？

　本書では，権力を読み解くための政治学を学びます。それは，民
主主義における主権者として，政治の仕組みに関する基礎知識を身
につけることとは違う意味を持ちます。むしろ，近代国家の支配を
受ける「被治者」の視点に立って，なぜ今日のような政治の仕組み
が形成されたのかを検討します。

　これは，誰が「真の権力者」なのかを特定する試みではありませ
ん。私たちが暮らす近代国家では，誰が首相になろうと，政権が交
代しようと，人々は国家に税金を納め，国家が提供する行政サービ

スに依存しながら生活しています。つまり，権力者の存在が見えにくくなっていることこそが，近代国家の持つ権力の大きな特徴なのです。そのため本書では，**思想**，**経済**，**軍事力**，**制度**という4つの権力資源に注目し，それらの組み合わせによって近代国家が形成されたという見方を提示します。

国家権力といわれても，普段の生活の中でそれを感じる場面はそう多くはないでしょう。しかし，実はその感覚こそが，国家権力の大きさを示しています。例えば，テレビアニメ「ドラえもん」を観ながら，「なぜのび太は努力もせずに楽をしようとするのか」という感想を抱いたことはありませんか。「海に入らず海底を散歩する方法」（第1012話）というエピソードで，のび太は，南の島で休暇を楽しむ友だちに嫉妬しつつも，海で泳げるようになるための一切の努力を拒否します。ドラえもんが「どこでもドア」で出かけようと誘っても，のび太は「どうせ海に行ったって泳げないし！」と泣き叫び，海に潜らずに海底を散歩したいなどと言い出すのです。そこでドラえもんは，泳ぐ練習もせず，無茶な要求をしてくるのび太に「水よけロープ」という道具を与え，水に入らずに海の中を楽しめるようにしてあげました。

こういう場面を見て，「頑張らないのび太はずるい」と言いたくなる人もいるでしょう。それでは，その「頑張らないやつは許せない」という感覚は，どこから生まれたのでしょうか。

人類は，ドラえもんの道具を手に入れることはいまだにできていませんが，頑張らなくてもいいようにしてくれる道具ならば，既に数多く生み出してきました。AI（人工知能）の話を持ち出すまでもなく，20世紀前半にコンピュータを発明した人々は，それによって人間の労働時間が激減するだろうと期待していました。1週間に15時間も働けば，それで事足りると考えていたのです。ところが，現実はどうでしょう。1日の仕事を3時間で切り上げる人など，そ

う簡単には見つかりません。しかも，働いている人の多くは，実は自分の仕事は価値のないものなのではないかと内心では思っているようです（グレーバー 2020）。そうだとすれば，なぜ人類は，テクノロジーを駆使して労働時間を減らそうとしないのでしょうか。のび太のように，もっと楽をしながら，豊かな生活を送ることもできるのではないでしょうか。

　実は，この話は国家権力と深く結びついています。人類は，国家の誕生とともに，その活動を支える富を生み出すべく，それまでにない重労働を強いられるようになりました。昔話を読めば，そこでは王や貴族の生活を支えるために，人々が農地を耕し，年貢を納めています。そして，近代国家と呼ばれる今日の国家は，これまでの人類の歴史で類を見ないほど多くの富を生み出す，資本主義という経済システムとともに出現しました。その中で暮らしている私たちは，会社で働いて給料を受け取ることこそが普通の生き方だと考えています。かつての時代よりもはるかに多くの税を集めるようになった国家は，人々の労働時間や働き方にも影響を与えるようになりました。それは，ある特定の権力者が計画したものではなく，さまざまな権力資源が，歴史の中で絡み合いながら，近代国家という組織を生み出したことによって導かれた帰結です。

　以上の問題関心にもとづいて，本書では，近代国家が出現した時代から今日に至るまで，政治がどのように展開してきたかを見渡します。

▷ 本書の構成

　第Ⅰ部では，政治に関する本書の基本的な考え方について解説します。まず**第1章**では，政治という活動の性格を理解するための入り口として，**暴力**について考えます。昔に比べると，今の世の中では暴力が目立たなくなりました。しかし，暴力が減少したように感

じられるのは，それが目に見えない空間で行使されるようになったからにすぎないかもしれません。政治とは，そうした形で暴力を抑制し，隠蔽するような，**権力**を伴う活動です。この視点から政治を見渡せば，そこでは人々の多様な意見を調停する活動よりも，現状への不満を抑え込む働きが目立ちます。

第2章では，このような権力を行使する組織としての国家が，2つの異なる視点によって理解されてきたことに注目します。一方の視点では，国家は公共の利益を実現する**政治共同体**です。これに対して，もう一方の視点では，国家は被治者に納税や兵役を強制する**暴力機構**です。この章では，暴力機構の側面を持つ国家が，それにもかかわらず支配の**正統性**を獲得し，近代国家へと発展した過程を検討します。

第Ⅱ部では，今日の世界が，資本主義の下で1つに結ばれるのではなく，一定の領域の上に成り立つ国民国家を基本的な単位とするようになった理由を考えます。ここで重要なのは，それが単一の要因によって導かれた帰結ではないということです。本書では，思想，経済，軍事力，制度という4つの要因がそれぞれどのような役割を果たし，それが互いにどう影響し合ったかに注目します。

第3章では，もともとは国家への帰属意識を持たなかった人々を，国民という集団に結びつけた**ナショナリズム**の思想について検討します。**第4章**では，グローバルな市場経済が作られる代わりに，国家を単位とする**国民経済**が重要になった理由を考えます。**第5章**では，国家という組織が**戦争**のための軍事力を整備するなかで拡大してきたことを踏まえ，戦争の変容が国家のあり方をどのように変えてきたかを明らかにします。**第6章**では，国民国家を安定させた制度の働きを考えるべく，**官僚制**と**民主主義**を取り上げて検討します。

第Ⅲ部では，国民国家を前提として創られた民主主義の可能性と

限界について論じます。今日の民主主義国家は，国民という集団が存在することを前提に，その政治制度を作り上げてきました。日本も，このような民主主義国家の中に含まれます。ここでの目的は，それが具体的には何を意味しているのかについて考えることです。

　国民という共同体には，対等な人間同士が精神的な絆によって結ばれているというイメージもありますが，そのイメージが実態を反映しているとは限りません。「人民による，人民のための政治」こそが民主主義だといっても，実際に「人民」が直接統治を行っている国は，世界のどこにも存在しないのです。国家権力をどのように行使するかを実際に決めるのは，ごく少数のエリートです。そこで，この第Ⅲ部の各章では，一見すると民主的な政治制度の下で，なぜ少数の人々に権力が集中するのかについて考えていきます。それは同時に，民主国家の下で，なぜ多くの人々の意見が代表されてこなかったのかを考えることにもつながるでしょう。

　第7章では，なぜ首相を選挙で選べないのかという疑問から出発し，**議院内閣制**や**大統領制**といった政治制度がエリートのどのような利害関心の下に成立したのかを考えます。第8章では，国民国家の領域内に市民としての十分な権利を持たない人々が多数居住していることに注目し，そのような**市民権**の不平等が生じている理由を考えます。第9章では，なぜ**メディア企業**が政治に関する報道を独占してきたのかを考え，インターネットがその状況にいかなる影響を及ぼすのかを検討します。第10章では**利益集団**の役割に目を転じ，なぜ特定の団体の代表者だけが政策決定に参加できるのかを考えたうえで，社会運動の可能性を論じます。第11章では，国民の代表を選んでいるはずの**選挙**において，いつも同じような人々が当選しているという事実から出発し，候補者たちが選挙を勝ち抜くために用いる手段について考えます。第12章では，有権者の意見を国政に反映するはずの**政党**が，なぜ少数の幹部の手で運営されて

いるのかを考えます。**第13章**では，なぜ選挙で選ばれたわけでもない**官僚**が法律を作っているのかという疑問を踏まえて，それとは異なる道を探ります。

このように，本書ではさまざまなテーマについて議論を行いますが，そこには1つ共通点があります。その共通点とは，政治権力を行使するエリートの視点から一般市民の行動パターンを把握するための政治学ではなく，政治権力を行使される側である一般市民の視点からエリートの動機を理解するための政治学を目指すということです。

この試みは，政治に関する常識を，従来とは異なる視点から捉え直すものでもあります。例えば，西洋社会で作られた理論を東アジアの視点から，男性が提唱した学説を女性の視点から，国民を前提にした議論を外国人の視点から眺めるのが本書のアプローチです。現代における政治の常識を疑い，そのような常識が成立した歴史的な経緯を明らかにする作業を何度も繰り返し行うなかで，本書を手に取る皆さんも，権力を読み解くための自分なりの切り口を見つけられるようになることを期待しています。

*** *Bibliography* 参考文献 ***

アリストテレス（2001）『政治学』牛田徳子訳，京都大学学術出版会

グレーバー，デヴィット（2020）『ブルシット・ジョブ——クソどうでもいい仕事の理論』酒井隆史・芳賀達彦・森田和樹訳，岩波書店

クーン，トマス・S（2023）『科学革命の構造［新版］』青木薫訳，みすず書房

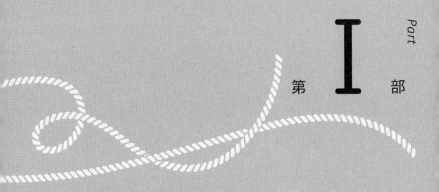

基本的な考え方

政治権力と暴力

Question 考えてみましょう

2019 年 4 月，日本ではガーベラやヒマワリなどの花を手にした人々が街頭に立ちました。「フラワーデモ」と呼ばれるこの抗議活動は，その前月に性暴力事件への無罪判決が相次いだことをきっ

出典：時事。

かけに始まったものです。判決への異議を示すため，それまで家庭内暴力（DV）や性被害への支援活動を行ってきた人々のみならず，性被害者に寄り添うさまざまな人が集まりました。このデモは全国各地に広がり，性暴力に対する社会の関心を高めました。

しかし，このような活動に対して，それは公共の場で議論するべき問題ではないと主張する人々もいます。家庭のような私的な空間で生じる事柄は，政治の場から切り離すべきだというのです。この問題について，皆さんはどのように考えますか。果たして，政治の場とはどこまでを含むのでしょうか。

Answer　本章の考え方

　家族や友人とのやりとり，あるいは会社での人間関係などに，政治が絡む余地はないと考える人は少なくないかもしれません。政治学においても，公共の利益の実現とは直接的な関わりがないという理由から，私的な空間を政治の場として認めない考えが長らく主流になっていました。

　しかし，近年の政治学では，そうした考え方が批判を受けています。その批判の根拠となるのは，人々が権力や権威を意識しながら行動するあらゆる場面において政治が行われているということです。愛や尊敬，思想信条などと並んで，政治も，人間関係を成立させるうえで欠かすことのできない要素として捉えられているのです。とりわけフェミニズムの立場から見れば，家庭とは，労働力を再生産し，支配的な社会規範を身につけさせ，女性を男性に従属させる空間となっており，政治を論じる際には欠かせない要素です。

　例えば，一見すると愛情で結ばれている家族は，実は抑圧と隣り合わせにあります。今日の日本では，家庭内での家事・育児・介護などのケア労働の分担，選択的夫婦別氏，家庭内暴力（DV），児童虐待といったさまざまな問題が，政治の問題として国会で取り上げられ，解決に向けた取り組みが行われています。

　フラワーデモに集まった人々は，性被害の現実に即していない刑法の問題を取り上げ，被害者中心主義にもとづく刑法改正を求めてきました。こうして，それまでは政治の問題だと考えられていなかった事柄が，政治の問題として認識されることになったのです。

Chapter structure 本章の構成

1. なぜ昔に比べて暴力が目立たないのか？	近代社会に暴力を隠蔽する作用があるからだ。	2. それは政治と何の関係があるのか？	政治とは権力を伴う活動だ。その権力は、秩序を揺るがす問題を未然に隠してしまう。	3. 政治権力は何を隠しているのだろう？

1　暴力は減少したのか

▷　武士の世と現代社会

　日本の時代劇やテレビゲームには，刀を持って派手なアクションを披露する武士たちが多く登場します。そのようなコンテンツを通じて，人々は現実世界では味わえないような体験をすることになります。そう考えると，昔に比べて，今はずいぶんと平和な世の中になっているように感じませんか。ゲームに出てくる日本刀に心を踊らされる人々でも，日常生活において暴力に明け暮れるわけではありません。武士の世とは異なり，今の日本では武器の所持が銃刀法によって制限されており，道端で武器を持ち歩く人は滅多に見かけません。

　国会議員や知事といった政治家たちも，武士とは大きく異なる姿をしています。武士が幕府や藩の役職に就くのは武士のイエに生まれたからですが，現代の政治家たちが国や自治体の仕事を任されているのは，政治家のイエに生まれたからではなく，選挙で選ばれたからです。そんな政治家たちが選挙で選ばれるためにやるべきことは，戦（いくさ）で手柄を立てることではなく，有権者にアピールできる政策を考えて支持基盤を固めることでしょう。

そうだとすれば，政治学の教科書で，暴力について真剣に議論する必要はあまりないのかもしれません。暴力が登場する場面は，歴史の物語に限定されているからです。しかし，本当にそうなのでしょうか。私たちの目の前に現れないだけで，実は見えない場所で日常的に暴力が繰り広げられているのだとすれば，話はまったく別のものになります。

　この章で示す本書の基本的な立場は，そのように隠された暴力から目を背けないということです。以下では，いくつか具体的な例を挙げて考えてみます。

▷　暴力の隠蔽

　スーパーに行けば，同じ大きさにカットされ，衛生的なパッケージに入れられた牛肉や豚肉を簡単に購入することができます。「今夜の夕食はカレーにしよう」と決めて，ちょうどいい大きさにカットされた豚肉をカゴに入れながら，「この豚はどこでどのように殺されたのか」などと考える人は，まずいないでしょう。でも，不思議ではありませんか。いつスーパーに行っても，ちょうどよい大きさにカットされた豚肉が，いつもと同じ値段で売られています。その裏で大量の豚が命を失っているとしても，私たちは特に罪悪感を抱くことなく，豚肉が入ったカレーを美味しく食べています。

　屠殺場で働いた経験にもとづいて書かれたティモシー・パチラットの『暴力のエスノグラフィー』（2022 年）は，動物を殺すという暴力を隠蔽することこそが，市場経済における食肉という商品の大量生産を可能にしていると述べています。パチラットが働いていた屠殺場は，そこで何が起きているかを外部の人間は想像できないように，街の風景に溶け込むような外観をしています。しかし，驚くべきなのは，外から中を覗けないようにする外壁の存在ではありません。実は，屠殺場の中でこそ，食肉の大量生産を可能にする仕掛

図 1-1　屠殺場における生・殺・死

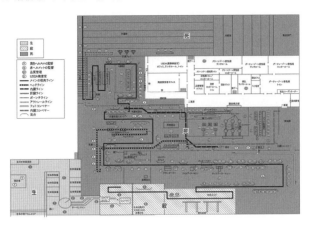

出典：パチラット（2022），72-73 頁。

けが働いていることをパチラットは発見します。屠殺場の作業員たちは，着用しているヘルメットで色分けされており，自分の作業場を離れて自由に移動することを禁じられていました。そして，屠殺場の空間全体が，まだ生きた牛が入ってくる場所（生），牛が殺される場所（殺），そして死んだ牛が食肉として処理される場所（死）に区切られていたのです（**図 1-1**）。

　この徹底的に区切られた空間で同じ作業を繰り返す作業員たちは，自分が牛の生死とは関係のない仕事をしていると感じるようになります。生きた牛を気絶させる役割を果たす「ノッカー」という職員だけが，牛を殺しているのだと考えるのです。その屠殺場では，12 秒ごとに 1 頭の牛が命を奪われるという現実があっても，この現実の重荷を背負うのは，ノッカーただ 1 人です。自分が消費するためではなく，市場での取引から利益を得るために商品を生産するという資本主義的な食肉の生産は，そのようにして可能になって

いるのです（パチラット 2022）。

「文明化」の帰結

　暴力の隠蔽が行われるのは，食肉を大量に生産するためだけではありません。中世のヨーロッパでは，各国の王室がパリの宮廷に倣い，その礼儀作法を身につけていく「文明化」の過程が見られました。それによってヨーロッパでは戦争が減少し，他国との駆け引きのために外交という手段が使われるようになります。

　しかし，暴力が減少したのは，あくまでもヨーロッパ内での話でした。礼儀作法を共有し，自らを文明国として位置づけるようになったヨーロッパの支配者たちは，そうでないものを野蛮なものとして認識するようになります。すると，野蛮なものに対しては，暴力を向けてもよいという論理が成立します。奴隷貿易や植民地支配は，この「文明」と「野蛮」という恣意的な区別にもとづいて正当化されるようになりました。

　ノルベルト・エリアスの『文明化の過程』（1939 年）は，この問題を指摘するために書かれました。そこでは，中世ヨーロッパの宮廷で教育されていた礼儀作法も，現代人の感覚からすればかなり野蛮なものに見えるということが述べられています。文明と野蛮の区別は，実は相対的なものにすぎないのです（エリアス 2010）。

　それにもかかわらず，文明と野蛮を区別する思考法は，今でも根強く残っています。今の世の中で暴力が減少しているように見えるのも，暴力に晒していいと見なされている対象へと，暴力が集中しているからでしょう。しかもその暴力は，人目に触れないところで行使されることが多いのです。そうだとすれば，その暴力から目を背けるのではなく，その現実を直視し，どこに問題が潜んでいるかを考える必要があります。

16　　第 I 部　基本的な考え方

▷ 監獄の誕生

　暴力の隠蔽が，私たちの思考や行動にどのような影響を与えたのかという問題に関しては，**構造主義**という考え方が重要な視点を提示しています。構造主義は，私たちが自由に，主体的に判断した結果だと考えていることが，実は特定の社会的条件（構造）によって規定されていると指摘します。この思考法を有名にしたのが，ミシェル・フーコーでした。フーコーは，構造主義の視点を用いて，人々が「常識」だと信じている物の見方を次々と覆しました。

　フーコーの著作の中でも特に有名なのが，近代における刑罰の変化を論じた『監獄の誕生』（1975年）です。18世紀以前のヨーロッパでは，烙印，四裂き，鞭打ちといったような，受刑者の身体に苦痛を与える刑罰が公衆の前で執行されていました。ところが，近代的な法典の編纂が進んだ18世紀後半から，そのような身体刑は徐々に消滅していき，その代わりに禁錮，懲役，流刑といった刑罰が一般的になっていきます。そのなかでも，フーコーが特に注目したのは，一望監視方式の監獄（**パノプティコン**）の登場です。この監獄は，中央の監視塔から全体が一度に監視できるように設計され，反対に囚人たちには監視塔の中の状況が把握できない仕組みになっています。

　フーコーは，この監獄の中にいる囚人たちが，「正しい」とされる行為の規範を自発的に身につけていると考えました。囚人たちは，いつ自分の行動を見られているかを把握できないため，実は誰からも見張られていない状態でも，決められたルールをきちんと守るようになるのです。このフーコーの議論が大きな反響を呼んだのは，囚人たちのような人間を形成する「**規律権力**」が，監獄だけでなく，軍隊や学校など近代社会のあらゆる組織に存在することを指摘したためでした。その見方によれば，自律的な個人という言葉で表現される人間の主体性も，結局は権力の産物にすぎないということにな

ります（フーコー 1977）。

この規律権力を理解するうえで1つの鍵となるのが，物理的な暴力の減少です。身体刑の代わりに登場した監獄において，受刑者の身体は労働力として管理される対象となります。それまで公開処刑が生み出す恐怖の上に築かれていた「殺す権力」が，生命の管理と増進を通じて行使される「**生権力**」へと転換したのです（フーコー 1986）。このような変化は，大量の兵力と財源を必要とする近代国家の出現と密接に結びついていました。

⬡ 近代の魔女狩り

フーコーは物理的な暴力の減少に近代の特徴を見出しましたが，暴力はその姿を隠しているだけかもしれません。シルヴィア・フェデリーチは，もしフーコーがヨーロッパの魔女狩りを研究していたならば，「生権力」を支えているものの中に，実は剥き出しの暴力も含まれていることを理解しただろうと説きます（フェデリーチ 2017）。それは，フェミニズムの立場からの，フーコーに対する批判でした。

近代に移行する過程において，資本主義の発展を目指す国家は，その発展を妨げる存在を，魔女狩りという名目で大量に虐殺しました。そのターゲットとなったのは，表向きはキリスト教に対する宗教的な異端として名指された人々でしたが，実際には財産を持つ女性たちや，カトリック教会が禁止していた避妊を行う女性たちなど，男性の支配に逆らう女性たちでした。彼女たちは，資本主義に適した労働者を作り上げるのに協力的な存在ではなかったのです。このことに鑑みれば，魔女狩りを行う権力は，単に殺す権力の上に築かれていたのではなく，「生」のために用いられる権力であったと，フェデリーチは主張します。

この見方は，近代の資本主義を支える「生権力」が，実は剥き出

しの暴力を常に伴っていることを示唆します。世の中を見渡せば，フェデリーチの注目した女性たちに限らず，グローバル化によって居場所を奪われた移民や社会的マイノリティが，大規模な暴力に晒され続けているという現実に突き当たります。フェデリーチは，資本主義の発展が全世界規模で完了しない限り，魔女狩りのような現象は現代でも繰り返されるだろうと警鐘を鳴らします（フェデリーチ 2017）。

▷ 構造的暴力と「解釈労働」

フェミニズムの問題提起に対して，疑問を抱く人もいるかもしれません。それは，女性やその他の社会的マイノリティも，暴力を行使することがあるのではないかという疑問でしょう。この点に関しては，暴力を行使する行為そのものではなく，構造的不平等の状況こそが問題であることを理解しておく必要があります。

構造的不平等とは，社会のある集団が別の集団に対して常に優位に立つ状況を指します。例えば，家庭内暴力（DV）の被害者には圧倒的に女性が多いのが現状です。そうした状況は，人間社会の歴史の中で男性という集団が女性という集団に対して優位に立ち続け，両者の間の不平等が固定化したことの帰結です。この構造的不平等を生み出した原因を，デヴィッド・グレーバーは**構造的暴力**と呼んでいます（**コラム1**）。

構造的暴力は，ある重要な働きを持っています。それを手にした強者の側は，自分を取り巻く社会の成り立ちを深く考えることなくルールを定め，人々をそれに従わせようとします。逆に，弱者の側は，社会の仕組みが実際はどのように作動しているかを理解するべく，他者の動機や感性を読み取る「解釈労働」を常に行います。つまり，構造的暴力は，それを持つ者に対して，解釈労働を免除する働きをするのです（グレーバー 2017）。

コラム1　フェミニズムと解釈労働　「ここでも，また，ジェンダーの事例がふさわしい。たとえば，1950年代のアメリカのシチュエーションコメディには，お決まりのジョークがあった。女性を理解することの不可能性をめぐるジョークである。このジョーク（もちろん男性による）によれば，いつも，女性の論理は，根本的に異質なもので不可解なものだ。……［ところが］その女性たちはといえば，男性を理解するのに難儀するといった印象はだれも抱かないのである。理由はあきらかである。女性は，男性を理解することを選ぶしかないのだから」（グレーバー　2017：98頁）

前田：グレーバーの解釈労働という概念は，フェミニズムを参考にしていたのですね。

羅：そうです。解釈労働は非対称的に行われるときに問題になりますが，それが典型的に見られるのが男性支配の社会構造としての家父長制です（☞第3章4節）。

前田：でも，家父長制は暴力に支えられているといえるのでしょうか。グレーバーの論理だと，男性は暴力に支えられているからこそ，解釈労働を免除されているということになりますよね。しかし，男性の中にもケンカが苦手な人は多いでしょう。

羅：そこがポイントです。権力関係が不平等な状態を誰もが当たり前のように受け入れていて，物理的な暴力を行使する必要がなくなっているときこそ，解釈労働の不均衡が際立つのではないでしょうか。DVや性暴力が常に起きるわけではないけれど，そのようなことがまったく見られない家父長制はないということを，グレーバーは強調しています。

前田：暴力が見えにくくなって，逆に差別が当たり前の状態になってしまうと，たしかにマジョリティの側はそれに気づくことがますます難しくなりそうです。

羅：フェミニストが問題提起するまで，セクハラやストーカーといった概念が存在しなかったのも，そのためでしょうね。

もちろん，大規模な暴力手段を持つ主体であっても，暴力の相対的な量によっては，相手の意思を解釈する必要に迫られます。例えば，1962年のキューバ・ミサイル危機の際，アメリカとソ連の政府は，互いに相手の本当の意図を把握しようと必死になりました。それは，両者がいずれも核兵器という暴力手段を所持し，軍事力において勢力が拮抗していたからでしょう。もし，どちらか一方の勢力が明らかに優越した状態だったとすれば，優位に立つ側は，わざわざ相手の意思を解釈しようとはしなかったはずです。実際，アメリカはベトナム戦争で，ソ連はアフガニスタン侵攻で，現地の状況を把握することなく軍事力を投入し，泥沼に陥りました。

2　政治と権力

▷　権力を伴う活動としての政治

　ここまでの議論に従えば，人間社会は，暴力が横行する世界から暴力を使わない世界へと変わってきたのではありません。むしろ，暴力をなるべく隠し，表面化させない世界へと変わってきたのです。そうだとすれば，そのような変化は，一体なぜ生じたのでしょうか。この問題について考えるには，暴力を制御し隠蔽する，権力の働きを知る必要があります。それは同時に，政治を理解することにもつながるでしょう。権力は，政治とは何かを考えるときに欠かせない概念だからです。古代人のアリストテレスは，公共善を目指すのが政治だといい（アリストテレス 2001），近代人のマックス・ウェーバーは，秩序を維持するための活動こそが政治だといいますが（ヴェーバー 1972），これらの考えはいずれも，権力を含む人間関係の中に政治の本質を求めているのです。

　ここでの権力とは，他人を自らの意思に従わせる能力を意味しま

す。その能力の源である権力資源には，軍事力を含む暴力の他にも，経済力，思想，制度的な権限など，さまざまなものが含まれます。これらはいずれも権力の働きにとって重要な役割を果たしていますが，近年の政治学では，経済，思想，制度の役割が強調される一方で，暴力に関してはそれを正面から取り上げる議論が少なくなっています。その背景には，国家という組織が，人間社会の暴力をコントロールできるようになったという事情があります。近代社会では，それ以前に比べて国家の活動範囲が拡大しましたが，その背後では，国家による暴力の独占が生じていました。国家だけが，正当な暴力を行使できる存在となったのです（☞第2章2節）。暴力は，依然として権力の源として重要な役割を果たしていますが，今やすっかりその影を潜めています。

権力と暴力の区別

しかし，権力と暴力の関係については，まったく異なる考えも示されています。そのなかでも有名なのが，ハンナ・アレントの議論でしょう。ドイツにおけるナチスの迫害を逃れてアメリカに亡命した経験を持つアレントは，暴力が権力の源泉となるという考えを強く否定しました。権力とは人々の同意によって発生するものであり，それに対して暴力は，道具を用いることで発生しているにすぎないから，というのがその理由です。

アレントは革命の例を挙げて，権力と暴力の違いを説明します。武器を備えた軍隊や警察が，政府のために働いている状態であれば，当然のことながら政府が市民に対して暴力の面では優越します。しかし，多くの人々が政府の支配を正統なものとして認識しなくなれば，政府はもはや，武器の持ち主ではなくなるでしょう。そうして政府の下を離れた暴力を，革命勢力が手に入れると，既存の権力構造を転換させるような事態が生じます。そこまで事態が展開すれば，

政府はわずかに残っている暴力を行使する他には，なすすべがありません。したがって，暴力を行使するのは，政府が既に権力を失っていることの証拠であるというのが，アレントの見解です（アーレント 2000）。

アレントの見方は，当時の国際情勢に対する観察にもとづくものでした。例えば，1968 年に社会主義国のチェコスロバキアで「プラハの春」と呼ばれる自由化運動が起きたとき，社会主義陣営の盟主であったソ連は，すぐに軍を派遣し，事件を鎮圧しました。このような暴力による支配は，後に解体される運命にあるソ連の権力が，既に収縮を始めていたことの証であるという見方をすることもできるでしょう。

このように権力と暴力を区別することでアレントが主張しようとしたのは，政治をウェーバーのいうような「支配の業務」に還元してはならないということでした。政治の前提となる権力は，統治者が市民に対して一方的に行使できるようなものではないというのが，その理由です。すなわち，権力は，統治者個人の意思によって行使し得るものではなく，むしろ市民からなる集団に属し，集団が集団として維持されている限りにおいて存在するものです。統治者が市民から支配を託されているときに限って権力が発生する以上，市民が同意を示さなくなれば，その権力はただちに消滅してしまうことを，アレントは強調したのです。

しかし，この教科書では，政治という言葉の使い方を，アレントのようには狭く限定しません。それは本書が，政治の本来の意味を追求する規範的な議論を展開することよりも，現実における政治権力の働きが政治のあるべき姿から逸脱している理由を考えることに，より大きな関心を寄せているためです。政治権力は，暴力にもとづいている場合もあれば，そうでない場合もあるでしょう。むしろ問題は，統治者が権力を行使して暴力を隠し，それによってあたかも

世の中が平穏であるかのように装うことにあるのです。

▷ いたるところにある政治

アレントとは逆に，政治という言葉をより広い範囲で用いようとする立場もあります。例えば，20世紀後半のアメリカ政治学に大きな影響を与えたロバート・A・ダールは，「支配力，影響力，権力，権威をかなりの程度含む人間関係」を前提とした活動すべてが政治であると考えました（ダール 2012）。このように政治を定義すると，政治と呼ぶことのできる活動の範囲が格段に広がります。政治を行う主体を特定の組織に限定しないだけではなく，その主体の動機も定義の中に含めていないからです。

ダールによれば，人々は日常生活のあらゆる場面において，他人の影響力を意識しながら生きています。例えば，大学のサークルや企業に所属している人々は，日頃からその組織がどのように運営されるべきかについて語り合います。サークルの会長の選出方法や，企業の働き方改革など，その話題は多岐にわたります。このような会話が組織の構成員の間で交わされているのは，人々がその組織の指導者の影響力を意識していること，つまり政治を営んでいることの証です。

あらゆる組織の人間関係には，政治的な関係の他にも，尊敬，献身，愛情といったさまざまな要素が含まれます。ダールは，それと並んで政治も，人間関係を成立させる1つの側面であると考えました。ダールが提示している政治の定義に従うならば，いたるところで政治が行われていることになります。

この教科書では，ダールの立場を肯定しながらも，やはり国家権力を行使する活動としての政治を重視します。本章の冒頭で取り上げた屠殺場の事例からもわかるように，たしかに権力は日常生活の中で常に行使されています。しかし，そのような権力の働きを探る

目的は，それを通じて近代における暴力の抑制と隠蔽という社会変容のメカニズムを明らかにすることにありました。そうだとすれば，やはり近代国家の権力をまず解き明かしていくべきだというのが，本書の立場です。そこで注目するのが，ダールの見逃していた権力の側面です。

▷ 多元主義の盲点

　ダールの政治観は，**多元主義**と呼ばれています。多元主義とは，政府や議会だけでなく，社会のさまざまな集団に権力が分散していることを強調する考え方です。ダールのように多元主義の視点に立って民主主義国の政治を見渡せば，そこでは，無数の集団が政策決定過程に参入し，影響力を行使する，多元的な競争が繰り広げられていることがわかるでしょう。そして，その多様な集団の支持の上に，政府が成り立っています。政治とは，専制的な権力者による一方的な支配ではなく，多様な主体がそれぞれの政策分野において権力を行使する活動だということになるのです。

　20世紀半ばのアメリカの政府における意思決定の場を観察したダールは，異なる利害関心を持つ多様な人々がそこに参画していることに気づきます。そこには，すべての分野を横断して影響力を行使するような特権的な集団は存在せず，さまざまな集団が状況に応じて政府の意思決定に自らの意見を反映させていたのです。ダールは，このように多様な利益集団が自由な活動を繰り広げているところにこそ，アメリカ政治の特徴が表れていると考えました（☞第10章1節）。

　しかし，この多元主義の見方には，大きな問題があります。それは，意思決定の場で声を上げる機会を与えられていない人々や集団の姿が見落とされてしまうことです。たしかに今日では，政府の意思決定に多くの集団が参加し，自らの意見を政策に反映させてい

す。しかしその一方には，排除された意見も数多く存在するはずです。重要な問題が発生しても，既存の秩序を揺るがす可能性があれば，表面化される前にもみ消されることもあるかもしれません。政治と権力を考えるときは，この問題にきちんと向き合う必要があります。

3 　隠蔽する権力

▷ 権力の3つの次元

　政治権力の働きは，議会での採決のように，既に対立が表面化している場面を観察するだけで理解できるものではありません。現状に対して不満を持っている人々が，政策決定過程からあらかじめ排除されている可能性があるからです。この可能性は多元主義では見逃されていました。そのため，多元主義に対抗する形で浮上した権力論では，意思決定からの排除を可能にする「非決定権力」の働きに注目が集まり，その実態を明らかにしようとする議論が展開されました（Bachrach and Baratz 1962）。例えば，スティーヴン・ルークスは，ダールなど多元主義者の権力観を「一次元的権力観」と名づけ，そこでは見落とされがちな，争点を握りつぶす権力に注目する立場を「二次元的権力観」と呼びました。

　さらにルークスは，そこにもう1つの権力観を加えます。すなわち，特定の政治の争点において意思決定を左右する一次元的権力でもなく，潜在的な争点の公然化を食い止める二次元的権力でもない，第三の権力が存在すると考えたのです。この第三の権力とは，潜在的な紛争の余地すら消し去ってしまう権力を指します。仮に，人々が自らの真の利害をまったく意識しなくなれば，観察可能な紛争は，公然化したものであれ，潜伏状態にあるものであれ，すべて

消えてなくなります。このように，人々の意識を操作し，紛争を消滅させてしまう権力が存在することに注目したルークスは，その見方を「三次元的権力観」と名づけました（ルークス 1995）。

この三次元的権力が作用すれば，本来は政治の問題として公共的な議論の対象となるべき社会問題が隠蔽されてしまいます。劣悪な労働環境で働く労働者も，DV に直面する女性も，自分が受けている待遇が当然のものだと言われ続ければ，やがて自分の境遇を受け入れ，現状に満足してしまうでしょう。その結果，現状があたかも，平和な世の中であるような外観が演出されることになります。

ルークスの権力観は，ダールに対して，その視野の狭さを指摘するものでした。この指摘を受けたダールは，ルークスの議論に応答するなかで，徐々に多元主義の立場を離れていきます。そして，アメリカの経済格差が拡大していった 1970 年代以降は，企業の民主化をはじめとする，権力資源の不平等な分配の是正に関心を持つようになりました。この事例は，政治学において多様な視点から論争が行われることの重要性を示しています。

◻▷　**三次元的権力観の限界**

ただし，ルークスの「三次元的権力観」にも限界はあります。その限界とは，支配される側の人々が行う「解釈労働」の主体性を見落としているということです（☞**本章1節**）。ルークスの議論からは，不満を述べることなく支配者に従う従順な人々の姿が浮かび上がります。しかし，もしルークスが，例えば 19 世紀のアメリカ南部で暮らしていた奴隷の立場から権力を論じたとすれば，きっと違った内容の権力観を説いたでしょう。奴隷たちは，主人の前では絶対に本音を言わず，仲間内だけで本音を言い合っていたといわれています。それは，主人の前での「公式の脚本」とは区別された，「**隠された脚本**」でした（Scott 1990）。

主人から見て，奴隷たちが何の不満も持っていないように思えるのは，奴隷たちが意識を操作されて，主人に不満を持たなくなったからではありません。弱者の側の人々は，自分と同じ不満を持っている仲間が見つかるまで，そして支配者の権力が緩んで不満を発散できるときが来るまで，決して自らの意思を公表しないのです。その不満が最終的に爆発し，政治体制の民主化をもたらしたのが，1960 年代のアメリカの**公民権運動**でした（☞第 10 章 3 節）。

　つまり，条件が整えば，長らく意思決定の場から排除されていた人々も，自分たちの声を上げるようになるでしょう。その段階で初めて，私たちは隠されていた紛争を観察できるようになります。

▷　**フェミニズムからの問題提起**

　歴史的に長らく意思決定の場から排除されてきた争点の中でも，特に指摘しておくべき問題は，女性に対する抑圧です。政治学では長らくこの問題が正面から取り上げられずにいました。例えば，1970 年代以後は，国連における女子差別撤廃条約の採択（1979 年）や日本における男女雇用機会均等法の制定（1985 年）など，ジェンダーに関わる政治現象が目立ちましたが，そうした情勢は日本政治の周辺的な現象としか捉えられなかったのです。

　それに対する問題提起を行ったのが，女性解放を目指す思想である**フェミニズム**の立場をとる人々でした。権力に関わるあらゆる事柄を扱うはずの政治学において，女性が直面する権力の問題は常に見落とされてきたというのが，その批判の内容です。例えば，進藤久美子は，「近代民主主義を支えてきた政治理論が，政治を公的領域の事柄を扱うものとして私的領域の事柄やその住民である女性を政治から排除してきた」ことを批判し，「男性的力の論理で支配され続けてきた」政治学からの脱却を訴えました（進藤 2004：20 頁）。また，フェミニストたちの運動は，DV や性犯罪など，従来は政治

の問題ではないと考えられてきた事柄を，政治の重要な問題として位置づけました。

フェミニズムからの指摘にあるように，政治学では長らく政治活動における女性の役割が軽視されてきたという経緯があります。政治学では，民主政治の起源を，アリストテレスの活動の舞台であった古代ギリシアのアテナイに求めるのが通例です。アテナイの民主政は，市民が政治に直接参加し，自らの手で政策を決めていたことで知られていますが，男性の市民が政治参加を行う公的領域は，女性や奴隷が生活のための労働を行う私的領域とはっきりと分離されていました。女性と奴隷は，政治的意思決定を行う公の場から排除されていたのです。しかし，このことは裏を返せば，私的領域における女性や奴隷の活動があったからこそ，それに支えられて，男性たちの政治活動が成り立っていたことを意味します。その支えがなければ，男性の市民たちはあれほど多くの時間を政治活動に割くことはできなかったでしょう。

フェミニズムの議論を，政治学で主流化していくべき理由がここにあります。上野千鶴子によれば，フェミニズムが見出した**家父長制**という概念は，アテナイに見られるような物質的な基盤のある性支配の構造の問題を指摘するために生まれたものです（上野 2009）（☞第3章4節）。女性の労働力を支配する物質的な基盤が，政治活動の前提になっているのだとすれば，政治学ではそうした構造全体を捉えて議論を行う必要があるでしょう。

▷ **経済政策が隠すもの**

権力の働きによる争点の隠蔽は，経済の領域でも見られます。例えば，グローバル化が進む今日，しばしば発展途上国の貧困が注目を集めます。そこでは，一次産品を生産する農家が低価格に苦しみ，工場では多くの女性たちが生活も立ち行かないような低賃金の下，

劣悪な労働条件で長時間労働に従事しています。こうした現象は，グローバル化に伴って生じる市場競争の結果だと考えられがちです。

しかし，それは決して自由な市場競争の結果ではありません。例えば，中国で生産され，アメリカに輸出されているTシャツの原材料である綿花の多くは，実はアメリカのテキサスで生産されているといわれます。アメリカといえば世界でも屈指の先進国のはずですが，農業製品も数多く輸出しているのです。本当に市場競争が働いていれば，綿花のような一次産品は，アメリカでは生産されないはずです。

ここで重要な役割を果たしているのが，政府による産業の保護です。近代の世界では，市場経済の拡大が，それに対する反作用としての政府の保護を生み出す「二重の運動」が繰り返されてきました（☞第4章2節）。財政的に恵まれた先進国の政府は，自国の農産物に対して補助金を注ぎ込み，輸入する繊維製品に対しては関税を課しています。このような先進国と競争する発展途上国では，より安い価格で農産物を輸出し，自国の労働者の賃金をより低く抑えようとする動きが強まります（リポリ 2006）。

これは，私たちには見えない形で，先進国から発展途上国へと市場競争の痛みが転嫁されていることを意味します。それを転嫁させているのは，まぎれもなく政治権力の働きです。平和で豊かな先進国の暮らしを支えるさまざまな政策が，発展途上国では貧困と暴力を生み出しているのです。

多数決と国家の暴力

争点を隠蔽する政治権力の働きは，最終的には国家の持つ暴力手段によって支えられることになります。それを示すのが，多数決という仕組みです。多数決は，一般的には平和的な問題解決の方法だと思われています。しかし，多数決が政治的な意思決定で広く用ら

れているのは，それが少数派を説得することなく強引に結論を出せる方法だからです。そのため，多数決による意思決定は必ず敗者を生み出します。決定事項に納得できない少数派は，不満を募らせ，やがては暴力に訴えるかもしれません。

　ところが，今日の民主主義体制において，そうした紛争が起きることは稀です。その理由は，多数決による決定への同意を強制する暴力を，国家が独占していることにあります。仮に，誰もが暴力手段を持たない，まったく平等な状態において意思決定が行われるとしたら，多数決の方法は採用されないはずです。その代わりに，人々はお互いの真意を真剣に解釈し，相手を説得するように努めるでしょう。

　グレーバーは，「コンセンサスによる意思決定が典型的に見られる社会とは，少数派に対して，多数派の決定への同意を強制する手段が見出せないような社会」だといいます。そのような社会では，「誰ひとりとして同意を拒もうと思うほどには異論を感じないような決定」が行われます。それは，まさに民主主義的だというべき社会です（グレーバー 2020）。

　ところで，そのような社会は現実世界で本当に存在し得るのでしょうか。この疑問に対して，グレーバーは，人類の歴史の中から，完全に水平的な人間関係にもとづく政治空間が存在していたという事実を，いくらでも見つけ出すことができるといいます。そして，それらはすべて，国家の外であったからこそ実現できたものだということを強調します。近代国家が世界を覆う前の社会には，共通の資源を民主的に管理していた事例があふれていたのです（グレーバー 2017）。

　こうしたグレーバーの立場は**アナキズム**と呼ばれます。その主張は，国家が行使する権力を当たり前のように受け入れている私たちの暮らしが，人間社会の歴史においては決して当たり前ではなかっ

たことを指摘するものです。近代において，暴力が隠され，目に見えない場所へと移動したのも，国家が強大化したことによるものでした。ウェーバーのいうような，国家中心の政治のあり方は，実は近代特有のものなのです。

そこで，この教科書では，私たちの生活の隅々を支配する国家の存在を当然の前提とするのではなく，むしろ国家がどのようにして成立したのかを問い直すところから検討を始めます。次の章では，その予備的な作業として，国家に関する基本的な考え方を提示します。

⌗⌗⌗ *Book guide* 読書案内 ⌗⌗⌗

- ティモシー・パチラット『暴力のエスノグラフィー —— 産業化された屠殺と視界の政治』(小坂恵理訳，明石書店，2022 年)

  屠殺場でのフィールドワークを通じて近代における暴力の意味を再考する。素材の斬新さにも目を引かれるが，エリアスやフーコーの思想に新たな解釈を加える点も興味深い。
- R・A・ダール『現代政治分析』(高畠通敏訳，岩波書店，2012 年)

  現代の政治学における権力論の入門書として優れている一冊。ダール自身の立場だけが紹介されているのではなく，それに対する批判も踏まえながら丁寧に議論が展開されている。
- シルヴィア・フェデリーチ『キャリバンと魔女 —— 資本主義に抗する女性の身体』(小田原琳・後藤あゆみ訳，以文社，2017 年)

  マルクス主義フェミニズムの視点から近代社会の暴力性を批判する。魔女狩りが資本主義の発展過程でどのような意味を持っていたかを述べる。フェミニズムが既存の政治についての考え方をどう覆すかを鮮やかに示した一冊。

⌗⌗⌗ *Bibliography* 参考文献 ⌗⌗⌗

アリストテレス (2001)『政治学』牛田徳子訳，京都大学学術出版会

アーレント，ハンナ (2000)『暴力について —— 共和国の危機』山田正行訳，

みすず書房

上野千鶴子（2009）『家父長制と資本制——マルクス主義フェミニズムの地平』岩波書店

ヴェーバー，マックス（1972）『社会学の根本概念』清水幾太郎訳，岩波書店

エリアス，ノルベルト（2010）『文明化の過程・下〈改装版〉——社会の変遷／文明化の理論のための見取図』波田節夫訳，法政大学出版会

グレーバー，デヴィッド（2017）『官僚制のユートピア——テクノロジー，構造的愚かさ，リベラリズムの鉄則』酒井隆史訳，以文社

グレーバー，デヴィッド（2020）『民主主義の非西洋起源について——「あいだ」の空間の民主主義』片岡大右訳，以文社

進藤久美子（2004）『ジェンダーで読む日本政治——歴史と政策』有斐閣

ダール，R・A.（2012）『現代政治分析』高畠通敏訳，岩波書店

パチラット，ティモシー（2022）『暴力のエスノグラフィー——産業化された屠殺と視界の政治』小坂恵理訳，明石書店

フーコー，ミシェル（1977）『監獄の誕生——監視と処罰』田村俶訳，新潮社

フーコー，ミシェル（1986）『性の歴史 I　知への意志』渡辺守章訳，新潮社

フェデリーチ，シルヴィア（2017）『キャリバンと魔女——資本主義に抗する女性の身体』小田原琳・後藤あゆみ訳，以文社

リボリ，ピエトラ（2006）『あなたの T シャツはどこから来たのか？——誰も書かなかったグローバリゼーションの真実』雨宮寛・今井章子訳，東洋経済新報社

ルークス，スティーヴン（1995）『現代権力論批判』中島吉弘訳，未來社

Bachrach, Peter and Morton S. Baratz（1962）"Two Faces of Power," *American Political Science Review*, 56（4）: 947–952.

Dahl, Robert A.（1991）*Democracy and Its Critics*, Yale University Press.

Pillips, Anne（1998）*The Politics of Presence: The Political Representation of Gender, Ethnicity, and Race*, Oxford University Press.

Scott, James C.（1990）*Domination and the Arts of Resistance: Hidden Transcripts*, Yale University Press.

国　家

Question　考えてみましょう

　中国には，万里の長城と呼ばれる全長 5000 km 以上の巨大な城壁があります。現存する城壁は16 世紀に修築されたものですが，これを最初に建設したのは中国最初の皇帝である秦の始皇帝

出典：Wikimedia Commons.

だといわれています。始皇帝が国境地帯にこれほど巨大な壁を築いたのは，北方の異民族である匈奴を警戒していたからだというのが一般的な理解です。この見方によれば，華北地方に暮らしていた秦の人々は，城壁が建てられたことによって，匈奴の騎馬隊に脅かされることなく，安心して農業を営むことができるようになったでしょう。

　ところが，歴史学者の中には，まったく別の角度からこの城壁の役割を説明する人もいます。そこで注目される国家の姿は，外部の勢力から民衆を守るといったイメージとはかけ離れています。外部からの侵略を防ぐこと以外に，城壁にはいかなる役割が期待されていたのでしょうか。

Answer 本章の考え方

　万里の長城が建築された紀元前3世紀は，今日のように国家によって世界が覆われた時代ではありませんでした。むしろ，遊牧民のように国家の外で移動を繰り返す人々のほうが多かった時代です。そのため，この時代に建設された国家は，支配に必要な人口を確保するのに苦心しました。納税や兵役を担うことを強いられた人々が，支配者の手を逃れて逃亡するといったことが頻繁に起きていたのです。その結果，外部の勢力の侵略を受けるまでもなく，国家の支配はたやすく崩壊しました。

　この点に注目した中国史の研究者の中には興味深い仮説を提起した人もいます。秦という国家の支配者たちから見れば，異民族を国境の内側に入れないことと同じくらい，納税を担う秦の農民たちを外に逃がさないことが大事だったのではないかと考えたのです。そこから浮き彫りになるのは，異民族の暴力から民衆を守る国家の姿ではなく，民衆に対して納税という負担を強いる国家の暴力です。

　一方，今日の国家は，外国人が移住してくるのを防ぐために壁を築いています。国家は依然として税を取り立てますが，同時にさまざまな公共サービスを供給するようになったからです。そして多くの人々は，国家の支配を当然のように受け入れています。

　歴史を学ぶと，私たちの暮らす国家のあり方が，人類史を通じて決して当たり前ではなかったことに気づきます。歴史の大部分の期間を通じて，人々は国家の支配を逃れ，そこから自由になろうとしてきたのです。

Chapter structure 本章の構成

1. 国家とは何だろう？

国家は公共の利益を実現する政治共同体だという考え方と，それは支配のための暴力機構だという考え方がある。

2. なぜ人は国家の支配に従うのか？

伝統的な慣習，リーダーの資質，法的なルールなどにもとづく支配の正しさを信じているからだ。

3. 近代国家はどのような国家なのか？

1 政治共同体か，暴力機構か

▷ 政治共同体としての国家

国家は何のために存在しているのかという質問に答えるのは，それほど簡単ではありません。今日の国家が行っている活動は，その範囲があまりにも広すぎるからです。国家は，下水道を整備し，伝染病対策を行い，公教育を提供し，健康保険や年金といった社会保険制度を運用しています。警察を組織して国内の治安を維持する活動も行い，兵器を開発して外国に戦争を仕掛けることもあります。多くの国では，保育所を建てたり，交通網を整備したりするのも，国家の仕事となっています。

それでは，もう少し単純な活動を行っていた古代の国家について考えてみましょう。古代ギリシアの都市国家（ポリス）について，アリストテレスは「至高の共同体」という表現を用いてその存在の意味を説明しました（アリストテレス 2001）。彼が暮らしていたアテナイでは，人々が公共の広場に集まり，穀物の供給や国家の防衛などについて議論していたのです。当時は，今日の憲法のようなものは存在しなかったので，善悪や正義に関わる問題に関しても，市民が話し合って答えを導くことになっていました。

アリストテレスは，その活動の中に他の動物にはない人間の固有性が表れていると考えました。単に生存するためだけなら，家族共同体による経済活動だけで事足りるはずです。しかし，人間は善と悪や正と不正を区別できる存在であるため，より高度な共同体を作り，そこで決められた価値観に従って良き生活を目指しました。その高度な共同体の単位こそが国家であり，そのなかで人間は最も人間らしくなるというのがアリストテレスの考えでした。この考えは，国家の存在を個人が存在するための前提条件として位置づけています。人間は，「ポリス的動物」（ゾーン・ポリティコン）であるというアリストテレスの言葉は，そのような意味を含んでいるのです（アリストテレス 2001）。

<hr/>

　　国家が作る市民

　国家を，単なる生存のためではなく，より高い次元の価値を実現するための共同体だと考える思想は，アリストテレス以後も西洋の政治思想史において重要な部分を占めてきました（川出・山岡 2012）。例えば，ルネサンス期のイタリアで活動したニッコロ・マキャヴェッリは，人間はポリス的動物であるという見方は否定しながらも，公共の利益を実現するものとして国家を捉えました。彼の『ディスコルシ』（1517 年）という著作では，本来は公共の利益に関心を持たない市民の間に，公共精神をいかに浸透させるかという問題が取り上げられ，古代ローマの歴史から答えが導かれています。マキャヴェッリがローマの共和政を高く評価したのは，私的利益を追求する複数の党派が内紛を起こしても，その中から「公の自由」を実現する法律や体制が作り出されたと考えたためでした（マキャヴェッリ 2011）。

　国家が善き市民を作るという発想は，近代へと時代を下っても大きな影響力を発揮しています。マキャヴェッリと同様，古代の政治

のモデルに期待を寄せていたジャン＝ジャック・ルソーは，公共の利益の実現こそが，国家の存在する理由であると考えていました。ルソーは，とりわけ文明社会における不平等を問題視しましたが，その問題を解決するために必要なのもやはり国家です。社会契約による新たな国家の設立こそが，不平等を解消すると考えたのです。

　ルソーの『社会契約論』（1762 年）によれば，新たな国家の支配は，個別の人間ではなく，「一般意志」によって実現されるものです。一般意志とは，単純に多数決で決まるようなものではありません。公共の利益の実現を求めるものでなければ一般意志とは呼べないというのが，ルソーの考えです。その意味で一般意志は，私的な利益を追求する「特殊意志」とは区別されます。しかし，文明社会で堕落した人間に公共の利益を追い求めることを期待することはできません。そのため，ルソーは，一般意志を実現する国家によって，人間が改造されるべきだと考えました。つまり，ルソーの見立てでは，公共精神を持つ市民は，国家の手によって作り出される存在だったのです（ルソー 2010）。

▷　暴力機構としての国家

　しかし，支配される側の目に映る国家は，公共の利益を実現する存在であるよりも，むしろ暴力機構としての性格を持つものです。

　今から約 5000 年前，今日のイラクを流れるティグリス川とユーフラテス川流域のメソポタミアに初期の国家が出現した頃，世界の人口の大半は，国家の外で生きていました。日本の高校の世界史の教科書では，ここで国家が誕生し，定住農耕が始まると，食料の安定的な生産が可能となり，その結果「文明」が誕生したと説明されるのが一般的です。

　しかし，国家の外で暮らす人々は文明化されていない野蛮人だと，果たしていえるのでしょうか。アナキズムの思想家としても知られ

るジェームズ・C・スコットの『反穀物の人類史』（2017 年）は，国家の起源に関する従来の考え方に反論を提起し，「文明対野蛮」という二分法をはっきりと否定します（スコット 2019）。人々は，国家が出現するはるか前から，川が氾濫した後，あるいは森林火災によって余分なものが取り除かれた後の大地に種をまけば，作物がよく育つということを知っていました。それにもかかわらず，多くの人が定住農耕ではなく狩猟採集や移動耕作による生活を選んでいたのは，多様な生活手段を駆使したほうが気象の変化に適応しやすく，さらに栄養を豊富にとることができることを理解していたからなのです。

初期の国家は，短期間で分裂と崩壊を繰り返しました。人間，家畜，そして作物が密集していることは，疫病の発生の原因となり，それが国家に致命的な打撃を与えたためです。農業に依存する生活が広がれば，以前に比べて摂取できる栄養素の幅が狭まり，その結果，栄養失調による死亡率が高まりました。さらに，農作業は狩猟採集に比べて格段に手間がかかるだけでなく，その収穫物は徴税の対象となるため，被支配者層には重い負担がのしかかりました。そうした負担から逃れることができれば，人々は喜んで逃亡の道を選んだでしょう。そのような意味において，国家は疫学的に，生態学的に，そして政治的に脆弱だったのです。

そのため，初期の国家は，常に人口の維持という課題に悩まされていました。万里の長城のような防壁は，一般的には異民族から国家を守る役割を果たしたと考えられていますが，それと同時に，国内の耕作者（納税者）を逃さないという役割を期待されていたことが，さまざまな研究で明らかになっています。域内の人々の畑や家畜を守ることではなく，むしろ支配者たちの権力の源泉となる耕作人口や穀物の備蓄などの流出を防ぐことのほうが，城壁を作る大きな動機になっていたのです。

戦争に関しても，同じことがいえます。古代に起きた戦争の大半
は，領土の拡大よりも，捕虜の獲得を目的としていました。なぜな
ら，奴隷制の社会では，それが人口の維持に直結していたからです。
例えば，古代ギリシア・ローマ世界において，戦争で捕虜となり，
奴隷にされた人々の強制労働は，自らは生産を行わない国家の支配
者たちの生活に欠かせないものでした。強制力が働かない状態では，
支配者の生活を支えるほどの余剰はなかなか生産されないからです。
奴隷の存在感が薄かったメソポタミアの都市国家でさえ，最も重要
な輸出財である織物の生産は奴隷が担っていたといわれます。その
織物が交易を通じて金属と交換され，支配者たちの権力の源となっ
たのです。

▷ 税と穀物と文字

　余剰を生み出す強制労働は，奴隷だけに強いられたものではあり
ません。初期の国家では，今日のように貨幣を用いて税を納める
のではなく，穀物や家畜などの現物を用いて，あるいは労働を通じて
納税するのが主流でした。そこで，国家の支配下にある人々が，収
穫の少なからぬ部分を税として納めるためには，何とかして余剰分
を生産しなければなりません。国家の外に生きていた家族や部族が，
生活に必要な分以上の生産を行わなかったことに鑑みれば，国家の
下で行われる，余剰を生み出すための農作業は，強制労働に他なら
ないのです。

　ここでスコットは，ある興味深い事実を指摘しています。それは，
国家の支配下にいた人々が豆類やイモ類ではなく穀物を主食として
いたということです。生産効率という点から考えれば，これは実に
不思議なことです。というのも，豆類とイモ類は，土地の一定面積
から得られるカロリーがコムギやオオムギより多く，栽培に必要な
労働力もずっと少なくてすみます。それではなぜ，穀物を扱う農業

図 2-1　オオムギの勘定が書かれた楔形文字の粘土板

出典：Wikimedia Commons.

国家が主流となり，「レンズ豆国家」や「ヤムイモ国家」は登場しなかったのでしょうか。

　この問題は，徴税を担う役人の観点に立ってみれば，すぐに答えが見えてきます。役人は，1年の収穫量をできるだけ正確に把握し，なるべく手間をかけずに税を徴収できるようになることを望みます。そうだとすれば，収穫の時期が不定期で地中でも貯蔵できるイモ類などよりは，地上で育つために監視しやすく，ほぼ同時に収穫の時期を迎える穀物のほうが国家にとってははるかに都合がよいのです。つまり，農耕を行う人にとっては好都合な豆類やイモ類の性質が，逆に国家にとっては不都合だったということになります。

　穀物栽培によって課税対象が可視化され，安定的に徴収できるようになると，今度は穀物の輸送や継続的な管理が必要になります。そこで，文字が登場しました。文字の出現は，文学，神話，年代記，宗教上の記録などと結びついているイメージがありますが，紀元前3100年頃のものと推定されるウルクの遺跡からは，穀物と労働力と税に関して記述している楔形文字の粘土板が大量に発見されました（**図 2-1**）。文学や神話の記録に文字が使われるようになったのは，それから数百年後のことです。こうした傾向は，他の地域の「文

明」においても同様に見られました。紀元前220年頃の秦王朝では，書字法の統一や，重さ・距離・体積といった度量衡の統一の動きも起きており，税収を管理する手段としての文字の性格がよりはっきり見られていたといわれます。

資本家の国家

　このように国家が持つ強制力に注目すると，その支配の目的は必ずしも公共の利益の実現にあるとは限らないことがわかります。例えば，**社会契約論**も，現実の政治においては，むしろ国家権力を正当化する理論として用いられることが少なくありませんでした。ルソーの著作は，フランス革命の際に革命勢力の間で広く読まれていましたが，革命が急進化していくにつれて，「一般意志」の概念は反対派を粛清する恐怖政治を支えるものになってしまいます。ルソーに先立って社会契約論を展開したトマス・ホッブズやジョン・ロックの議論も，前者は17世紀のイングランド内戦を終結させるための強力な絶対王政を擁護する論理として，後者はアメリカにおける植民地拡大を正当化する論理として用いられました。

　そこで，既存の政治秩序に反対する立場をとる思想家の多くは，社会契約論を批判的に検討するようになります。とりわけ大きな影響力を持ったのは，19世紀ドイツの思想家カール・マルクスの議論です。イギリスを中心に産業革命が進み，資本家階級（**ブルジョアジー**）が台頭するのを目撃していたマルクスは，『共産党宣言』（1848年）の中で，国家とは「ブルジョア階級の共同事務を行う委員会」にすぎないと主張します。国家が行う活動は，そこで暮らす人々に等しく便益を提供するためではなく，経済的な権力を握る支配階級の利益を実現するためのものだというのです（マルクス＆エンゲルス 2008）。このような視点から見た場合，社会契約論は，農民や労働者といった，国家の保護を受けることのできない大多数の

人々の存在を見落としていることになるでしょう（☞第4章1節）。

　マルクス主義の理論は一見すると社会契約論とは大きく異なる国家観を提示していますが，両者の間には共通点もあります。国家が守る対象に関しては，それを一般市民の自然権であると考えるか，資本家の所有権であると考えるかで見解が分かれますが，社会の一定の層のニーズを満たすために国家が作られていると考える点では，両者は同様の考えを示しているのです。つまり，2つの理論はいずれも，国家は社会に埋め込まれており，独立した意思を持つ主体ではないと考えているのです。

▷　国家の自律性

　しかし，国家に関するすべての理論が，社会契約論やマルクス主義の観点を共有しているわけではありません。例えばマックス・ウェーバーによれば，国家とはある一定の領域の内部で正統な物理的暴力行使の手段を独占し，その領域を支配する組織です（ウェーバー 2012）。その定義の中には，社会の一定の層のニーズを満たすために活動するといったような，特定の目的は含まれていません。つまり，ウェーバーは，社会契約論やマルクス主義のようには国家を捉えていないのです。

　とりわけ20世紀に入ると，2度の世界大戦で何千万人もの人々が犠牲になり，さらには人類を滅亡させ得る破壊力を持った核兵器までもが開発されます。こうした歴史の流れは，社会からのニーズを満たすために活動する国家の姿よりも，社会の構成員の犠牲の上に成り立つ国家の姿を前面に押し出しました。

　以上のような経緯から，20世紀後半の政治学では，国家の自律性に注目した議論が展開されるようになりました。米ソ冷戦下の社会科学が自由主義とマルクス主義の対決という色彩を強く帯びていたのに対して，やがては自由主義陣営の中からも，それに対抗する

マルクス主義陣営の中からも，国家が社会の必要に合わせて最適な形態をとるという見方を覆す動きが見られるようになったのです。

　例えば，マンサー・オルソンは，経済的利益を最大化しようとする支配者の合理的選択の結果によって国家が建設されると説明します。その説明によれば，合理的な支配者は，ホッブズのいうような自然状態において，「放浪する盗賊」として気ままに収奪を行うよりも，「定住する盗賊」となって農民の収入の一部を定期的に収奪するほうを選びます。そのほうが，農民に余剰を生み出すインセンティブを提供でき，安定的な収入を得られると考えるためです。こうした考えにもとづいて，税を徴収する独裁国家が誕生することになります（Olson 2000）。

　オルソンの議論は，非常に明快に国家建設の論理を提供していますが，歴史を踏まえたものではないという弱点を持ちます。例えば，オルソンの理論においては独裁体制こそが人間社会の最も基本的な政治体制だということになります。民主国家が成立するのは，何らかの偶然的な要因によって，独裁体制を維持する勢力が消滅した場合に限られるのです。

　しかし，歴史を見渡せば，それ以外にもさまざまな可能性があったことが確認できるでしょう。**比較歴史分析**という手法を用いて国家建設のメカニズムを探る研究者たちは，近代国家に至る歴史的経路が実に多様であるということを明らかにしてきました。例えば，「戦争が国家を作った」と論じるチャールズ・ティリーは，ヨーロッパの歴史を遡ることを通じて，近代以前には帝国や都市国家などさまざまな種類の国家が存在したことを指摘し，それらがそれぞれ異なる歴史的経路をたどって今日に至ったことを明らかにしました（Tilly 1992）。そこで彼は，戦争のための軍事技術の発展が，それぞれの国家に異なる影響を及ぼしたことに注目します（☞第5章1節）。近代国家による支配は必ずしも歴史の必然ではなかったとい

うことを，ティリーの議論は示しているのです。

2 正統な支配

▷ 暴力団と国家

　以上のような議論は，これまでの国家のイメージを大きく変える
ものでした。文明や豊かさの象徴だと思われていた国家が，今度は
とても暴力的な存在に見えてきても不思議ではありません。強制的
に余剰を生み出させ，それを税として収奪することが国家の基本的
な活動であるとすれば，そうした国家の活動は，例えば繁華街でみ
かじめ料を徴収する暴力団と見分けがつかないと思う人もいるで
しょう。しかし，国家を暴力団と同一視するのは，やはり行きすぎ
た考えかもしれません。そうだとすれば，両者の違いはどこにある
のでしょうか。ここでは，この問題について検討を行うことにしま
す。

　ロバート・A・ダールの権力論を手がかりにすれば，暴力団が用
いる支配の手段は大きく3つに区別して考えることができます。

　第1は，説得です。これは，複数の選択肢の間の得失に関する
情報を伝えることで，相手の行動に影響力を行使する方法です。暴
力団の組員が，飲食店の店主に対して，「俺たちに金を払えば，こ
の店を他の組から守ってやろう」という情報を伝え，その結果とし
て商店主からみかじめ料が支払われたとすれば，暴力団は説得を通
じて商店主を支配したことになります。ここで注意しなければなら
ないのは，説得に用いられる情報は，必ずしも正しい情報だけでは
ないということです。情報を歪曲したり，省略したりすることに
よって説得が行われることもあります。

　第2の手段は，誘導です。これは，命令に服従することに伴う

利益，あるいは命令に服従しないことに伴う制裁を示し，その利益や制裁を，最初の選択肢と置き換えることで相手を従わせる方法です。これが説得と異なるのは，相手が取り得る選択肢そのものを変化させてしまうためです。「金を払え。さもなければ殺す」と言われたとき，選択肢は，お金を払うか払わないかではなく，お金を払うか殺されるかに変わっているのです。誘導において示される制裁には，金銭的なものもあれば，物理的な力の行使を含むものもありますが，剥き出しの暴力が繰り返される状況は，支配者にとっても望ましくない状況となります。脅迫が脅迫で終わらず，常に暴力を行使する状況が繰り返されれば，多くの場合，その支配は破綻してしまいます。

第3の手段は，訓練です。この手段を使えば，サインや合図だけで影響力を行使できるため，支配のコストを限りなく減らすことができます。暴力団の組員がやってくれば，店主は自動的にみかじめ料を差し出すようになるのです。ただし，これを使えるようになるまでにはそれなりの労力が必要です。というのも，習慣的な行為は，過去から繰り返される経験によって形成されるものだからです。つまり，訓練が効果を発揮するためには，前述の説得と誘導を積み重ねる必要があります（ダール 2012）。

▷ 権威にもとづく正統な支配

暴力団が，説得や誘導などといった手段を組み合わせて支配を行っているとすれば，それは国家が用いる支配の手段とはどのように異なるのでしょうか。この問題を考えるうえで参考になるのは，マックス・ウェーバーによる国家の定義です。「ある一定の領域の内部で正統な物理的暴力行使の独占を要求する人間共同体」として国家を定義するウェーバーは，被支配者たちが内面化している**正統性**の信念こそが，安定した支配を可能にすると考えました。つまり，

支配される人々が，その支配を正しいと信じている状態に至らない場合，その支配はすぐに覆されてしまうのです（ウェーバー 2012）。

　正統な支配は，権威の獲得によって成立します。権威とは，服従のルールが確立している状態で発生するものです。一度権威が発生すれば，支配する側は，支配される人々に対して，常に説得を試みたり，報酬を与えたり，暴力を行使したりする必要がなくなります。したがって，権威を持つ国家は，支配のコストを節約することができます。

　そのような権威がどのように発生するのかについて，ウェーバーは，3つの**理念型**を挙げて正統な支配を類型化しました。その3つとは，伝統的支配，カリスマ的支配，そして合法的支配です。この3類型に関しては，なぜその3つだけなのかという疑問が提起されることもあり，ウェーバー自身も最晩年においては3類型に固執せずに正統性を論じるようになったという指摘もあります（野口 2020）。ですが，ここでは正統性の概念を理解することを重視し，ウェーバーの理念型が捉えた，それぞれの支配の特徴に触れたいと思います。

▷　伝統的支配

　まず，伝統的支配は，慣習の正統性に対する信念にもとづく支配です。はるか昔から地位を世襲する指導者の命令は，慣習に従っている限りにおいて，正統であるとみなされます。例えば，朝鮮王朝の系譜を確認してみれば，王の地位に就くのは，ほとんどの場合，先代の王の息子（世子）であることがわかります。王の周りの人々が陰謀をめぐらせて世子が殺されたり，廃位になったりすることはありますが，支配される人々の大多数が，王家の血統を引く者の命令には従うべきだと信じている限り，王朝の支配は安定します。日本でも，近代以降「万世一系の天皇」という言葉が広がったように，

血のつながりが重視されています。

　この伝統的支配の下では，伝統を継承する支配者に個人的な忠誠を誓う官僚によって行政が遂行されます。これは，後述する合法的支配とは，大きく異なる特徴です。合法的支配の下で官僚が服従するのは，支配者としての人間ではなく，法という非人格的な規則に対してです。これとは異なり，伝統的支配は，支配者とそれを慕う官僚の私的なつながりによって成り立っています。そのため，伝統的支配においては，合法的支配に見られるような，私的な人間関係を排除する仕組みが発達しません。例えば，中世ヨーロッパの騎士たちは，支配者に忠誠を誓う見返りとして土地を下付され，それを代々子孫に受け継ぎました。

▷　カリスマ的支配

　次に，カリスマ的支配の特徴を確認しましょう。カリスマ的支配は，伝統的支配を覆すことによって成立します。伝統とは正反対の要素を源泉とする，個人的権威に対する信念が，このカリスマ的支配を可能にするのです。個人的権威とは，魔術的な力や英雄的な力，その他の特異な資質によって発生します。

　そのような力を発揮した代表的な人物として知られるのが，フランス革命後に登場した政治指導者ナポレオン・ボナパルトです。ナポレオンは，フランスの王家の血統を引く者ではありませんでしたが，皇帝として即位し，ヨーロッパの征服に乗り出しました。彼の天才的な指導力と，戦場での勝利を積み重ねる非凡な才能が，彼の支配に正統性を与えたのです。彼は，大胆な軍事戦略を駆使するばかりでなく，フランスの旧体制の慣行に逆らって近代的な実力主義を採用し，士官たちの士気を高めました。すると，彼の下には，その英雄的な資質に憧れ，忠誠を誓う人々がますます増えていきました。こうしてナポレオンは，競争相手を圧倒し，支配を確立しまし

た。まさにカリスマ的支配者というべき人物です。

このカリスマ的支配の特徴として，その支配を支える執行部は，特別な専門性や地位によってではなく，カリスマ的資質によって選抜されます。預言者の弟子たち，武将の従者たちといった，支配者の腹心の人々がそれに当たります。カリスマ的支配を維持するうえで，支配者は思いつくままに，カリスマ的資質にもとづいて，執行部の適任者を選抜するのです。しかし，支配者とその執行部の間には，1つ大きな違いがあります。支配者が伝統を敵視するのに対し，その部下たちは支配者の超常的な力を日常生活の中に常に保存しておきたいと望むのです。執行部は規則や伝統を徐々に発展させるようになり，カリスマ的支配は，やがて伝統的支配の性格をより多く持つ支配形態へと変質していきます。

▭▷ **合法的支配**

最後に，合法的支配について考えてみましょう。合法的支配は，支配者の命令の合法性に対する信念にもとづいて成立します。この場合，命令に服従する人間は，支配者としての人間ではなく，法そのものに服従するため，法律上は支配者と対等の立場にいます。例えば，誰も見張っていない夜中の横断歩道を渡るときにも人々が信号を守るのは，支配者に対する忠誠心があるからではなく，信号を守ることを要求する法律は正しいものであるという信念が確立しているからです。

ただし，ここで注意しなければならないのは，信号を守ることに関する法律を，人々がきちんと把握しているわけではないということです。おそらく多くの人は，道路交通法の条文を真面目に読んだ経験を持ちません。つまり，人々が法律の条文をことごとく理解しているからではなく，どういう行為が望ましくないかを人々が広く共有しているために支配が成立するということが，合法的支配の重

要な点です。人々は，法律の知識があるからではなく，他人からの批判を恐れて支配に服従しているのです。

　このような合法的支配には，支配者と官僚の間の私的な関係を断つ仕組みが存在します。例えば，役所で働いている公務員は，役所から支給される机やパソコンなどを使って仕事をします。それは当たり前のことだと思うかもしれませんが，公務員が私物に頼らずに仕事をすることになり，仕事の対価として，土地ではなく貨幣を受け取るようになったのは，多くの国において 19 世紀後半以後に現れた現象です。

3　近代国家への変貌

▷　近代国家の形式的特徴

　以上のような支配の理念型は，歴史の発展段階に対応しているように見えるかもしれません。つまり，前近代的な支配の形態として伝統的支配があり，近代的な支配の形態として合法的支配の形態があるといった形で理解できそうな気もします。しかし，ウェーバーが導いた支配の理念型は，本来はマルクス主義の段階発展論的な考え方を覆すべく考案されたものでした。

　マルクス主義においては，経済システムの発展段階ごとに，それに適した政治体制があります。ある時代に生産力の拡大が限界に達すると，革命が起きて経済システムが刷新され，それに適した新たな政治体制が出現するためです。封建制の時代には王政があり，近代になって資本主義が発展すると，議会制が登場するといった具合です（☞第4章1節）。しかし，ウェーバーが示す3つの理念型は，歴史の中で出現してきた現実の支配のあり方を忠実に表すものではありません。ウェーバーによれば，歴史的な現実に見出されるさま

ざまな統治の形態は，3つの理念型の「結合，混合，同化および変形から生じてくる」ものです（ウェーバー 2012）。

　そうだとすれば，現実とかけ離れた理念型は，何のために必要だったのでしょうか。この疑問に対するウェーバーの答えは，現実の政治体制を分析するためには明晰な概念が必要だということでした。どの時代，どの地域における現実も，複数の理念型の組み合わせとして現れます。そして，その組み合わせ方にはそれぞれの時代，地域ごとの特徴があるのです。

　この点でウェーバーは，マルクス主義の想定する単線的な段階的発展論とは明確に一線を画しています。時代や地域によって，伝統的支配の特徴が多く見られる場合もあれば，合法的支配の特徴が多く見られる場合もあります。ここでもし，伝統的支配，合法的支配といった理念型を用いずに，2つの国の支配形態を比較したらどうなるでしょうか。おそらくそれぞれの特徴は浮き彫りにならず，違いもぼやけて見えるでしょう。つまり，支配形態の多様性をしっかりと認識するためには，あらかじめ理念型を設けておく必要があるのです。

　このように国家の多様性に着目したウェーバーは，近代以後のヨーロッパの国々において，他の地域よりも合法的支配の特徴が色濃く見られるようになった理由を明らかにしようと試みました。そこで導き出された説明とは，資本主義や科学技術などの発展に伴って市場が拡大し，大量の取引が発生したことで，合法的支配が求められるようになったということです。人々は自らが行う取引がより迅速に処理されることを求めるようになり，その結果として法的なルールを執行する機能が国家に集中していきます。その過程で伝統的支配の性格が大きく失われ，その代わりに，合法的支配の特徴が現れます。例えば，昔の村社会では，村の有力者が慣習にもとづいて土地を利用するルールなどを決めていたとすれば，近代社会では，

コラム2　官僚の専門性　　「職務活動，少なくとも一切の専門的職務活動──これは近代特有のものであるが──は，通常，徹底した専門的訓練を前提としている。このこともまた，国家官僚についてとまったく同様に，私経済的経営の近代的支配人や職員についても，ますますあてはまるようになっている」（ウェーバー 2012：224頁）

前田：官僚に専門性が求められるようになったのは，前近代の身分制が解体した結果なのでしょうか。

羅：たしかに，身分制が解体した後に起きた現象であることは間違いないと思います。ただ，公務員試験のような競争試験の導入に先立って，情実任用が広がった国が多いです。

前田：そういえば，明治維新後の日本でも，各藩から人材を募集しましたが，結局は派閥ができて，情実任用の横行をもたらしたといわれますね。

羅：各藩の立場からすれば，変動の激しい時代であるからこそ，人材を政府に送り込んで自らの勢力を定着させる必要があったのでしょう。

前田：でもその後，明治政府は資格任用制を取り入れて，試験による採用を始めますよね。これはやはり，ウェーバーのいう専門性にもとづく職員の採用に当たるのではないでしょうか。

羅：それについては，辻清明による有名な批判があります。明治政府が試験による採用を導入したのは，政党勢力が政府に入ってくるのを阻止し，藩閥の権力を維持するためだったという議論です。

前田：試験による採用は，すべての人にとって公平な制度であるかのように見えますが，その導入の経緯を考えれば，あまりそうでもなさそうですね。

羅：そのとおりです。もし職務に関する専門性が問われるのであれば，特定の大学の出身者が官僚組織の上位を占めることにはならないはずです。官僚制における女性やマイノリティの過少代表の問題を指摘する議論が浮上するのも，そのためでしょう。

土地に関する問題が発生すると，村の有力者ではなく裁判所に訴えるのが一般的になっています。

こうした変化に対応する形で，近代の行政は，**専門性や非人格性**といった特徴を強めていきました。まず，専門性の強化は，官僚制における専門的訓練や分業を進め，逆に政治家は素人同然の存在になりました（**コラム2**）。例えば，戦後日本の自民党政権下では，官僚が政策形成過程で大きな役割を果たしてきました（☞第13章2節）。1990年代以後，政治主導の実現に向けた改革がたびたび試みられましたが，官僚の専門性に頼らずに政治家だけで統治を行うという可能性はきわめて乏しいのが現状です。

他方で，非人格性という言葉には，支配する術を心得ている人なら誰のためにでも官僚は働く，という意味が含まれています。例えば，1987年に民主化を遂げた韓国では，それまで軍事独裁体制下で働いていた公務員が，新たに誕生した民主主義体制下でも，従来と同じように働き続ける姿が見られました。

ウェーバーは，このような専門性と非人格性があるからこそ，社会から独立した自律的な国家権力が築かれていくと考えました。つまり，合法的支配の特徴を多く持つ近代国家は，単に社会からのニーズを満たすために活動するのではなく，国家そのものの利害を考慮した政策判断を行うようになるということです。

▭▷ 自律性の低下と能力の拡大

しかし，近代国家の自律性に関するウェーバーの考えは，その後に批判を受けることになります。例えば，マイケル・マンは，19世紀以後の国家が，市民社会の広い支持を得るような行政活動を展開し，それと引き換えに市民社会への介入を拡大していくようになったことに注目しました（マン2005）。その過程は，ウェーバーのいうような国家の自律性の向上として説明できる現象ではありま

せん。むしろ，国家は，政党や利益集団の影響を受けるなど，市民社会と大きく影響し合うようになることで自律性を低下させていったのです。しかしその代わりに，以前よりも市民社会に深く浸透する能力を身につけるようになりました。

近代国家は，その結果として，人間生活にとって不可欠の存在になりました。近代社会の成立とともに，人々は国家を無視して生きるという選択肢を失い，租税や徴兵などから逃れることができなくなったのです。そうであるがゆえに，人々はさまざまな集団を組織し，多様な事柄を国家に要求するようになりました。すると，その要求に応じて国家による行政活動の範囲も拡大していきました（☞第10章1節）。

例えば，19世紀初頭，ナポレオン戦争中のイギリスでは，それまで財政の大部分を占めていた軍事費の比率が縮小し，行政費の比率が上昇し始めました。こうした変化が重要なのは，この時期を境にして，行政費そのものの意味が大きく変化したからです。それまでの行政費といえば，そのほとんどが君主自身の所帯の維持に関わる出費であったため，それは本質的に「私的」な支出というべきものでした。それが，19世紀初頭を境に，教育，郵便，電信，道路，橋などに使われる費用を表すものへと変化したのです（マン 2005）。

明治時代の日本の国家も，同様の変化を見せていました。当時の財政は，その軍事的な側面が強調されがちですが，軍事費のみならず，殖産興業政策に代表されるような市民社会に対する支出も増大していったことは，見逃せない事実です。第1次世界大戦後から満州事変までの間は，不況の影響で軍縮が行われていたにもかかわらず，行政サービスは拡大を続けました。農村地域の救済を目的とする教育費をはじめとして，港湾，治水，道路など土木事業も拡大を見せていたのです。さらに，1931年の満州事変以降になると，「健兵健民」政策が展開され，社会保障制度も，その規模は小さい

ながらも，少しずつ整備されるようになりました（☞第5章2節）。

このように国家権力が社会に浸透する過程では，住民に対する管理も強化されていきます。明治政府は戸籍制度を整備し，徴兵・徴税や行政サービスの提供の手段としてそれを用いるようになったのです。そして，戦後日本では，この戸籍制度を基礎に，運転免許証番号や基礎年金番号といったさまざまな番号制度が整備され，それらを統一する国民番号制度を導入する試みも繰り返し行われました。その延長線上にあるのが，今日のマイナンバー制度です（羅 2019）。

▷ 近代国家を生成した4つの権力

国家の能力に対する関心は，1980年代以後の政治学で広く共有されました。シーダ・スコッチポルによれば，そうした動きは，社会変動や政策決定に関する説明において，国家を本来の中心的な位置に戻す試みです（Skocpol 1985）。社会契約論やマルクス主義とは異なる視角で国家を見ることで，国家権力の起源を解明するための比較研究や歴史研究が盛んに行われるようになったのです。

この教科書では，それらの個々の研究を細かく紹介するのではなく，2つの大きな問題を意識しながら検討を行います。第1は，なぜ国家は19世紀以後に大きな変貌を遂げることになったのかという問題です。第2は，その変貌の過程と結果が国によって異なっていた理由は何かという問題です。今日に至るまで，日本を含む世界の国々は，それぞれ異なる経路でその形を作り上げてきました。国家を形成するさまざまな要因の重なり合い方が，国によって異なっていたのです。そこには，当然ながら無数の要因が絡んでいました。

この教科書では，近代国家を生み出したさまざまな要因の中でも，**思想，経済，軍事力，制度**という4つの権力資源に注目します。検討すべき要因は他にもあるかもしれませんが，それらをすべて考慮

に入れてしまうと，因果関係があまりにも複雑になりすぎて，結局は何も説明できなくなってしまうでしょう。また，逆の観点でいえば，最も重要な要因を1つだけ選ぶことも簡単ではありません。単一の視点から読み解けるほど，政治という現象は単純ではないからです。

　続く4つの章では，4つの権力資源を思想，経済，軍事力，制度の順に取り上げ，それぞれの権力資源が近代国家の歴史的な発展にどう影響したかを説明していきます。4つの異なる視点から，同じ現象を読み解いていくというのが，ここでのポイントです。したがって，この教科書では，明治維新や第2次世界大戦といった歴史上の出来事が，何度も繰り返し登場します。重要なのは，その取り上げ方が，章によって異なるということです。

　このような構成を採用する目的は，同じ現象でも，それを見る視点によって説明の仕方が大きく変わってくるということを感じてもらうためです。それと同時に，特定の個人や集団が，すべての種類の権力を同時に併せ持つのは難しいということも明らかになるでしょう。だからこそ，政治権力の所在は，歴史の中で絶えず変容してきました。そうした変容を理解してはじめて，権力を読み解くための手がかりをつかむことができるのです。

/// ***Book guide*** **読書案内** *///*

・マックス・ウェーバー『権力と支配』（濱嶋朗訳，講談社，2012年）
　　国家の特質を考えるうえで，避けて通れない本。人々が国家の支配に従うのはなぜかという問題について，正統性の概念を用いて答える。その正統性の種類が多様であることを示し，マルクス主義の段階的発展論に対抗する。
・ジェームズ・C・スコット『反穀物の人類史 —— 国家誕生のディープヒストリー』（立木勝訳，みすず書房，2019年）
　　考古学の成果を取り入れることで，初期の国家が人類史において果たした意

味を再考する。国家の歴史を，文明の発展としてではなく，むしろ人々が自由を失っていく過程として描いている。現代のアナキズムの基本書。

・羅芝賢『番号を創る権力——日本における番号制度の成立と展開』（東京大学出版会，2019 年）

　　現代の多くの国家が住民管理の手段として取り入れている国民番号制度が，なぜ日本では導入されてこなかったのかを問う。番号という一見すると無害な記号が，実は権力性を帯びるものであることを，歴史の中で示す。

⚡ *Bibliography* 　参考文献 ⚡

アリストテレス（2001）『政治学』牛田徳子訳，京都大学学術出版会

ウェーバー，マックス（2012）『権力と支配』濱嶋朗訳，講談社

川出良枝・山岡龍一（2012）『西洋政治思想史——視座と論点』岩波書店

スコット，ジェームズ・C.（2019）『反穀物の人類史——国家誕生のディープヒストリー』立木勝訳，みすず書房

ダール，R・A.（2012）『現代政治分析』高畠通敏訳，岩波書店

羅芝賢（2019）『番号を創る権力——日本における番号制度の成立と展開』東京大学出版会

野口雅弘（2020）『マックス・ウェーバー——近代と格闘した思想家』中央公論新社

ホッブズ（2009）『リヴァイアサンⅠ』永井道雄・上田邦義訳，中央公論新社

マキャヴェッリ，ニッコロ（2011）『ディスコルシ「ローマ史」論』永井三明訳，筑摩書房

マルクス，カール＆フリードリヒ・エンゲルス（2008）『共産党宣言・共産主義の諸原理』水田洋訳，講談社

マン，マイケル（2005）『ソーシャルパワー——社会的な〈力〉の世界歴史Ⅱ 階級と国民国家の「長い 19 世紀」（上・下）』森本醇・君塚直隆訳，NTT 出版

ルソー，ジャン゠ジャック（2010）『社会契約論』作田啓一訳，白水社

Olson, Mancur（2000）*Power and Prosperity: Outgrowing Communist and Capitalist Dictatorships*, Basic Books.

Scott, James C.（1998）*Seeing Like a State: How Certain Schemes to Improve the Human Condition Have Failed*, Yale University Press.

Skocpol, Theda（1985）"Bringing the State Back In: Strategies of Analysis in Current Research," in Peter B. Evans, Dietrich Rueschemeyer and Theda Skocpol eds., *Bringing the State Back In*, Cambridge University Press.

Tilly, Charles（1992）*Coercion, Capital, and European States, AD 990-1992*, Wiley-Blackwell.

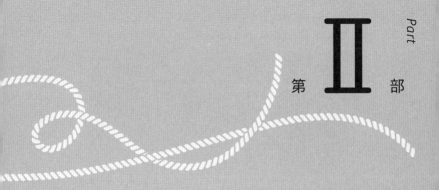

国民国家の成立

なぜ世界は 1 つになれないのか

Chapter

国民を創る思想

Question 考えてみましょう

　1792 年，フランス革命に対して周辺国が介入し，革命戦争が始まりました。そして，同年 9 月のヴァルミーの戦いにおいて，革命軍はその戦争での最初の勝利を収めることになります。この戦

出典：Wikimedia Commons.

いでは，約 3 万 4000 人の亡命軍・外国軍に対抗して，約 4 万 7000 人が革命軍に結集し，戦いを勝利へ導きました。その後，フランスでは国民公会が王政を廃止し，第一共和政が成立します。

　日本の明治維新に目を向けてみると，1868 年 1 月の鳥羽・伏見の戦いで旧幕府軍に勝利した新政府軍の兵力は，約 5000 人でした。そう考えると，フランス革命軍の規模の大きさには驚かされます。そこには，貴族やブルジョアジー出身の将校の他にも，庶民が編成した多数の国民衛兵が含まれていました。その意味で，革命軍は国民軍と呼ぶべきものでした。なぜ，フランスではこれほど多くの庶民が革命に参加したのでしょうか。

Answer 本章の考え方

ヨーロッパの国家が，戦争を遂行する過程でその領域内の人々を国民として徴兵したのは，フランス革命で初めて見られた現象だといわれています。それまでは，地方の領主がそれぞれ兵士を集めて戦争を遂行していたため，兵士たちが国民としての意識を持つのは難しかったでしょう。そのため，ヴァルミーの戦いは，国民軍の威力を初めて示したという意味を持ちます。

戦闘に参加した庶民の多くは，商店主，職人，印刷工，薬剤師など，マルクス主義の用語では「プチブルジョアジー」と呼ばれる人々でした。革命が急進化し，ますます暴力的になっていくにつれて，革命を指導するエリートたちは，従来よりも一層扇動的な言論活動を行い，地域の共同体の協力を要請し，民衆を味方につけようと努めました。

そのように動員された人々は，「国民」として1つにまとめられることになります。革命を遂行するわれわれ「国民」が，反革命勢力である「非国民」と戦うという構図が作られたのです。こうして戦争への貢献を求められた国民衛兵は，同時にフランスの国民として選挙権を与えられ，それまでは手にすることのなかった政治的な力を発揮していくことになります。

ただ，このような形で「国民」が作られた国は，決して多くはありません。後のナショナリズム研究が明らかにするように，国民は世界のさまざまな場所で，多様な形で形成されました。フランスよりも先に，アメリカ大陸の植民地では，現地に住む植民者たちが帝国の支配に対抗して立ち上がり，その過程で国民意識が芽生えました。日本など東アジアの国々では，19世紀半ばの欧米列強との遭遇を通じて，独自の国民意識が形成されることになります。

Chapter structure 本章の構成

2. 欧米のナショナリズムはどこから来たのか？

ナショナリズムという思想は人々を国民として結びつける。それは，国民軍の誕生をもたらした。

1. 思想が国民国家に及ぼした影響は？

欧米では出版資本主義が大きな役割を果たした。日本のナショナリズムは天皇制を抜きにして語れない。

3. 日本のナショナリズムはどこから来たのか？

4. 戦場に行かない女性にとってのナショナリズムとは？

1 ナショナリズムとは何か

▷ 国家権力を生み出す思想

　江戸時代の日本列島では，本州，九州，四国の島々に暮らしていた人々が，自分は日本に住んでいるということをおおむね意識していたといわれています。人々は，当時の地図，書簡，共通の通貨，公文書に使われる候文などを通じて，自分たちは「唐人」とは違う「日本人」であるという意識を共有していたのです（渡辺 2010b）。

　しかし，この時代の「日本人」たちの間に，日本という国を命がけで守ろうとする意識が芽生えていたかと問われれば，そうだと答えるのは難しいでしょう。おそらく，当時の人々が共有する「日本人」という意識は，親族との血縁のつながりや，地域の有力者との人間関係などと比較すると，相当に弱いものだったと考えられます。ペリーが来航し，欧米列強が進出してきても，そこでただちに，外国の侵略から日本を守るべきだという考えを抱く人は多くなかった

はずです。むしろ人々は，ペリー艦隊に対する好奇心に駆られ，幕府の規制にもかかわらず見物に押しかけました（西川 2016）。日本に限らず，近代以前の時代を生きた人々は，国家よりも，身の回りの出来事により強く影響されていたのです。

　ところが，明治維新の後に近代国家建設が進むなかで，日本人の多くは国家のために戦うのが当然だと考えるようになっていきました。そして，1945 年に至るまでの数々の戦争で，何百万人もの国民が命を落としました。このことは，今日の国家が，国民に自らの命を差し出させるほどに，強力な思想的権力を持つようになったことを意味します。

　政治における思想といえば，自由主義や保守主義などを思い浮かべる人も多いでしょう。ですが，こうした思想は，既に存在する国家の権力をどのように行使するべきかを論じる思想であって，国家権力そのものを生み出すものではありません。これに対して，本章では，**ナショナリズム，天皇制，家父長制**を社会に浸透させ，近代国家の支配を可能にした思想の力に注目します。

▷　想像の政治共同体

　国家は国民を守り，国民は国家を守る。この考え方の根本にあるのは，国民の共同体（ネイション）が国の数だけ存在し，すべての人がそのいずれかの共同体に帰属しているという認識です。その認識の下で，今日の国家は，自らの国民のために存在するという国民国家の姿を装っています。国民国家としての日本国は，単に日本列島を支配しているのではなく，日本人のために存在しているのです。このような考え方を，**ナショナリズム**と呼びます。

　ナショナリズムは，国家権力を考えるうえではきわめて重要な思想です。植民地の人々が帝国からの独立を図るときも，国家が自国民を戦争に動員するときも，それが常に国民の利益の名の下に正当

化されるのは，ナショナリズムが人々の間で共有されているためです。

　しかし，ナショナリズムが世の中に広がったのは，歴史的には比較的最近のことです（塩川 2008）。18 世紀になるまで，国家を守る「国民軍」のような概念は生まれませんでした。それまでも傭兵制の他に，さまざまな形の徴兵制度が存在していましたが，各地の領主が兵力を調達する方式をとっているのが一般的でした。戦争を戦う人々の間に，国民としての意識が芽生えることはなかったのです。ところが，18 世紀末のフランス革命において，国民意識を共有する兵士たちを動員したフランスが周辺国に対して軍事的な優位を示すと，国民軍の威力はヨーロッパ中に知れ渡ることになります。

　ここで考えてみたいのは，この国民というのは一体何であるのかということです。「日本人」といえば，日本語を話し，似たような慣習を持ち，同じような遺伝的特徴を持つ人々だというイメージがあるかもしれません。しかし，実際のところ，すべての日本人が血縁関係を持つわけではありませんし，遺伝的特徴によって韓国人や中国人と日本人を厳密に区別することもできないでしょう。ベネディクト・アンダーソンがその著書『想像の共同体』（1983 年）の中で指摘したように，「いかに小さな国民であろうと，これを構成する人々は，その大多数の同胞を知ることも，会うことも，あるいはかれらについて聞くこともなく，それでいてなお，ひとりひとりの心の中には，共同の 聖 餐 のイメージが生きて」います。そこでアンダーソンは，国民とは「イメージとして心に描かれた
想像の政治共同体（イマジンド・ポリティカル・コミュニティ）」であるという有名な定義を提示しました（アンダーソン 2007：24 頁）。その後，この定義は，ナショナリズムを批判的に捉えるためのキャッチフレーズとして，広く流通することになります。

▷ ナショナリズムをどう説明するか

　ナショナリズムの流行という現象に注目が集まったのは，いずれ消滅すると考えられていたその現象が，ますます勢いを増すようになったからです。自由主義の立場からすれば，自らの利益を最大化するために行動する個人は，損得勘定から社会契約を結んで国家を設立することはあっても，愛国心を持つことはないでしょう。マルクス主義の立場から考えても，資本主義が発展すれば労働者は階級意識に目覚め，国境を越えて連帯するため，ナショナリズムは弱まるはずです（☞第4章1節）。ところが，2度の世界大戦を経ても，ナショナリズムは一向に衰えを見せることはありませんでした。

　この問題に関連して，アンダーソンはきわめて重要な指摘をしています。ナショナリズムを，自由主義やマルクス主義のような政治イデオロギーではなく，宗教のような文化的な現象として捉えるべきだと主張したのです。例えば，フランス革命における国民軍の活躍は，啓蒙思想が広がったことの帰結ではありません。啓蒙思想のような政治イデオロギーだけでは，それまで家族，村落，近隣のレベルで共同体意識を持っていた人々を，より大きなネットワークへと，「国民」として結集することはできないのです。家族や村落単位でしか結びついていなかった人々を，革命の遂行という1つの目的に向かわせるためには，「国民」の一員であることの宿命性を人々に感じさせるような思想が必要でした。つまり，正しい政治のあり方を論じる政治イデオロギーではなく，人がこの世に生まれ，そして死ぬことの意味を教えるための思想が求められたということです。宗教も，ナショナリズムも，生と死の意味についての考察を行う点で，そうした要求に応えるものだといえるでしょう。

　ここで1つ疑問が浮上します。宗教のような強力な思想が既に存在していたのに，なぜそこにナショナリズムが登場する余地が生まれたのでしょうか。この疑問に答えるべく，まずは宗教共同体が

強固に存在していたヨーロッパにおいて，それが揺らぎ始めた経緯を確認します。

2 宗教共同体の隙間から誕生した国民共同体

文化を共有する範囲

人々の心に，階級を越えて水平的に結ばれた国民の共同体が描かれるようになる以前のヨーロッパ世界においては，エリートの文化と庶民の文化が，完全に隔離されていました。例えば，ローマ帝国のエリートたちは，ラテン語とギリシア語を習得することを通じて，局地的なネットワークの中で生きる平民たちとは区別された，コスモポリタンな性格を持つ文化的な一体性を共有していたといわれています。共和政が崩壊した後の帝政ローマでは，属州の帝国貴族同士の連帯を通じて皇帝権を支える構造が定着していきました。すなわち，帝国内のエリート間の文化的な結束が，帝国の支配を維持していたのです。

やがてローマ帝国が東西に分裂し，西ローマ帝国が崩壊すると，キリスト教世界としてのヨーロッパ中世が始まります。宗教共同体が支配的だったこの時代においても，文化が共有される範囲は，エリートたちの間ではヨーロッパ横断的に，平民たちの間では局地的に形成されていました。このことは，一方ではエリートと平民の分断を意味しますが，他方では政治的・軍事的単位を越えた共通の規範が存在していたことを意味します。例えば，中世のヨーロッパにおいて，キリスト教の聖職者たちは宗教の伝播のための旅に出ていましたし，俗人たちも巡礼の旅でさまざまな場所を訪れました。キリスト教の教えである礼節や慈愛の倫理を身につけた人々がそうし

た旅の中で交流を重ねていたため、キリスト教世界では「規範的平和状態」が築かれるようになります（マン 2002）。

　この規範的平和状態が保たれていたキリスト教世界では、教会が文明の主たる擁護者となって、山賊や強欲な領主から住民たちを保護したり、世俗の統治者を手助けしたり、聖地に十字軍を派遣したりしました。このことが重要なのは、それによって経済活動の範囲が格段に広がったからです。西ローマ帝国の崩壊後に各地に成立した国家は、生産や交易に対して大きな統制力を発揮できるほどには成長していなかったので、キリスト教が支える規範的平和状態こそが、所有権を保障し、遠距離交易を可能にしていました。

　ですが、このことがやがて、キリスト教世界の安定を掘り崩します。遠距離交易の発達により、経済発展の果実はカトリック教会の中心部である地中海地域を越え、北西ヨーロッパへと行き渡りました。そして、この地域の発展が進むなかで、キリスト教世界そのものが大きく引き裂かれるに至ります。スウェーデン、ドイツ北部、オランダ、イングランドにおいて国家の存在感が大きくなっていくにつれて、カトリック教会は次第にそれらに対応できない状態に陥り、教会によって支えられてきた規範的平和状態も限界を露呈することとなったのです。その発火点となったのが、16世紀にドイツで始まった宗教改革でした。

▷ 宗教と資本主義

　マックス・ウェーバーは、その著書『プロテスタンティズムの倫理と資本主義の精神』（1904年）の中で、宗教改革を通じてカトリックから分離したプロテスタンティズムの思想が資本主義の発達を促したと論じています（ヴェーバー 1989）。プロテスタンティズムは、それまで聖書の解釈を独占してきた教会の権威を否定し、労働の自由化や私的所有権の成立といった、カトリック教会では禁じ

られていた考え方を後押しするような思想を広めたのです。

　ウェーバーによれば，キリスト教世界は，資本主義の発展を阻害する要因をいくつも抱えていました。第1は，教会組織のヒエラルキーです。キリスト教の本来の教えに純粋に従えば，人々はみな平等であるということになります。しかし，ローマ帝国から世俗の統治機構のヒエラルキー的な権力構造を継承した教会は，「司祭は祈り，騎士は護り，農民は働く」といった，領主と農民との質的な差異を正当化するような主張を，その正統説として採用します。こうしてカトリック教会の構造は，資本主義の発展に必要とされる意思決定の方式，すなわち市場における非集権的な意思決定を阻害するような特徴を孕むことになったのです。第2は，不平等の正当化が生み出した，贅沢の規範です。贅沢とは，大所帯を維持して，雇用を拡大し，貧しい人々に施しをすることを意味していました。ところが，資本主義の下では，気前よく贅沢をすることではなく，むしろ余剰を再び投資して生産力を増強することが成功への道とされます。この点においても，カトリック教会の規範は資本主義とは相容れないものであるということになります。

　宗教改革が広がると，人々は，資本主義の発展の妨げになっていたカトリックの慣行に疑問を抱くようになりました。聖職者に媒介されることなく，聖書に直接アクセスできるようになったことで，勤勉や禁欲という規範が，実はキリスト教徒の実践すべき道徳であることに気づいたのです。ウェーバーは，そうした新たな規範に目覚めたプロテスタントが勢力を拡大していくなかで，都市の商人や企業家たちの「階級的連帯」が生まれ，それが資本主義の発展を促したと考えました。

　ウェーバーの議論は，宗教という文化的な要因が資本主義の発展をもたらしたという論理を示しています。これは，文化変容を経済発展の帰結として捉えるマルクス主義に対抗する考え方として，そ

の後の学問に大きな影響を与えました。

　しかし，ウェーバーの議論に注目するだけでは，資本主義の発展が始まった時代において，国家も同時に台頭していたことを見逃してしまいます。ウェーバーはそのことに直接触れていませんが，プロテスタンティズムの流行は，ヨーロッパの他の地域よりも，北西部において活発でした。そして，このヨーロッパ北西部こそ，教会に対抗する組織として，国家が勃興しつつあった地域だったのです。

▷ 国家の領域性の強化

　宗教改革の時代に進行していたのは，単なる教義の対立ではありませんでした。カトリックとプロテスタントのいずれかを支持する国家があり，それらの国家の間で大規模な戦争が繰り広げられたというのが，この時代の特徴です。宗教の名の下で戦争が繰り返されるうちに，小規模な国家は淘汰されていき，生き残ったのは，ほとんどが一定のまとまりのある領域を持つ国家でした。西洋政治思想史の観点から見れば，この宗教改革の時代は絶対王政を正当化する思想が登場する時代です。カトリック教会の権威に対抗する形で，イギリスでは王権神授説が，フランスでは主権論が登場し，国際的には主権国家体制が成立することになります。

　しかし，アンダーソンはそれとは大きく異なる思想の流れを見出しました（アンダーソン 2007）。国家の領域性がますます強化されていくなかで，プロテスタント国家では，聖書をラテン語から自国の俗語に翻訳する動きが活発化しました。この動きは，教会という正統な経路によって伝わる聖書だけを正典として認めていたカトリック教会に抵抗する形で展開しました。プロテスタントは，教会だけが聖書を占有することに反対し，むしろ重視すべきは聖書の内容であり，読み書きできる者は誰でも聖書を自ら読むことができると主張したのです。そこで，プロテスタントを採用する国家は，聖書を

翻訳し，人々の読み書きの能力を高めるように努めました。

　それまでのキリスト教世界において，人々はキリスト教徒としてのアイデンティティを共有していましたが，なかでも強い結束を保っていたのは，ラテン語で結ばれていた知識階級でした。読み書きの能力を持たない民衆は，地域ごとに異なる互いの言語を理解することはできず，知識階層のような水平的なつながりを持ち得ませんでした。民衆の人的なネットワークは，地縁や血縁にもとづく局地的なつながりにとどまっていたのです。

　ところが，プロテスタント勢力の拡大によって，聖書が各地の俗語に翻訳され，人々の読み書き能力を高めるような動きが生じると，国家の領域内にいる人々が，徐々に言語を共有するようになり，社会階層を越えたつながりが形成されるようになっていきました。こうして，特にプロテスタント国家では，国民としてのアイデンティティが醸成されることになります。

▷　出版資本主義

　しかし，まだ疑問は残ります。聖書が各地の言語に翻訳されるとき，そこで使用される言語はどのようにして選ばれたのでしょうか。日本にもさまざまな方言があるように，ヨーロッパの言語も実に多様です。それにもかかわらず，ドイツ人はドイツ語を話し，フランス人はフランス語を話すというイメージが，今や私たちの間には定着しています。これらの国語と呼ばれるような言語は，ナショナリズムの形成に重要な役割を果たしたに違いありません。

　言語がナショナリズムと結びついた理由について，アンダーソンは「出版資本主義」の発展という現象に注目して説明を行います。ヨーロッパの出版市場は，活版印刷技術の普及によって，16世紀に急激な拡大を見せました。このとき出版業界が，ラテン語の書籍だけを刊行していたとすれば，それほど大きな市場が形成されるこ

とはなかったでしょう。ラテン語の読み書きのできる知識階級は，空間的には広範囲にわたって存在していましたが，人口全体から見れば非常に薄い層に限られていたからです。新たな販路を開拓するためには，土着の言語を話す庶民たちの潜在的な市場に目を向ける必要がありました。

　ところが，庶民が話す多様な言語に1つ1つ対応しようとすると，一度に開拓できる市場は小さすぎます。そこで，出版業者たちは，庶民の多様な言語の音声に対応できる，恣意的な記号システムを組み立てようと考えました。こうして生まれたのが，後に国語としての地位を確立することとなる「出版語」です。この出版語は，ラテン語よりは下に，そして口語俗語よりは上に位置し，土着の言語よりも広い範囲で市場取引やコミュニケーションを可能にしました。出版語が定着していくにつれて，書き言葉の変化の速度が鈍化すると，国民は昔から存在するのだという，ナショナリズムの形成には欠かせないイメージも形成されやすくなりました。

　こうして，既存の宗教共同体には国民共同体が出現するための隙間が生まれました。そこからナショナリズムが形成される過程は，ほぼ無自覚的に，意図的ではない形で進行しました。しかし，一度その過程が知れ渡れば，それを模倣する権力者が出現し，国民共同体のモデルが波及していくことになります。

▷ 植民地で生まれたナショナリズム

　それでは，国民共同体の最初のモデルはどこで誕生したのでしょうか。アンダーソン以前のナショナリズム研究では，ヨーロッパにその起源を求める見方が支配的でした。しかし，アンダーソンは，そのような見方はヨーロッパ中心主義的であると批判します。そして，ナショナリズムが最初に勃興したのは，ヨーロッパ人による植民地支配下にあったアメリカ大陸であるという主張を展開しました。

アンダーソンは，アメリカ大陸で出現したナショナリズムを，「**クレオール・ナショナリズム**」と呼びます。クレオールとは，アメリカ大陸の植民地で生まれ育ったヨーロッパ系の人々を指します。このクレオールの事例が興味深いのは，アメリカ合衆国，カナダ，メキシコ，ブラジル，ベネズエラといったアメリカ大陸の国々が独自の言語を発達させていなかったという特徴を持つためです。これはヨーロッパに注目するだけでは気づくことができない，ナショナリズムの形成のメカニズムを浮き彫りにします。つまり，言語の同質性を共有することは，国民という想像の共同体を生み出す最も決定的な要因ではないということが，クレオールの事例から明らかになるのです。

　ここでもう一度，出版資本主義の重要性が浮かび上がります。アメリカ大陸では，ヨーロッパよりはるかに遅れて出版資本主義が発達しました。新聞の発行部数が劇的に増えたのも，18 世紀になってからです。このことに注目すれば，アメリカ大陸の国々が 18 世紀後半以降になって次々と独立を果たした理由が明らかになります。当時の新聞には，本国と植民地のニュースが並列して同時に掲載されていました。それを毎日読んでいくなかで，人々は，本国の人間とは異なる，「我々アメリカ人」という意識を持つようになりました。最初は，本国から排斥されてきたクレオールの役人たちの間だけで小さく生まれた意識が，新聞の発達を通じて，植民地の行政単位ごとの国民意識へと発展したのです。

　こうして，ナショナリズムの最初のモデルがアメリカ大陸で生まれると，その理念はただちにフランス革命へと伝わりました。そして，フランス革命に続く一連の動乱がヨーロッパの伝統的な王朝が没落させた 19 世紀以降，国民国家のモデルは広く世界に伝播していきます（**コラム 3**）。

　以上のようなアンダーソンの議論は，近代の西洋政治思想史の説

コラム3 ナショナリズムの種類 「こうした政治的・イデオロギー的な〈力〉の諸関係が，もし国家の全支配領域（あるいは中核部）にわたって中央集権化されたならば，その結果生まれるのが国家強化的な国民主義であって，これがイギリス本土と（革命の有為転変を経た後で）フランスとに起こったのである。地方分権化が行われたところでは，オーストリアのように，国家破壊的な国民（民族）主義が生じた。アメリカ合衆国とドイツとはその中間的な事例だった。アメリカ合衆国はイデオロギー的な援軍なしで政治的な分権化を実施しており，したがって『国民』の意味は国家強化と国家破壊の中間で，あいまいな均衡を保っていた。ドイツが別種の中間的事例だったのは，政治的な分権化がより広汎なイデオロギー的共同体の内部にあったからである。その国民としての意味合いもあいまいだったが，それはやがて第三の，国家創出的な路線をたどったのである」（マン 2005：256頁）

前田：ナショナリズムを分類するときには，マイケル・イグナティエフの『民族はなぜ殺し合うのか』のように，政治理念の共有を重視する市民的ナショナリズムと，血統や文化の独自性を重視する民族的ナショナリズムを区別するのが一般的です（イグナティエフ1996）。マイケル・マンの区別はそれとはかなり異なっているように見えます。

羅：マンは，それを意識して，あえて別の分け方をしているのでしょうね。国家強化的，国家破壊的，国家創出的という区別は，ナショナリズムに対する価値判断が分類の基準になっていないことに特徴があります。

前田：たしかに，市民的ナショナリズムは，民族的ナショナリズムよりも良いものとして評価されがちです。ナチス政権期のドイツのナショナリズムに対する批判が，民族的ナショナリズムという言葉の起源になっていることもその理由の1つでしょう。

羅：マンの場合，すべてのナショナリズムが結局は人々を戦場に向かわせるということを意識しているのだと思います。その場合，良

いナショナリズムと悪いナショナリズムという区別自体が，あまり意味を持たないでしょうね。

前田：その考え方はアンダーソンの議論とも通じるところがあると思います。ナショナリズムが，啓蒙思想のような政治イデオロギーではなく，宗教のように人の生と死に意味を与える思想だとすれば，法や民主主義にもとづくナショナリズムという意味を持つ市民的ナショナリズムという言葉は，ナショナリズムの特徴を十分には捉えていないということになりますね。

明とは大きく異なっています。一般的に，フランス革命の時代は啓蒙思想の時代であり，キリスト教にもとづく伝統的な権威が理性によって掘り崩され，社会契約論が絶対王政の権威を揺るがした時代として知られてきました。しかしアンダーソンは，理性では決して説明できない思想の力を，近代社会の中に見出したのです。

3　日本の近代と天皇制

▷　ヨーロッパと東アジアの違い

明治維新以後，日本でも近代国家の建設が進められます。その過程では，ヨーロッパの国民国家の要素が数多く取り入れられました。ヨーロッパでは自生的に生じたプロセスが，日本では国家主導で生じていたため，アンダーソンはこれを「公定ナショナリズム」と呼びます（アンダーソン 2007）。想像の共同体としての日本人の形成過程は，欧米列強の軍事的な脅威の影響を大きく受けていました。徴兵制や義務教育制度の導入が着々と進み，そのようにして作られた日本人の中心には，「万世一系」の天皇が据えられました。

ただし，アンダーソンも強調しているように，日本における近代

国家建設の前提条件はヨーロッパとは大きく異なります。その理由は，東アジアにはヨーロッパのような宗教共同体が存在しなかったことにあります。キリスト教圏を指す用語である「ヨーロッパ」とは異なり，「東アジア」という言葉は欧米人から見た地理的な区分を指す概念にすぎません。かつては，中国を中心とする儒教圏として東アジアを捉える見方も少なくありませんでしたが，今日ではこうした歴史観は見直されています。そもそも儒教（儒学）には来世の概念がなく，キリスト教とは根本的に異なる性格を持ちます。

とりわけ日本では，中国や朝鮮とは違って科挙制度が存在しませんでした。儒学の知識を問う科挙によって選抜された中国と朝鮮の為政者たちが，儒学を支配のイデオロギーとして掲げていたのに対して，江戸時代に至るまで，日本の為政者である武士の値打ちを決めていたのは，戦で立てた手柄でした。むしろ儒学は，体制を批判するための学問の役割を果たすことになります。江戸時代の後期にかけて儒学の影響力が強くなっていったのは，戦争のない天下泰平の時代において，武士の支配を正当化する思想が必要になったためでした（渡辺 2010a）。そして，この儒学の流入に対抗する形で国学が発達し，さらには商業を振興する思想も生まれていきます。その結果，19 世紀になる頃には，ペリー来航以前の段階で，日本の内部でも「文明」を求める方向へと思想変容が生じ，それが明治維新後の「文明開化」につながったといわれています（苅部 2017）。

一般的に，明治維新といえば，福澤諭吉などの「啓蒙思想家」が儒教的な伝統を退け，近代化を試みた時代だったというイメージが今でも残っています。しかし，近年の研究は，こうしたイメージに疑問を投げかけています。例えば，啓蒙主義的なメディアの代表格とされる『明六雑誌』には，伝統的な権威を代表するはずの儒学者も参画し，活発に議論を闘わせていました。そして，儒学者の視点から見ても，西洋のように議会を設立し，租税制度を設け，公共の

利益について議論することは，「文明」への道でした。このような見方からすれば，「啓蒙」という概念そのものが，日本には当てはめがたいのです（河野 2011）。

このことは，ナショナリズムという「モジュール」が移植され，土着化していく過程を，東アジア全体で一括りに説明することはできないということを意味します。少なくとも，伝統的な宗教が衰退し，その代わりにナショナリズムが登場したというシナリオは描けません。以下で見るように，日本の場合は，むしろ宗教を取り入れることこそが，ナショナリズムへの道を切り開くことになりました。

▷ 文明国と宗教

ヨーロッパの「文明」を迎えた日本の知識人たちにとって，欧米のナショナリズムが宗教共同体の衰退と相まって発生したという事実は，それほど重要なことではありませんでした。明治前期の知的・政治的指導者たちを悩ませていた問題は，むしろ西洋の「文明」の国では盛んな宗教が，日本の庶民の間では非常に微弱であるということだったのです。

渡辺浩によれば，ここでの宗教とは，religion の訳語として用いられた言葉です。江戸時代に存在した「宗門」「宗旨」という語の「宗」に，「教育」「教訓」「教化」を指す概念としての「教」を組み合わせて，「宗教」という語が作られました。江戸時代の宗門改，宗旨改といった制度は，禁教令の発布に伴うキリシタンの摘発を目的に整備されたものであるため，当時の知識人たちは，取り締まりの対象とされていた「宗門」「宗旨」を，尊ばれるものである religion の訳語に当てることは適切ではないと判断したのです。

明治の知識人たちは，西洋の君主たちが臣民を団結させることに成功した理由を，宗教の存在に求めていました。そして，日本ではどのような宗教を採用すべきかを議論することになります。そこで

は，キリスト教や仏教を国教として採用することが検討されました。ところが，実際に採用されたのは，教育勅語に示す道徳の範囲内で信教の自由を認めるという，明治天皇制国家の建設につながる考え方でした。民間における教派神道，仏教，キリスト教などは，天皇の下で道徳の維持と振興のためにのみ，その存在を認められたのです（渡辺 2016）。

こうした選択が行われた理由を説明するうえで，三谷太一郎は，憲法起草責任者であった伊藤博文に注目します。伊藤が考える憲法制定の大前提とは，「我国の機軸」を確定することでした。ヨーロッパにおいてキリスト教が果たしている国家の機軸としての機能を，日本で果たし得るものは何かを見つけようとしたのです。そこで伊藤が導いた結論は，「我国にあって機軸とすべきは独り皇室あるのみ」ということでした。宗教が微弱な日本における神の不在が，天皇の神格化をもたらしたのです。こうして天皇は，キリスト教の「機能的等価物」に位置づけられました（三谷 2017）。

▷ 政体と国体の相剋

しかし，キリスト教の「機能的等価物」としての天皇は，憲法における立憲君主としての天皇との間で矛盾を孕むこととなります。

大日本帝国憲法において，天皇は，国家主権の主体でありながらも，立憲君主として憲法にもとづく統治権の制約を受けることとなりました。この立憲君主としての天皇を強調すれば，大日本帝国憲法3条における天皇の「神聖不可侵性」は，天皇が自ら行動しないことを前提とした消極的な概念として理解されることになるでしょう。このことは，伊藤博文らが考えた国家の機軸としての天皇が，憲法では明確化されなかったということを意味します。

そこで，単なる立憲君主を超えた，神格化された天皇像が憲法の外に作られることになります。それはすなわち，教育勅語を作成し，

積極的な「神聖不可侵性」を体現することでした。教育勅語が，国務大臣の輔弼（ほひつ）による政治上の勅令や勅語とは異なり，天皇が自らの意思を直接的に表明する形をとるようになったのは，天皇を単なる立憲君主にとどめることなく，半宗教的絶対者の役割を果たす国家の機軸に据えるためだったのです。

教育勅語が作成された当時の法制局長官であった井上毅は，勅語が宗教的・政治的対立に巻き込まれ，その神聖性を剥奪されることを恐れました。そのため勅語は，宗教的な基礎づけや政治的な状況判断のような要素を徹底的に排除する形で書かれました。「朕惟フニ我カ皇祖皇宗国ヲ肇ムルコト宏遠ニ徳ヲ樹ツルコト深厚ナリ」という一文が示すように，勅語の道徳的な基礎づけは，朱子学やキリスト教などではなく，皇祖皇宗（こうそこうそう）（歴代の天皇）に求められています。

ところが，まだ問題は残されていました。憲法と教育勅語の間に生じる矛盾，そして，その矛盾によって生じる「政体と国体の相剋」が，戦前の日本政治を常に不安定な状態へ追い込んだのです（三谷 2017）。この不安定要因は，一方では天皇機関説の展開につながり，他方では軍部の台頭と人権の制限という結果を生み出しました。大正デモクラシーの時代に政党内閣制が実現した後においても，その体制に吸収されていなかったさまざまな政治勢力は，後に「革新運動」の名の下で体制の打倒を試みることになります。その過程で天皇というシンボルの政治機能が強化されていったことは，日本の近代が抱えていた矛盾と不安定さを如実に表していました（三谷 2013）。

▷ 象徴天皇制

戦後の日本においては，教育勅語が失効し，象徴天皇制が始まりました。天皇は，立憲君主でも，現人神（あらひとがみ）でもなく，「国民統合の象徴」として国民主権の下での新しい役割を担うことになったのです。

この象徴天皇制をめぐる議論は，多くの場合，天皇の政治的影響力を主題にしてきました。そして，議論が重ねられていくうちに，政治的影響力をまったく持たない象徴天皇のイメージが修正されていくことになります。そのきっかけを提供したのは，1990年代後半，昭和天皇側が東京裁判対策としてアメリカ占領軍に提出した弁明書の存在が明らかになったことです（松浦 2008）。その後，アメリカの歴史学者ジョン・ダワーがその当時の史料を収集して天皇が外交面で果たした役割を示し，象徴天皇論に対する従来の見方を大きく変化させました（ダワー 2004）。

　平成の時代になると，昭和天皇との対比を通じて，天皇の政治性の新たな面が発見されるようになります。とりわけ，戦没者遺族や自然災害の被災者と懇談する天皇の姿は，昭和天皇の行啓では見られなかったものとして注目されました。例えば，原武史は，その政治性について，「明治から昭和初期までのような学校教育を通したイデオロギーがなくても，一対一で面会する機会を増やせば増やすほど，……ミクロ化した『国体』が，より多くの人々の内面に確立」されていったと述べます。つまり，一般の人々の間で天皇は，権力闘争としての政治を超越した「聖なる存在」として認識され，「昭和初期の超国家主義に通じる政治的な意味合い」を持つようになったというのが，原の見立てです（原 2019）。

　天皇制が，家族と地域社会，資本主義，さらにはジェンダーやマイノリティなどと深い関わりを持っていることは，今日の政治を語るうえで見逃せない事実でしょう。世俗化した民主主義国家に生きているという感覚は，「聖なる存在」による社会の統合と両立し得るものなのか。これは，今日の日本の政治を考えるうえで避けて通れない問題となっています。

4 近代国家と家父長制

家父長制と戦争

　以上のように，ナショナリズムの力によって，国家は国民を大規模に動員し，戦争を遂行することが可能になりました。その帰結が，20世紀に出現した新たな戦争の形態としての総力戦です。しかし，総力戦の遂行に必要なのは，戦場に赴く男性の兵士たちだけではありません。この点を指摘したのが，フェミニストたちでした。総力戦では，将来の兵士となる子どもを産み，男性の代わりに工場で働く銃後の担い手としての女性が必ず必要になるのです。

　そこで国家は，銃後の担い手となる女性をコントロールするための手段として，**家父長制**の規範を用いました。家父長制とは，男性支配の構造を指すフェミニズムの概念です。そこでは年長の男性に高い地位が与えられる一方で，女性には男性を支える役割が求められます。「良妻賢母」という言葉が典型的に示しているように，家父長制の思想は女性に対して男性に従属することを強いるのです。

　家父長制が成立すれば，国家は，直接的に女性の行動を縛らなくても，家族という制度を媒介にして目的を達成することが可能になります。この家父長制に対する国家の依存は，何も近代に限って見られる現象ではありません。どの時代においても，国家の富の源泉となる税を生み出すのは人口であり，その人口を管理するためには，女性の生殖の管理が欠かせないからです。このことは，女性の再生産能力を支配下に置こうとする国家にとって，家父長制ほど都合のよい制度は他にないということを意味します。

　例えば，紀元前5000年頃，国家の中に暮らしていた定住農民と，定住しない狩猟採集民を区別する大きな違いは，その出生率にあり

ました。定期的に野営地を動かす狩猟採集民は，生活の負担となる子どもの数を制限するため，堕胎薬の使用や，離乳を遅らせて排卵を抑えるなどの方法で出生率を自ら抑制していました。これに対して，国家の支配を受ける定住農民は，定住による不健康な体と高い死亡率という問題を抱えていたにもかかわらず，前例を見ないほど高い出生率によって狩猟採集民を上回る人口を形成することとなりました（スコット 2019）。中世ヨーロッパで黒死病が流行した後，避妊や堕胎を行う女性が魔女狩りの対象になったことも同様の文脈で理解できます（フェデリーチ 2017）。人口管理と女性の抑圧は長い歴史の中で密接に関係し合ってきたのです。

▷ 近代家父長制の良妻賢母主義

　近代の家父長制の特徴は，それがナショナリズムと同様，読み書きのネットワークや教育を通じて確立したことです。良妻賢母思想にとらわれた日本の近代主婦は，資本主義の発展過程で自然に生まれたものでもなければ，儒教のような従来の規範にもとづいて生まれたものでもありませんでした。かつての日本の農村では，既婚女性も農作業に従事するのが一般的であり，子どもの教育を母親だけに期待する習慣も特に見られなかったのです。つまり，近代主婦は，良妻賢母主義という新たな規範の浮上とともに成立したものでした。

　良妻賢母という言葉の起源をたどれば，それが明治初期の日本の知識人たちによって初めて用いられた考え方であることがわかります。例えば，上述した『明六雑誌』には，「賢母良妻」という言葉がしばしば登場します。そこでは，文明開花のシンボルとして，あるいは次代の国民を担う母の役割を強調するものとして，その言葉が使われました。国家が発展するうえで，知識と教養を身につけた女性が不可欠であるという認識が，良妻賢母思想の定着を促したのです。

問題は，良妻賢母という近代的な女性像が，どのようにして社会に広まったのかということです。そこで注目すべきなのが，近代的な女子教育の始まりです。日清戦争をきっかけに女子教育論が注目を集めるなか，良妻賢母は国家公認の女子教育理念としての地位を確立していくこととなりました。小山静子は，この良妻賢母思想には３つの特徴があると述べます。第１は，男女の性別役割分業を正当化する考えであることです。これは西洋由来の「性差」の概念を根拠にしていました。第２は，男女同等を掲げていることです。妻・母が行う家事労働は女の職業であり，夫は外に出て家庭の生活を維持するべきだという考えの背後には，男女同権とも男尊女卑とも異なる，男女同等という主張がありました。つまり，男女はそれぞれ別の意味において国家への貢献を同等に要求されていたのです。第３は，理念上は男女同等でも，現実における男女の役割の価値には優劣があると考えられていたことです。男は兵役や労働など直接的に国家に貢献する役割を果たすのに対して，女の役割は，夫や子を支えるという間接的な貢献にすぎません。このような「第二次的存在」としての女性の地位は，男性への経済的な依存を当然とする考えにもつながります（小山 2022）。

　さらに，近代主婦の市場を狙って誕生した主婦雑誌は，欧米の主婦像を取り入れたマイホーム主義を主婦の間に浸透させました。1920 年代前後において，主婦は大衆文化の担い手となり，例えば『主婦の友』（1917 年創刊）という主婦雑誌の発行部数は数十万部から数百万部にのぼっていました。主婦雑誌による読み書きネットワークの拡大は，従来の国家主導の良妻賢母主義に一定の変容をもたらす働きをしましたが，大衆性を売りとする実用系雑誌は，決して国家に抵抗する自律的な主張を展開することはありませんでした。欧米のマイホーム主義を啓蒙的だとたたえるその記事には，家父長制や国家権力に対する批判的な意識は含まれていなかったのです。

だからこそ，1940年代の主婦雑誌は，戦争とともに国家主義へと傾斜していく姿を見せることとなります。戦時下の母の像が国家の手によって強化されると，主婦たちの多くはこれを女性固有の役割として受け入れました（瀬地山 1996）。

▷ 女の解放を目指して

　戦争が終わり，占領下の日本では女性参政権が認められました。女性運動史の観点から見れば，これは日本における**第1波フェミニズム**の成果です。もともと，欧米におけるフェミニズム運動は，フランス革命の結果に対する異議申し立てとして始まりました。人権の保障という国民の権利が，男性という特定の属性の人々にしか与えられなかったことに疑問が提起されたのです。それ以後，アメリカやイギリスの女性参政権運動も盛り上がりを見せ，欧米では第1次世界大戦後に多くの国で女性参政権が成立します。こうした流れに刺激を受け，戦前の日本でも男子普通選挙運動の展開に合わせて婦人参政権運動が行われました。そして，第2次世界大戦が終焉すると，ついに日本でも女性参政権が成立することとなります。

　しかし，女性参政権が認められた後も，依然として社会における性別役割分業の意識は根強く残り，戦後の税制度や社会保障制度などがその意識をさらに強固にしました（☞第8章2節）。日本には，所得税の配偶者控除，年金の第3号被保険者制度といった，専業主婦世帯向けの税制面・社会保障制度面の優遇政策があり，多くの場合，優遇対象から外れないように非正規の職に就いて収入を抑えたり，専業主婦になったりするのは，妻のほうです。また，高度経済成長期に確立した企業文化は，長時間労働，頻繁な配置転換，転勤などといった，「場所や時間が無限定」な働き方を男性に求め，それによって女性は，家事，子育て，介護などの無償労働を押し付けられてきました（周 2019）。さらに，子育てが一段落した専業主

婦は，低賃金でかつ流動的なパートタイム労働力として雇い入れられ，経済変動に応じた雇用調整の際に，労働市場のコアである男性の雇用を守るためのバッファーとしての機能を与えられてきました（大沢 2020）。

そのような状況下で，1970 年代に，女性の解放を主張して始まったのが，「**ウーマンリブ**」と呼ばれる運動です。当時は，世界的にも，女性を取り巻く文化や意識を批判する第 2 波フェミニズムが高まりを見せていました。参政権のような権利を獲得しても，依然として女性が抑圧され続けている現実において，リブはその生きづらさがどこから生まれてきたのかを問い，女の解放は性の解放であるという答えにたどり着きました。リブがそれまでの女性運動と異なるのは，制度による女性の間の分断を拒否したところにあります。主婦に代表される「ふつうの女」と，侮辱と救済の対象としての「娼婦」が分断されたままでは，女の全体像を回復することができないという考えから，リブはそれ以前の女性運動と一線を画すことになったのです。そして，性に関わる女の経験を思想化するための「女のことば」を探し，従来の男性的な組織を否定して参加者の自発性に任せた組織運営を試みました。

ところが，そうしたリブの実像は，男性が支配する言説の中で歪曲を余儀なくされます。その言説は，リブを単なる欧米からの輸入思想として扱ったり，母性を否定する悪しきものとして単純化したり，被害者意識にまみれた「ルサンチマン・フェミニズム」だと揶揄しました。男性の思想が支配的となっている社会において，「男に認められた女」であることを拒否する運動は，広く連帯を形成することに苦戦したのです（上野 2009）。

しかし，リブの主張はその後のフェミニズム運動に引き継がれ，より広い文脈の中で言語化を果たし，より多くの支持者を獲得していくこととなりました。2000 年代にはナショナリズムを前面に出

す保守派からの「バックラッシュ」に直面しましたが，近年では
フェミニズムは再び盛り上がりを見せており，女性解放を目指す新
たな運動が続けられています。長い歴史の中で見れば，それはナ
ショナリズムによる抑圧からの解放を目指す運動でもあるのです。

◢◢◢ *Book guide* 読書案内 ◢◢◢

- マックス・ヴェーバー『プロテスタンティズムの倫理と資本主義の精神』
  （大塚久雄訳，岩波書店，1989 年）
  　　資本主義の発展がヨーロッパで始まった理由を，プロテスタンティズムの教
  義から考える。政治において思想や文化が果たす役割を考えるときは常に参照
  されてきた古典的名著。
- ベネディクト・アンダーソン『定本 想像の共同体 ── ナショナリズムの
  起源と流行』（白石隆・白石さや訳，書籍工房早山，2007 年）
  　　ナショナリズムが近代の産物であることを世界各国の事例から示す。ナショ
  ナリズムの性質について，政治イデオロギーよりも，宗教との親近性を強調す
  るのが特徴。ナショナリズムが植民地を中心に広がったことを明らかにしてい
  る。
- 渡辺浩『日本政治思想史 ── 十七〜十九世紀』（東京大学出版会，2010
  年）
  　　日本を儒教圏の中に位置づけてきた従来の議論を批判し，むしろ儒教こそが
  日本の伝統的な政治体制を変革する原動力となったことを示す。日本における
  宗教の意味についても重要な視点を提供している。

◢◢◢ *Bibliography* 参考文献 ◢◢◢

　　アンダーソン，ベネディクト（2007）『定本 想像の共同体──ナショナリ
　　　ズムの起源と流行』白石隆・白石さや訳，書籍工房早山
　　イグナティエフ，マイケル（1996）『民族はなぜ殺し合うのか──新ナショ
　　　ナリズム 6 つの旅』幸田敦子訳，河出書房新社
　　上野千鶴子（2009）「日本のリブ──その思想と背景」天野正子ほか編集協
　　　力『新編 日本のフェミニズム 1 リブとフェミニズム』岩波書店

ヴェーバー，マックス（1989）『プロテスタンティズムの倫理と資本主義の精神』大塚久雄訳，岩波書店

大沢真理（2020）『企業中心社会を超えて――現代日本を〈ジェンダー〉で読む』岩波書店

苅部直（2017）『「維新革命」への道――「文明」を求めた十九世紀日本』新潮社

河野有理（2011）『明六雑誌の政治思想――阪谷素と「道理」の挑戦』東京大学出版会

小山静子（2022）『良妻賢母という規範［新装改訂版］』勁草書房

塩川伸明（2008）『民族とネイション――ナショナリズムという難問』岩波書店

周燕飛（2019）『貧困専業主婦』新潮社

スコット，ジェームズ・C.（2019）『反穀物の人類史――国家誕生のディープヒストリー』立木勝訳，みすず書房

瀬地山角（1996）『東アジアの家父長制――ジェンダーの比較社会学』勁草書房

ダワー，ジョン（2004）『敗北を抱きしめて――第二次大戦後の日本人［増補版］』三浦陽一訳，岩波書店

西川武臣（2016）『ペリー来航――日本・琉球をゆるがした412日間』中央公論新社

原武史（2019）『平成の終焉――退位と天皇・皇后』岩波書店

フェデリーチ，シルヴィア（2017）『キャリバンと魔女――資本主義に抗する女性の身体』小田原琳・後藤あゆみ訳，以文社

松浦正孝（2008）「第12章 天皇制――日本政治というシステムのあり方」辻康夫・松浦正孝・宮本太郎編著『政治学のエッセンシャルズ――視点と争点』北海道大学出版会

マン，マイケル（2002）『ソーシャルパワー――社会的な〈力〉の世界歴史 I 先史からヨーロッパ文明の形成へ』森本醇・君塚直隆訳，NTT出版

マン，マイケル（2005）『ソーシャルパワー――社会的な〈力〉の世界歴史 II 階級と国民国家の「長い19世紀」（上・下）』森本醇・君塚直隆訳，NTT出版

三谷太一郎（2013）『大正デモクラシー論――吉野作造の時代［第3版］』東京大学出版会

三谷太一郎（2017）『日本の近代とは何であったか――問題史的考察』岩波

　書店

渡辺浩（2010a）『近世日本社会と宋学［増補新装版］』東京大学出版会

渡辺浩（2010b）『日本政治思想史──十七〜十九世紀』東京大学出版会

渡辺浩（2016）『東アジアの王権と思想［増補新装版］』東京大学出版会

国民経済の成立

Question 考えてみましょう

2023年5月11日，政府のAI戦略会議が首相官邸で開かれました。この会議は，AI（人口知能）の研究，ビジネス，法律，倫理などに関わっている有識者たちが集まり，日本がこの分野で世界を

出典：首相官邸ウェブサイト。

リードするための戦略を議論する場です。その内容は，「骨太の方針」など政策の基本方針に反映されることになります。

しかし，AIという分野のリーダーは誰かと問われて，真っ先に国家を思い浮かべる人は多くないでしょう。むしろ，GoogleやAmazonのような，国境を越えて活躍する多国籍企業によって，国家の存在感は薄まっていくと考える人のほうが多いはずです。この見方の背後には，国境を越えて広がっていく市場経済と，相変わらず国境にとらわれ，市場を規制する国家のイメージが対立しています。

そうだとすれば，なぜ日本の政府は，国をあげてAI戦略を進めていこうとしているのでしょうか。

Answer 本章の考え方

　日本を含む各国の政府は，AI が注目される以前から，情報技術を用いた「デジタル革命」を主導するべくさまざまな政策に取り組んできました。「産業革命」の勝者になることで，歴史を前に進められるという考えがあるためです。この歴史観にもとづけば，蒸気機関の利用とともに綿工業が発展した「第 1 次産業革命」ではイギリスが，石油と電気の利用によって重化学工業が発展した「第 2 次産業革命」ではドイツが世界を先導しました。そして，情報技術の発展がもたらした「第 3 次産業革命」においてはアメリカに主導権を握られたため，次の「第 4 次産業革命」では，そのカギとなる AI の開発と導入において，他国に遅れをとることがないよう，政府が積極的に支援すべきだという主張が導かれるのです。こうした見解においては，市場と国家は対立するどころか，むしろ共存関係にあります。

　市場と国家の関係をどのように考えるかによって，政治権力に対する見方も変わってきます。市場と国家の対立関係を重視すれば，国家は市場における企業の自由な経済活動を抑制する主体として考えられます。しかし，市場と国家の相互依存関係を強調すれば，国家は企業活動を後押しする存在として描かれます。

　なぜこれほど異なる見解が同時に存在しているのでしょうか。それを理解するためには，それぞれの見方がどのように浮上し，それが近代国家の成り立ちとどのように関わっていたのかを検討する必要があります。

1. 経済が国民国家に及ぼした影響は？

資本主義の発展が国民国家の消滅をもたらすという考え方がある。国家同士の戦争がグローバル経済を破壊させた歴史もある。

2. 資本主義の発展が制限されたのはなぜか？

市場競争の行きすぎによって誰もが被害を受けたからだ。その結果，市場からの保護を求める運動が生じる。

3. なぜグローバル経済よりも国民経済が優先されるのか？

1　資本主義と政治権力

▷　自由主義と国家

　自由主義と呼ばれる考え方において，国家とは，自由な経済活動を抑制する存在です。この理論の基礎を提供した17世紀イギリスの思想家ジョン・ロックは，権力者から人々の自由をどう守るかという問題に対して，社会契約論にもとづく回答を導きました。その主張とは，すべての個人が自発的に同意するような法的権限だけを，政府に与えるべきだというものです。人々の同意にもとづく政府を作れば，その権力が濫用されることはないだろうと考えたのです。

　ロックの『統治二論』（1690年）によれば，人々が法的権限を政府に委ねるのは自らの労働によって獲得した所有物を他人の侵害から保護するためです。したがって政府の役割は，人々の所有権を守ることだけに限られます（ロック 2010）。君主が，隣国と戦争をしたいからという理由で，自由気ままに税金を取ることは許されません。名誉革命の時代のイギリスにおいて，ロックの思想は，国王の権力を制限し，議会を中心とする政治を行うべきだという主張の裏付けとなりました。それから1世紀後のアメリカ独立革命の際にも，その思想は，イギリス本国による増税を批判し，植民地支配か

らの独立を正当化するのに用いられます。

　しかし，このロックの議論は，一定の経済システムを正当化するものでもありました。労働こそが新たな価値を生み出す行為であり，労働に励む勤勉な者は世界の土地を所有し，そこから利益を得ることができると考えられたのです。この考え方は，人々が自分の財産を自由に取引する市場経済の発展を支持します。狩猟採集から農耕へ，農耕から商業へと続く道は，ロックの視点に立てば人類の発展の道に他ならないのです。

　このため，ロック以後の自由主義者たちは，基本的に市場経済を支持する立場をとりました。自由な市場と，それに干渉する国家を対比し，市場における自由の拡大を唱えたのです。その代表例が，スコットランドの哲学者アダム・スミスです。スミスは，『国富論』(1776 年) の中で，当時のヨーロッパ各国の政府が外国からの輸入品に関税をかける重商主義政策を採用していることを批判しました。市場において個人が自由に取引するのを，政府が妨げてはならないと考えたためです (スミス 2007)。この考えによれば，市場における私的な利益の追求こそが，価格競争を通じて公共の利益をもたらします。スミスの思想を反映するように，19 世紀のイギリスでは，議会中心の政治が確立し，自由貿易が推進されました。そして，政府による市場への干渉の少ない，自由主義の時代を迎えることになります。

▷ マルクス主義と階級対立

　しかし，自由主義の原理にもとづいて所有権が保護されても，自由を手に入れたのは，もともと財産を持っていたごく一部の人々だけだったかもしれません。富裕層と貧困層の間には，まるで身分制社会のような大きな格差が生じていたからです。19 世紀のイギリスは，一握りの富裕層が富を独占する，きわめて不平等な社会でし

た。貧困層からすれば，市場における自由な経済活動とは，むしろ富裕層による権力の行使に見えたでしょう。

この時代に，資本主義という経済システムの成り立ちを解明しようとしたのが，ドイツの思想家カール・マルクスでした。マルクスによれば，資本主義は**階級闘争**の結果として生まれたものです。『共産党宣言』（1848年）の冒頭に書かれた，「これまですべての社会の歴史は，階級闘争の歴史である」という文章は，いつの時代にも，抑圧者の階級と被抑圧者の階級が存在しているという意味を含んでいます。そこで歴史を前進させるものとして考えられたのが，階級闘争です（マルクス&エンゲルス 2008）。

この階級闘争の理論において，それぞれの時代に支配階級として権力を振るうのは，その時代の経済システムの下で生産手段を掌握する階級です。例えば，農民が領主の支配下で土地を耕していた封建制の時代には，領主として領地を掌握する貴族が支配階級でした。これに対して，労働者が賃金を得るために工場で働く資本主義の時代には，工場の生産設備を所有する資本家が支配階級となります。

政治権力の性質について，マルクスはロックと大きく異なる見方を示します。マルクスにとっての政治権力とは，すべての人の同意にもとづいて行使されるものではなく，支配階級に属する一握りの人々のために行使されるものでした。例えば，資本主義の時代において，議会は支配階級である資本家の利益を守り，労働者を抑圧する法律を作ります。そこでの議会は，国民の利益を平等に代表する機関とは程遠い存在です。

議会という政治制度の成り立ちについても，マルクスはロックとはまったく異なる説明をします。社会契約論にもとづいて議会の成立を説明したロックとは異なり，マルクスは階級闘争が引き起こすブルジョア革命を通じて議会制が生まれたと述べます。土地貴族に代表される旧来の支配階級と，ブルジョアジーと呼ばれる新興の資

本家階級の階級闘争の結果，後者が勝利を収め，資本主義を支える議会制が登場したと考えるのです。

そうだとすれば，階級間の力関係は，なぜ革命を引き起こすほどに変化したのでしょうか。この問題に対するマルクスの答えは，技術の発展に伴う生産力の向上が新興階級の力を増大させたということです。蒸気機関のような技術が登場すれば，その技術の担い手である資本家は大きな利益を得ます。そこで資本家たちは，向上した生産力を最大限に生かすべく，その妨げとなる既存の制度を廃止し，新たな経済システムに適した制度の構築を目指すようになります。議会制が成立したのも，資本主義の発展を望むブルジョアジーが，労働力の確保や私有財産の保護のための法制度を必要としたからだというのが，マルクスの見立てです。つまり，生産力によって規定される経済システムが「下部構造」であるとすれば，政治体制は「上部構造」であるにすぎません。

マルクスは，資本主義体制もいずれは崩壊すると考えました。生産力がさらに上昇すれば，過剰生産によって恐慌が起きるためです。その崩壊の過程で重要な役割を果たすのは，労働者階級（**プロレタリアート**）です。資本主義の時代には，農民が土地を離れて都市に流出し，工場労働者となります。マルクスは，工場労働者たちが労働者階級を形成し，この階級が引き起こすプロレタリア革命によって共産主義的な生産関係が成立するだろうと予測しました。そして，共産主義の時代には国家は必要なくなり，やがて消滅するだろうと予言します。ここに，支配階級の権力としての政治権力も消え去り，ようやく人々に自由が訪れるのです。

マルクスの主張はやがて体系化され，**マルクス主義**という教義にまで高められました。それによれば，マルクスが描いたような資本主義の運動法則は，マルクスが研究の対象としたイギリスだけでなく，世界のすべての国に当てはまります。例えば日本では，明治維

新を商品経済の浸透に伴う封建制の動揺と，それに対応するための絶対王政の成立として捉える見方が有力だったこともあります（遠山 2018）。こうした分析の狙いは，これから日本で生じるであろうブルジョア革命を準備し，それに続くプロレタリア革命への展望を描くことでした。

その一方で，マルクス主義に対抗する歴史の理論を作る試みも，さまざまな形で行われてきました。その代表例として有名なのは，**近代化論**と呼ばれる考え方です。この考え方によれば，資本主義が発展すると，資本家と労働者の格差が拡大するのではなく，むしろ中産階級が拡大し，政治的な対立が緩和されることになります。その結果，権力は分散し，民主主義が広がっていきます（リプセット 1963）。この近代化論は，20 世紀の米ソ冷戦下で，マルクス主義に対抗する考え方として主にアメリカで流行し，多くの研究者に影響を与えてきました。ただ，経済システムのあり方が政治体制の変化を促すと考える点において，近代化論もマルクス主義の基本的な前提を共有しています。そのため，2000 年代以降に経済格差の拡大が進み，富裕層への権力の集中が目立つようになると，この理論はかつての勢いを失うことになりました。むしろ近年では，富裕層がいかにして共産主義革命を予防するかという問題のほうに関心が移行しています（Boix 2003）。

▷ 資本主義のグローバル化

資本主義の発展は，国際政治にも影響を与えます。マルクス主義の登場した 19 世紀は，自由貿易が世界的に広がり，国境を越えた投資が盛んに行われる「**第 1 のグローバル化**」と呼ばれる時代でした。東アジアでも，イギリスと中国の間のアヘン戦争を契機にヨーロッパ各国が進出し，経済のグローバル化が進められます。日本の徳川政権も，そうした軍事的圧力を受けて鎖国政策を転換し，開国

を決断しました。

　この世界的な市場経済の広がりがもたらす政治的な帰結については，自由主義者とマルクス主義者が大きく異なる見方を提示することになります。

　自由主義の立場から見れば，市場経済の国際的な広がりは国家間の権力闘争を緩和し，平和をもたらします。なぜなら，国際貿易が増加すれば，どの国も利益を得ることになるからです。貿易によって利益を得る国家にとっては，貿易相手国と戦争をすることは利益を損ねることになりかねません。実際，ナポレオン戦争後の19世紀のヨーロッパでは，大国間の軍事的な対立はほとんど起きなくなりました。第1次世界大戦の直前の1910年には，ノーマン・エンジェルがその著書『大いなる幻想』において，戦争のコストがあまりに高いため，もはや戦争は起きないだろうと論じたほどでした。

　これに対して，マルクス主義の立場からは，資本主義のグローバル化は世界戦争へとつながるという見方が浮上します。例えば，ロシアの革命家ウラジーミル・レーニンは，資本主義が発展することで帝国主義の時代が到来すると考えました。生産力の向上が進んだ結果として国内市場が飽和すれば，資本家たちは経済的後進国の市場に目を向けるようになり，そうした資本家たちの要求に応える形で資本主義国は植民地獲得競争を繰り広げるというのが，その論理です。資本主義国家間の協力の可能性を否定するレーニンは，資本主義が帝国主義を必然的に生み出し，それによって世界戦争が引き起こされると結論づけます（レーニン 1956）。1914年に第1次世界大戦が勃発すると，この資本主義国同士の戦争にこそ革命のチャンスがあると判断したレーニンは，この期を逃さず，1917年にロシア革命を実行に移します。

　しかし，レーニンが起こした革命は，マルクスのいうプロレタリア革命ではなく，共産党に集結した一握りの政治エリートによる，

社会主義国家の建設の試みでした。そして，その社会主義国家は，マルクスが想像したような，誰もが自由に暮らす共産主義社会ではなく，個人の自由を厳しく制限する非民主的な政治体制でした。

　そもそも，レーニンが革命を起こした時点で，世界はマルクスの想定しない方向へと動き始めていました。マルクスの主張とは，資本主義が極限まで成長を遂げ，世界が1つの市場として結びつけられたときに初めて，資本主義の最終的な危機が発生し，プロレタリア革命が可能になるというものでした。しかし現実は，むしろ資本主義の発展を抑制する方向へと進んでいたのです。

2　資本主義に対する反動

▷　自由放任と自己調整的市場

　20世紀の世界では，資本主義の発展を抑制する動きが目立つようになります。しかし，それがなぜ生じたのかは，経済理論を検討するだけでは明らかにすることができません。そのため，以下では資本主義の発展が現実世界でどのような問題を引き起こしたかを確認します。

　自由主義的な経済政策は，しばしば「自由放任」と呼ばれます。しかし，自由主義者の想像するような，国家の干渉から自由な市場経済としての資本主義のイメージは，実は現実とは大きくかけ離れています。人間社会の歴史において，自由な市場が自然発生的に生じるという現象は，ほとんど見られたことがないのです。むしろ「自由放任」は，多くの場合，市場の働きを妨げる結果を生みました。例えば，企業や労働者が自由に活動できるようになれば，企業はカルテルを作って価格を操作し，労働者は労働組合を作って賃金交渉に乗り出すでしょう。ところが，自由主義の見方によれば，カ

ルテルや労働組合の活動は，市場の働きを損なうものに他なりません。だからこそ，自由主義が目指す市場経済の実現には，逆説的に，政府の強力な介入が必要になります。カール・ポランニーは，こうして生まれる経済の仕組みを「**自己調整的市場**」と呼びます。彼は，自由放任と自己調整的市場という2つの制度が衝突するとき，「常に自己調整的市場の方が優先された」ことを強調します（ポラニー2009）。

このポランニーの指摘が重要なのは，市場競争を促進するために設けられた反トラスト法や労働組合に対する取り締まりが，市場競争を制限する制度よりも一層強力な国家の力を必要とすることを明らかにしたからです。それに対して，自己調整的市場を制限する動きは自然発生的に開始されるのが常でした。国家権力は，市場経済を制限するためではなく，むしろ促進するために使われてきたのです。

▷ **商品擬制と二重の運動**

自己調整的市場の出現と，それを維持するための国家権力の増大が問題なのは，そうして市場経済を作り上げていく過程において，人間の行動の動機までが変化してしまう「大転換」が生じたためです。ポランニーは，人類学の知見を借りて，その長い歴史の過程をたどりました。

本来，人間は利得動機よりも生存動機に従って共同体の経済活動に参加する社会的存在でした。その生存動機を生み出すのは，例えば，共同体の構成員が互いの面倒を見る互酬性の原理だったり，生産物を共同体の指導者のところに一度集めてから分配する再分配の原理だったりします。物々交換が行われるときも，経済的な利己心は抑えられ，慣例にもとづく贈り物のやりとりが主流となっていました。

ところが，19世紀の産業革命の時代，大量生産に使われる精巧な機械が発明されたことによって，そのような人間の行動原理は大きく変化することになります。精巧な機械は，高価であり，かつ使用目的が限定されているため，それを導入した者は大量生産を通じて機械に投資した金額を回収しようと努めます。その過程では，物を大量に生産するための十分な原材料と労働力が求められ，また大量に作られた商品の十分なはけ口が必要になります。そして，このようなニーズが，資本主義に適合した人間の行動原理を生み出しました。それまで生存動機にもとづいていた人間の行動は，利得動機にもとづくものへと変化し，その結果として「**商品擬制**」が行われます。すなわち，資本主義の下での人間は，原材料である自然，労働力を提供する人間，そして購買力の表象にすぎない貨幣を，市場で売り買いするための商品として見なすようになったのです（ポラニー 2009）。

　この「大転換」を経て，自己調整的市場が出現しました。自己調整的という言葉は，すべての生産が市場における取引のために行われ，すべての所得が取引から発生することを意味します。自己調整的市場経済の完成を望む人々は，それを妨げるいかなる干渉もあってはならないと考え，自国の産業を育成する保護貿易も，貧しい人を助けるための生活保護制度も，すべて廃止することを主張します。

　1914年に第1次世界大戦が勃発するまで，自己調整的市場経済は拡大を続け，市場と政治の関係を大きく変化させました。国家の介入によって繁栄するようになった市場が，今度は国家のあらゆる政策を市場の自己調整の原理に従わせようとし，自己調整的市場を維持するための政策だけが適切だと考えられるようになったのです。

　自己調整的市場の帰結は，マルクスの描いた資本主義の帰結とは大きく異なります。マルクスの予言とは異なり，資本家も例外なく市場経済の破滅的な影響を被ったのです。1929年に始まる世界恐

コラム4　ファシズムの背景　「人間は，悪徳，堕落，犯罪，飢餓による激烈な社会的混乱の犠牲者として死滅するのである。自然は元素にまで分解され，街と自然景観は冒瀆され，河川は汚染され，軍事的安全性は危地に陥れられ，食料と原料を生産する能力は破壊されるだろう。最後に購買力を市場が支配すれば，企業は周期的に整理されることになるだろう」（ポランニー　2009：126頁）。

前田：ポランニーって，なんでこんなに悲観的なんですかね。

羅：それは，彼自身が第1次世界大戦と世界恐慌を経験していたからでしょう。

前田：しかし，同時代人のハイエクはポランニーとは真逆の立場をとっていたようにも思いますが。

羅：たしかに，ハイエクの場合，むしろ市場経済をもっと完全なものにすればよいと考えました。ただ，それはファシズムが台頭した理由について，2人が異なる見解を持っていたからだと思います。ハイエクの場合，市場の規制につながる思想の動きこそがファシズムへの道を開くと考えますから。

前田：そういえば，ハイエクは，ファシズムがソ連の共産主義やドイツの国家社会主義と同様の思想的背景を持つことを強調していました。ハイエクにとって，その思想は自由を制限するものに他ならないので，自由な市場を取り戻すべきだと考えるわけですね。

羅：それに対して，ポランニーは，思想的な起源ではなく，経済的な起源を重視し，市場経済にこそファシズムの根源があるといいます。ファシズムが，政治や文化，哲学などに影響を与えるようになったのは，それが各国の時局的問題と結びつくようになってからなので，根本的な原因と，一時的な傾向を区別しなければならないとも述べています。

前田：つまり，2人は単に市場に対する見方が違うのではなく，そこで作用する権力の性格に対する見方も違うのですね。

慌に直面した各国は，資本主義を制限する方向へと動き出すことになりました。そして，従来とは異なる，市場経済を制限するような新たな政治体制を模索する動きも登場します。このように，市場経済の拡大と，それを制限する政治的な動きが同時に発生することを，ポランニーは「二重の運動」と呼びます（**コラム4**）。

▷ ファシズム体制の成立

市場経済を制限する動きとして，ポランニーがまず取り上げているのは，大陸ヨーロッパにおける民主主義体制の崩壊と，**ファシズム**の台頭でした。ファシズムは，全体主義体制としてソ連の共産主義と一括りにされることもありますが，所有権を否定しない点で，市場経済の抑制の仕方が共産主義とは大きく異なります。恐慌対策として浮上したファシズム政権の政策により，イタリアでは土木建設事業に対する政府支出が増大し，ドイツでも雇用創出を目的とした公共事業が展開されました。ところが，こうした政策は，次第に軍事的な色彩を強めていき，労働者の権利を弾圧する方向へと進んでいきます。

ファシズム体制の出現は，マルクス主義が想定するような，資本家と労働者の階級闘争だけでは説明できません。資本主義体制の下では，既に資本家が権力を握っている以上，政治的自由を制限し，市場経済への介入を強化するような軍事的な体制を作る必要性が乏しいのです。実際，資本主義の発展が最も進んでいたアメリカやイギリスでは，このような体制は生まれませんでした。

この問題に対する解答としては，農村部の階級対立に注目したバリントン・ムーアの議論が有名です。ムーアによれば，イギリスでは地主が衰退した後に資本家が台頭し，その資本家たちの手によってリベラル・デモクラシーが実現したのに対して，ドイツではユンカーと呼ばれる大地主が資本主義の発展の過程で大きな役割を果た

しました。その結果，ドイツでは，世界恐慌の際に農村部で農業労働者と地主の対立が激化し，労働者の勢力を封じ込めようとした地主たちがファシズムを支持する勢力となります（ムーア 2019）。

このようなムーアの分析に対しては，その議論の歴史学的な妥当性に疑問を抱く立場もありますが，自由主義的な政治体制が成立する条件を考えるうえで，その議論は今でもなお重要な視点を提示しています。すなわちムーアは，イギリスが実は例外的な事例であることを示し，そこでは地主貴族と農民層の消滅が資本主義の発展に先行していたことを強調しました。つまり，一般的には資本主義が非民主的な政治体制を生み出すことを明らかにしたのです。それに続く研究も，ムーアが着目したような地主層の非民主的な性格が，他の国でも広く見られる傾向だということを明らかにしています（Rueschemeyer, Stephens, and Stephens 1992）。

▷ 社会民主主義

市場経済への反動として現れたのは，ファシズムだけではありませんでした。商品擬制から人間を守るための政治運動が，**福祉国家**の建設という形で浮上したのです。失業，障がい，病気，老齢などにより生活の安定を脅かされている人々に対して，その保護を国家が担う社会政策は，戦間期を通して広く普及しました。なかでも最も強力に福祉国家を推し進めたのは，北欧諸国で成立した社会民主主義体制でした。**社会民主主義**とは，マルクス主義とは異なり，あくまで資本主義と議会制の枠内で労働者の利益を実現することを目指す立場です。

この社会民主主義体制の成立については，イエスタ・エスピン－アンデルセンの分析が有名です。彼によれば，北欧諸国において社会民主主義政党が政権を獲得できたのは，農業政党が連立政権を作ることに合意したためです。もちろん労働者と農民の間には利害対

立がありましたが，世界恐慌の時代に，両者が互いの利益を認めて譲歩し，和解に成功したのです。すなわち，労働者の側は，農産物に保護関税をかけて農産物価格を一定以上の水準に維持することを認め，農民の側は，労働者の福祉のために社会保障制度を作ることを認めました。こうして労働者と農民の**階級連合**が成立した結果，選挙で多数の議席を得た社会民主主義政党を中心とする連立政権が北欧の各国で成立することになります。この連立政権は，労働者と農民のシンボルカラーを組み合わせて，「**赤と緑の同盟**」と呼ばれています（エスピン–アンデルセン 2001）。

▷ 日本における「二重の運動」

　資本主義経済に対する反動は，日本でも見られるようになります。日清戦争以降，日本では自由主義的な経済システムの下で産業化が進行していました。その過程では，財閥に富が集中する一方で，労働運動や農民運動の活動は厳しく制限されていたため，世界恐慌の時代になると，農村の窮乏化が急速に進み，資本主義に対する批判が広がっていくことになります。

　日本がヨーロッパと異なるのは，この資本主義に対する反動が，政党ではなく，軍部から生じたことでした。世界恐慌の時代の日本では，立憲政友会と立憲民政党という2つの政党が議会の議席の大半を占めていましたが，これらの政党はどちらも財閥から政治資金の提供を受け，資本家を支持基盤としていました。つまり，経済危機の中でも，ファシズム政党や社会民主主義政党の出る幕はなかったのです。ここで状況を変えたのは，政治に対する軍人の介入でした。1932 年の**五・一五事件**で陸軍の青年将校たちが犬養毅首相を暗殺した際，彼らは農村の窮乏化を救うことを掲げて，財閥に不満を持つ人々から多くの支持を集めました（小山 2020）。この事件によって政党内閣の時代が終わると，次は軍部が権力を掌握する時

代になります。

　それ以後，1930年代の日本では，市場に対する政府の介入が急速に進んでいきました（野口 1995）。特に，1937年に始まる日中戦争で総力戦体制の構築が目指されると，企業に対しては軍需生産を優先させるための各種の統制が加えられ，労働者に対しては既存の労働組合の解散が求められました。政府の指導を受ける産業報国会は，その代わりとして結成されたものです。後に日本の福祉国家の起源とされる社会保険制度も，この時代に整備が進められました（☞第5章2節）。

▷　**繰り返される「二重の運動」**

　以上のような「二重の運動」は，一度で終わるようなものではありませんでした。第2次世界大戦後，欧米諸国や日本では経済成長が続き，福祉国家が発展するなかで，すべての国は豊かな産業社会へと収斂するという楽観論も見られました（Wilensky 2002）。ところが1970年代以降，経済成長が鈍化し，各国の政府の財政状況が悪化すると，福祉国家を批判する形で**新自由主義**と呼ばれる市場原理を重視した政策が各国に広まっていきます。

　新自由主義の経済政策は，緊縮財政を実行する一方で，消費者の不満を和らげるために金融規制を緩和するものでした。その結果として生じたのが，2007年にアメリカで発生したサブプライム住宅ローン危機と翌年の**リーマン・ショック**に始まるグローバル金融危機です（シュトレーク 2016）。この危機は，1970年代以降の金融規制緩和の結果，債権の証券化が進行し，サブプライムローンと呼ばれるリスクの高い金融商品が大量に流通したことによって引き起こされました。世界史的に見れば，これは債務の返済を保証するために国家権力を用いるという資本主義の金融制度の発展がもたらした帰結でした（グレーバー 2016）。

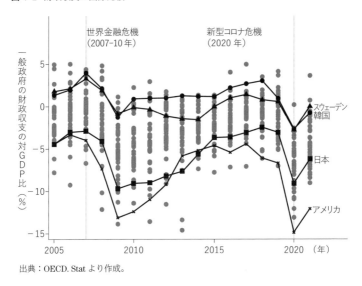

図 4-1　財政収支の国際比較

世界金融危機
（2007-10 年）

新型コロナ危機
（2020 年）

スウェーデン
韓国

日本

アメリカ

一般政府の財政収支の対ＧＤＰ比（％）

出典：OECD. Stat より作成。

　この危機の後，再び同じような惨事が起きるのを防ぐため，各国の政府は金融規制の厳格化に乗り出すことになります。その背景として，銀行の自己資本比率に関する国際共通基準を定めてきたバーゼル合意は，危機の後に新たな規制の枠組み（バーゼルⅢ）を設け，各国政府にその実施を促しました。こうした措置は，それまで市場経済を支持してきた経済学者の間でも広く支持されています（ティロール 2018）。

　新自由主義的な政策の直接的な影響がない場合も，資本主義を抑制しようとする政治権力の働きはしばしば生じます。例えば，2020 年に始まる新型コロナウイルス感染症の世界的大流行に直面して，各国の政府は大規模な財政出動と金融緩和を余儀なくされ，その結果，財政収支が一様に悪化しました（**図 4-1**）。感染症対策によって職を失った人々や営業不振に陥った企業が，市場ではなく国

家に対して支援を求めてきたからです。このような現象は，それまで新自由主義的な政策を積極的に採用してきた国でも例外なく見られました。市場の発展をもたらす資本主義が，同時に人間の生活を守るものとならない限り，二重の運動はこれからも繰り返し発生することになるでしょう。

3 国民経済とグローバル経済

▷ 資本主義とナショナリズム

　ポランニーによれば，自己調整的市場への反動としての二重の運動は，階級に関係なく，社会全体から湧き上がってくるものです。この主張から浮かび上がるのは，階級を超えた「国民」というアイデンティティの存在です。われわれは同じ国民だという意識があるからこそ，人々は国民全体の経済的な利益を考慮して，国際的な市場経済の展開に対する規制の導入を受け入れるのです。

　このような力学は，福祉国家の成立過程で明確に現れました。例えば，北欧諸国で労働者と農民の階級連合が成立し得たのも，「国民」としてのアイデンティティがあったからでした。同じ国民だからこそ，労働者と農民は互いに妥協することができたのです。このことは，裏を返せば，福祉国家が自国民のためになっていないという評価が広まれば，それに対する攻撃が始まることを意味します。近年，欧米諸国で台頭してきた極右政党は，従来の福祉国家を批判し，自国民に対する福祉をより充実させる一方で，移民や難民を福祉の対象から排除することを訴えています（水島 2019）。日本でも，比較的規模は小さいものの，外国人の生活保護受給を批判する**福祉ショービニズム**（福祉排外主義）が登場しています。

　第3章では，ナショナリズムの起源として読み書きのネットワー

クに注目しました。しかし，ナショナリズムは資本主義経済によっても広まります。資本主義の発展は，マルクスのいうような階級対立を生む一方で，それと同時に国民意識を強化する働きをするのです。例えば，19 世紀のドイツでは，経済学者であるフリードリヒ・リストが，イギリスから自国の経済を守るために保護関税を導入するべきだという議論を展開したことが知られています。「**国民経済**」を守ることが政治的な独立を守ることにつながるというのが，その議論の要旨でした。

資本主義と公共圏

この「国民経済」の成り立ちについて，ユルゲン・ハーバーマスは興味深い角度から考察を行っています（ハーバーマス 1994）。彼は，人々が自らの私的な生活を離れて互いに議論を交わす空間を意味する公共圏に注目し，その歴史的な変遷をたどりました。

ハーバーマスは，それまでの歴史では存在しなかったような政治的公共圏が，ヨーロッパの近代社会で発生した理由を考察しました。そこで彼は，古代ギリシアにおける公共圏と，近代的な公共圏の違いを検討します。まず，古代ギリシアでは，経済活動は私的な生活圏としての家族によって営まれていました。その時代にアリストテレスが，経済活動を家政術（オイコノミケー）と呼んだことはよく知られています。その生活圏とは分離された公共圏において，男性の市民たちは外国との戦争など今日的な意味での経済政策とは関係のない事柄について議論していました。

ところが，近代になると，市場経済が発展し，経済活動が私生活圏を離れて展開されるようになりました。ここで生まれたのが，**市民（ブルジョア）的公共圏**でした（☞第 9 章 2 節）。私生活圏とは分離された工場のような空間に新たな労働の形態が出現し，それと同時に商品交易の範囲も拡大しました。その結果，経済活動は市民であ

る男性たちが担うべきものとなり，その経済活動が繰り広げられる空間は市民社会と呼ばれるようになりました。こうした変化に伴い，近代の市民的公共圏では今日的な意味での経済政策に関する議論が行われるようになります。17世紀から18世紀にかけての西ヨーロッパでは，それまでにないほど商品流通の範囲が拡大したことで，市民たちは，武力によって貿易を保護する政府への依存をますます深めていました。そして，依存を深めることは，不満を抱く余地を広げることにもつながります。その結果，政治的な議論を行う場としての公共圏は，経済活動に干渉する政府への不満を噴出する空間へと変貌したのです（ハーバーマス 1994）。

　こうして政府の経済政策が重要な政治的課題として浮上したとき，その政策に影響を及ぼすことのできる人々は，自分たちを単に資本家や地主といった社会の一部としてではなく，「国民」として意識するようになりました。このことは，自由主義の思想にも表われています。例えば，アダム・スミスは，市場の「見えざる手」を強調し，政府の干渉を批判する主張を展開して有名になりましたが，その議論は，政府が国全体の利益となる業務を遂行するためにどれだけの収入が必要であり，その収入を確保するための統治のあり方はどのようなものか，という問題に対する回答でした（スミス 2007）。スミスも，経済の問題を一国単位で考えていたのです。このように国民経済は，重要な政治的課題としての位置を確立していくことになります。

▷　国民経済と民主主義

　国民経済が政治的な意味を強めるようになったのは，民主主義の発展と密接な関係があります。19世紀の欧米諸国では，産業化の進展とともに参政権の範囲を拡大する動きが広く見られましたが，このことを反映するように，この時期には貿易政策の選択をめぐっ

て世論が激しく対立しました。このような社会的な対立を妥協へと導き，民主化を進めることができたのは，国民経済の方向性についての幅広い合意が存在していた国に限られます。

　例えば，19世紀前半のイギリスでは，「国益」に対する考え方が大きく2つに分かれていました。海運業者，保険業者，金融業者などは自由党を支持し，イギリスが一方的に自由貿易を行うべきだと主張しました。その政策によってイギリスの貿易赤字が一時的に増えたとしても，フランス，ドイツ，ロシアなど貿易相手国の購買力が上がれば，イギリス製品の市場が拡大するだろうというのが，その主張の根拠です。これに対して，海外からの輸入製品との競争に晒される産業部門からは，貿易を制限し，イギリスの産業を守ることがイギリスの国益につながるという主張が湧き起こりました。彼らは保守党を支持し，保護関税の導入を訴えることになります。

　結果的に，自由党側が選挙で優勢になり，その後イギリスは自由貿易路線をしばらく維持することになりますが，このことが深刻な分裂を引き起こすことはありませんでした。その理由については，大塚久雄がオランダとの比較を通じて説明を行っています（大塚1994）。大塚によれば，17世紀に貿易国家としてヨーロッパの覇権を握っていたオランダ経済は，農村の経済活動に根ざしていたのではなく，むしろ他国の経済状況に依存していました。このため，貿易が盛んになっても，一般市民の貧困状態が改善することはなく，議会制も都市貴族の専制的支配を助ける以上の役割を果たせませんでした。その結果，オランダは政治的な対立の激化によりヨーロッパの覇権を失うことになってしまいます。

　これとは対照的に，富裕な農村から生じる購買力に支えられていたイギリスの経済は，農業と工業の間の循環によって自給自足可能な社会的分業のシステムを確立していました。そこでは，対外貿易は付随的な位置づけを与えられていたにすぎません。この国民経済

の中で農業，工業，商業の各部門は一定の利益を共有し，それによって政治的な対立が抑制されたため，イギリスは自由貿易による経済的な繁栄を謳歌しながらも，議会制を安定的に発展させることができました。

　大塚は，この歴史を踏まえて，資本主義，国民主義，民主主義は「同じ根からでた三つの幹」であると述べます（大塚 1994）。すなわち，資本主義とともにナショナリズムと民主主義が同時に成長したのは，それを支える経済的基盤として国民経済が成立していたからなのです。

▷ 階層化されたグローバル経済

　各国の経済政策が国民経済を意識するようになれば，いかに自由貿易が叫ばれても，グローバル経済は階層化・序列化された支配−従属関係を含むことになります。そこで，優位な地位を先に確立した国々は，自国の経済的な地位が低落しないように，経済的に立ち遅れた国々が不利になるような国際経済の仕組みを構築していくことになります。

　そうしたグローバル経済の特質を，そこに日本がどのように参入し，その後どのような変貌を遂げたかという観点から見てみましょう。小野塚知二は，資本主義の世界体制にとって 19 世紀の日本の開港が持つ 3 つの意味を，次のように整理しています。第 1 は，世界一周航路の可能性を開拓したということです。それまでオランダとの間でのみ貿易をしていた日本が世界経済に組み込まれたことによって，形式的には世界が 1 つにつながるようになったのです。第 2 は，世界の自由貿易体制の形成史における大きな転換点となったということです。欧米諸国がその他の主要地域に自由貿易を強制する過程は，不平等条約による日本の開港をもって完了し，それからヨーロッパ内でも通商条約にもとづく自由貿易体制が出来上

がることになります。第3は，最後の帝国主義国を生成する出発点となったということです。開港から半世紀も経たないうちに，強力な近代的軍事力を持つ帝国主義国として躍り出た日本は，琉球王国を沖縄県として編入した後，日清・日露戦争を通じて台湾と朝鮮を植民地化し，満州にも版図を広げていきます（小野塚 2018）。

ここで強調されているのは，グローバル経済が，決して水平的とはいえないものとして成立したということです。ナショナリズムと結びついた資本主義は，西欧の自由主義を中心に据え，その周縁には不均等な配分を余儀なくされる辺境地域を置くという，二元的な「世界システム」を出現させたのです（ウォーラーステイン 1981）。それゆえ，マルクスが描いたような国家を超越した資本主義社会は訪れませんでした。世界レベルに拡大した資本主義は，国家間の敵対を払拭するどころか，常に国家を意識させ，時には攻撃的なナショナリズムを強化する働きをすることになったのです。

▷ グローバル化の限界

第1次世界大戦をきっかけに各国は市場経済に対する規制を進めることとなり，そこで「第1のグローバル化」は終焉の過程に入りました。資本主義の下で1つの世界市場として結ばれるはずだった人間社会は，マルクスの予言とはまったく異なる方向へと進むことになったのです。

その終焉の過程で起きたとりわけ重要な出来事は，1929年に始まる世界恐慌でした。その惨禍から抜け出すために，各国は次々と金本位制を放棄し，自由貿易を取りやめて関税を導入します。なかでも，海外の植民地を数多く持つイギリスのような国は，植民地との間でだけ貿易を行う**ブロック経済**によって恐慌を乗り切ろうとしました。その間，日本では，満州事変を境に，中国大陸に進出して経済的な苦境を脱出することを求める声が強まります。他方で，海

外植民地を持たないイタリアとドイツは，領土拡大に向けて動きました。ムッソリーニ政権下のイタリアはエチオピアを侵略し，ナチス政権下のドイツは自らの「生存圏」を東ヨーロッパに求めるようになりました。こうして軍事的な対立が深まった結果，第2次世界大戦が勃発しました。

第2次世界大戦が終わると，再び世界は自由貿易を推進する方向へと転じます。特にアメリカは，同盟国を中心とする自由貿易体制の構築に積極的に乗り出し，その結果，自由貿易の推進を目的とする「関税と貿易に関する一般協定」（GATT）と，通貨危機の際に資金を融資する国際通貨基金（IMF）が発足することとなります。

ただし，これらの制度は，各国に一定の保護主義を認めるものでした。その意味において，第2次世界大戦後の資本主義国は，自己調整的市場を完全に復活させるまでには至らなかったのです。これは，人間社会の安定を無視して，無理に市場経済を導入することが大いなる災いを招くことを，各国の指導者たちが教訓として学んだ結果だといえるでしょう。このため，戦後西側諸国の国際経済体制を，それが各国の社会に埋め込まれているという意味で，「埋め込まれた自由主義」と呼ぶ研究者もいます（Ruggie 1982）。

これに対して，今日ではグローバル化がさらに進んだ結果，各国が独自の経済政策を選択しにくくなっているという議論もあります。特に発展途上国においては，経済的な規制を設けたり，企業に課税したりすると，資本が国外に逃避してしまうため，「埋め込まれた自由主義」は危機に陥るだろうという見方も浮上しました（ロドリック 2013）。しかし，ここでは重要な点が見逃されています。それは，自由貿易などを積極的に取り入れ，グローバル経済の影響を受けやすくなっている国では，福祉国家の拡大を求める労働者の声も一層強くなっているということです（Hays 2009）。その意味で，今日のグローバル経済は，やはり単一のグローバルな市場ではなく，

日本経済や中国経済といった，一国単位の「国民経済」によって成り立っており，常に「二重の運動」と隣り合わせです。だからこそ，グローバル化の時代にあっても，各国を統治する政治権力は依然として健在なのです。

⸌⸌⸌ *Book guide* 読書案内 ⸌⸌⸌

・カール・マルクス＆フリードリヒ・エンゲルス『共産党宣言・共産主義の諸原理』（水田洋訳，講談社，2008 年）
　　マルクス主義を理解するうえで，最初に読むべき本。政治思想が歴史を動かすという説明を覆し，むしろ経済システムの発展こそが革命をもたらし，政治体制を変動させると説く。
・カール・ポラニー『〔新訳〕大転換 —— 市場社会の形成と崩壊』（野口建彦・栖原学訳，東洋経済新報社，2009 年）
　　マルクスとは異なる角度からの資本主義批判が展開される。自然，人間，貨幣が商品として市場で取引されるようになったことこそが，資本主義の悲劇を生み出したと主張する。
・遠山茂樹『明治維新』（岩波書店，2018 年）
　　マルクス主義にもとづく明治維新論。フランス革命がブルジョア革命であるとすれば，日本の明治維新は絶対王政の成立に相当すると分析する。そこでは，日本における資本主義の発展段階が西洋よりも一歩遅れていることが強調されている。

⸌⸌⸌ *Bibliography* 参考文献 ⸌⸌⸌

　　ウォーラーステイン，I.（1981）『近代世界システムⅡ —— 農業資本主義と「ヨーロッパ世界経済」の成立』川北稔訳，岩波書店
　　エスピン-アンデルセン，G.（2001）『福祉資本主義の三つの世界 —— 比較福祉国家の理論と動態』岡沢憲芙・宮本太郎監訳，ミネルヴァ書房
　　大塚久雄（1994）『国民経済 —— その歴史的考察』講談社
　　小野塚知二（2018）『経済史 —— いまを知り，未来を生きるために』有斐閣
　　グレーバー，デヴィッド（2016）『負債論 —— 貨幣と暴力の 5000 年』酒井

　　隆史監訳，以文社

小山俊樹（2020）『五・一五事件──海軍青年将校たちの「昭和維新」』中央公論新社

シュトレーク，ウォルフガング（2016）『時間かせぎの資本主義──いつまで危機を先送りできるか』鈴木直訳，みすず書房

スミス，アダム（2007）『国富論──国の豊かさの本質と原因についての研究（下）』山岡洋一訳，日本経済新聞出版社

ティロール，ジャン（2018）『良き社会のための経済学』村井章子訳，日経BP

遠山茂樹（2018）『明治維新』岩波書店

野口悠紀雄（1995）『1940年体制──さらば「戦時経済」』東洋経済新報社

ポラニー，カール（2009）『［新訳］大転換──市場社会の形成と崩壊』野口建彦・栖原学訳，東洋経済新報社

マルクス，カール＝フリードリヒ・エンゲルス（2008）『共産党宣言・共産主義の諸原理』水田洋訳，講談社

水島治郎（2019）『反転する福祉国家──オランダモデルの光と影』岩波書店

ムーア，バリントン（2019）『独裁と民主政治の社会的起源──近代世界形成過程における領主と農民（下）』宮崎隆次・森山茂徳・高橋直樹訳，岩波書店

ハーバーマス，ユルゲン（1994）『公共性の構造転換──市民社会の一カテゴリーについての探究』細谷貞雄・山田正行訳，未來社

リプセット，S. M.（1963）『政治のなかの人間──ポリティカル・マン』内山秀夫訳，東京創元新社

レーニン（1956）『帝国主義』宇高基輔訳，岩波書店

ロック，ジョン（2010）『完訳 統治二論』加藤節訳，岩波書店

ロドリック，ダニ（2013）『グローバリゼーション・パラドクス──世界経済の未来を決める三つの道』柴山桂太・大川良文訳，白水社

Boix, Carles (2003) *Democracy and Redistribution*, Cambridge University Press.

Hays, Jude C. (2009) *Globalization and the New Politics of Embedded Liberalism*, Oxford University Press.

Pollitt, Christopher and Geert Bouckaert (2017) *Public Management Reform: A Comparative Analysis into the Age of Austerity*, 4th ed., Oxford

University Press.

Rueschemeyer, D., J. D. Stephens & Stephens, E. H.（1992）*Capitalist Development and Democracy*, Polity Press.

Ruggie, John G.（1982）"International Regimes, Transactions, and Charge: Embedded Liberalism in the Postwar Economic Order," *International Organization* 36（2）：379–415.

Wilensky, Harold L.（2002）*Rich Democracies: Political Economy, Public Policy, and Performance*, University of California Press.

軍事力と国家の拡大

Question 考えてみましょう

1894 年に勃発した日清戦争は，1895 年の下関条約の締結をもって日本の勝利に終わりました。それでは，この戦争は日本に何をもたらしたのでしょうか。

出典：Wikimedia Commons.

この問いに対して多くの人が思い浮かべるのは，朝鮮に対する日本の影響力の増大，台湾の植民地化，そして日本の勢力拡大を阻止した三国干渉など，戦争がもたらした国際関係への影響でしょう。日本と清が釣ろうとする魚（朝鮮）をロシアも狙っている姿を描いた当時の風刺画は，日清戦争の構図を人々がどのように理解していたかをよく示しています。

ですが，これは戦争に対する見方の 1 つにすぎません。たしかに，国際関係の変化は，日清戦争の重要な帰結でした。しかし，この戦争は，実は日本国内における政治のあり方にもさまざまな変化をもたらしました。その変化とはいかなるものだったのでしょうか。

Answer 本章の考え方

　戦争が国内政治に及ぼす影響を理解するうえで重要なのは，戦争を遂行するために莫大な軍事費が必要になるということです。政府にとって，軍事費を増大させるのは容易ではありません。国家の財政規模を拡大するためには増税が欠かせませんが，それにはさまざまな抵抗が伴うからです。日清戦争は，明治政府にとって，大規模な財政拡大のきっかけを最初に提供した出来事でした。戦費そのものは公債などで賄われたものの，戦争終結後も軍備拡充と官営企業（製鉄，鉄道）への支出が増大していくことになります。このため，営業税を地方税から国税に移管するなど，増税のための税制の変化が見られました。その結果，収税のための地方機関を大蔵省の直轄とする機運が高まり，1896年には全国に税務署が創設される運びとなります。

　こうした増税の動きに対しては，帝国議会に勢力を占める政党が強力に抵抗することになりました。そして，課税の対象となる人々も，当然ながらこれに大きな関心を持ちました。そのため，日清戦争後の衆議院議員選挙では，府県会議員経験のない実業関係者の当選者数の増加が顕著に見られました。

　その後の日露戦争で財政規模がさらに拡大すると，政党は租税の軽減よりも租税が納税者にいかに還元されるかを気にするようになります。例えば，鉄道敷設や港湾修築など，産業基盤開発に関する地方からの要求にいかに応えるかが，選挙の争点となっていきました。その延長線上にあったのが，大正デモクラシーの到来です。戦前の日本では，戦争が民主化の大きな原動力となったのです。

Chapter structure 本章の構成

1, 軍事力が国家の形をどう変えたのか？

戦争の規模が大きくなったことで、ヨーロッパでは国民国家が生まれたが、東アジアは異なる展開をたどった。

2, 軍事力が政治制度に与えた影響は？

増税が必要になった結果として政治体制の民主化が進み、総力戦を戦うなかで福祉国家化も進んだ。

3, 軍事力があれば国民の安全を守れるのか？

---

1 軍事力から生まれた政治

▷ 戦士たちの民主主義

　軍事力が政治権力の源になるという話をされても、今日の日本に暮らす人々にはあまり実感が湧かないかもしれません。ほとんどの人は人生で一度も武器を持つことなく生活しており、軍事に携わるのは自衛官などに限られています。政治家も官僚も、すべて文民です。このような政治のあり方は、軍人が政治権力を握っていた戦前の日本とは大きく異なります。

　しかし、政治学の歴史を遡ると、今の日本の状況からは想像できない考え方に出会います。例えば、紀元前6世紀頃の古代ギリシアの都市国家（ポリス）で民主主義が生まれたのは、平民が軍事力を持つようになったことと深く関わっていました。数々のポリスの中でも、金属類の供給が潤沢で、かつ小農民経済が発展していたアテナイのような国では、余剰農産物を輸出して豊かになった平民たちが武具を自弁して国防を担うようになります。前7世紀に入って、青銅製の武具で身を固めた重装歩兵が平民の間にも徐々に広がり、その勢力が貴族戦士を上回るようになると、彼らは参政権を独占する貴族に不満を抱き、やがて貴族政を動揺させるようになりま

す（橋場 2022）。

　軍事力が政治にどのような影響を与えるかは，軍事技術のあり方によって異なってきます。例えば，貿易国家だったアテナイでは，海軍力が他のポリスよりも重視されたため，武具を自弁できない人々も，大型ガレー船の漕ぎ手として軍事上の役割を果たし，民会での発言権を獲得しました。こうして実現したアテナイの民主制は，行政・司法上の重要な官職を下層市民に与えることはなかったにせよ，民会における発言力の平等を保障するものへと発展しました。

　軍事技術の発展は，アテナイの民主制を衰退させる働きもしました。海戦が大規模化していくにつれて，より多くの漕ぎ手が必要になると，アテナイは漕ぎ手を供給する小規模なポリスを保護国化していきました。その過程で，社会の階層化が進み，アテナイのエリートたちに軍事力が集中するようになっていきます。その結果，傭兵を率いる僭主たちが権力を振るう一方で，市民兵の政治的な責任感に支えられていた民主主義は弱体化していきました（マン 2002）。

　軍事技術の発展につれて政治権力の所在が変化した事例は，古代ローマにも見られます。ローマの共和政の下では，すべての市民が軍団に編成されて対外戦争に参加し，それと引き換えに民会での発言権を得ていました。しかし，紀元前 2 世紀のポエニ戦争以降，ローマの版図が地中海へと拡大し，戦争が長期化すると，そのコストに耐えられない中層農民が没落し，大土地所有制が発展します。その結果，ローマの軍団は志願兵が中心となり，市民の政治権力が衰退する一方で，軍団を指揮する将軍のほうに権力が集中していきました。こうしてローマは，共和政から帝政へと移行していくことになります。

▷ 「軍事革命」とヨーロッパの近代国家

　軍事力が政治権力の源になるという考え方は，ヨーロッパにおける近代国家の誕生を説明する際にも用いられます。ヨーロッパでは，5世紀に西ローマ帝国が崩壊すると，無数の小規模な領地を持つ支配者たちが誕生し，暴力による支配権の争奪が繰り広げられるようになります。戦場では，歩兵から重装した騎兵へと次第に優位が移っていき，訓練された職業的戦士への依存が深まりました。そこで，支配権を築いた領主や君主たちは，軍事的な貢献を果たした騎士たちに土地を与えることで忠誠を確保しようとします（ブロック1973）。こうした，保護−被保護の関係にもとづく政治の仕組みは，領主が農民を支配する経済システムとともに，封建制を構成する重要な要素となりました。

　この封建制の時代から近代主権国家が浮上するまでの過程では，軍事力が重要な役割を果たしました。領地の獲得を狙って戦争が繰り返されるなかで，戦争に弱い国家は併呑されていき，その結果として中央集権化した近代主権国家が主流の形態となりました。そこに見られたのは，自由主義者が描くような市民による自発的な社会契約でもなければ，マルクス主義者の想定するような生産手段を独占する階級の支配でもない，暴力的な支配者が跋扈する世界です。アメリカの社会学者チャールズ・ティリーは，この過程を指して，「戦争が国家を作った」という有名な命題を残しました（Tilly 1990）。

　ティリーの貢献は，近代国家の登場が決して歴史の必然ではないということを明らかにしたことにあります。近代国家が主流になったのは，むしろ帝国や都市国家の形態をとる国家が衰退したことの帰結でした。例えば，今日のロシアやスウェーデンといった国々の位置する北欧や東欧の農業地帯では，広大な帝国の下で，農民を暴力的に搾取する軍事官僚制が発展していました。この帝国は，征服した地域の住民を自らの軍事力に加えて大規模な軍隊を作る一方で，

各地方の領主たちに行政の大部分を任せていました。これとは対照的に，今日のイタリアやオランダの商業地域に多数存在していた小規模な都市国家は，暴力ではなく資本が商人たちの手に集積していたことをその特徴とします。支配者は，その商人たちの協力に依存して軍事力を調達するので，そこでは傭兵制が発展しました。しかし，「暴力集中型」の帝国と，「資本集中型」の都市国家は，いずれも何らかの要因によって衰退の道を歩むことになります。そして最終的には，暴力と資本を共に集中させている国家が優位に立ちました。つまり，中央にいる支配者が領域全体を統治する近代国家こそが，最終的な勝者となったのです。

近代国家に優位をもたらした要因とは，**軍事革命**と呼ばれる現象です。14世紀半ば，中国から伝来した火薬を用いる鉄砲が戦争で重要な役割を果たすようになると，平地で戦う騎兵は次第に姿を消し，要塞を包囲する歩兵の数が戦争の勝敗を決めることになりました。16世紀になり，携帯可能なマスケット銃が開発された後は，訓練された歩兵の重要性が一層高まりました。17世紀以後は，貿易を保護するための海軍力を誇る国が存在感を増し，大きな鉄砲を運べる軍艦が海戦を支配するようになります。そこで優位に立ったのが，フランスやイギリスのように中規模のまとまった領域を持ち，国内の人口と資源を中央にある政府へと容易に動員できた国々です（Tilly 1990）。

こうして明確な領域を有する近代国家が主流となったヨーロッパでは，各国が相互の主権を条約によって法的に認め合う，多元的な秩序が形成されました。この体制は，17世紀の神聖ローマ帝国における三十年戦争を終結させた条約から名前をとって，**ウェストファリア体制**と呼ばれることがあります。そこでは，各国が相互の主権を承認し，大使を派遣し，外交関係を結びます。一般的には主権国家体制として理解されるこのウェストファリア体制は，単に主

権という思想が生み出したものではなく，長らく蓄積された軍事力に支えられたものでした。そこでは，各国が勢力均衡を維持する方向へと動き，イギリスやフランスといった強力な国家が主導権を握ることはあっても，その中の一国が他のすべての国の上に立つことはありませんでした。

▷　一元化へと向かう東アジア

多元的な秩序を構築したヨーロッパとは異なり，東アジアでは，中華帝国を中心とする一元的な秩序の時代が長く続きました。ただし，それはヨーロッパに後れをとっていたからというより，変化の時代においてヨーロッパとは別の道を進んだからだと理解するのが妥当でしょう。16世紀に商業化の時代を迎えた東アジアでは，マカオやマラッカなどを拠点にヨーロッパ商人との交易が盛んに行われ，一時は中華帝国にも解体の兆しが見えました。北のモンゴル勢力，南の倭寇に加え，遼東では軍閥勢力が興起し，沿海にはオランダ勢力が進出するなど，それまで明朝が築いていた一元的な秩序が崩壊し，多元化の時代が訪れたのです。ところが，17世紀の終わりまでに，こうした勢力は清朝に吸収され，それまでの歴史では実現しなかった未曾有の版図が形成されます。明朝を継承することで正統性を確保した清朝は，国際秩序に関しても明朝の時代に築かれた「**朝貢一元体制**」をおおむね維持することを選択しました（岡本2020）。

朝貢一元体制とは，**華夷思想**にもとづいて明朝の時代に形成された東アジアの国際秩序を意味します。ヨーロッパで形成された主権国家体制が建前上は対等な関係を認めているのに対して，朝貢一元体制では「中華」とそれ以外の「外夷」の間の上下関係が強調され，戦争よりも平和的な「教化」のプロセスが重視されます。

チベット，モンゴル，新疆，台湾を含む広大な版図を築いた清朝

が，この朝貢一元体制を維持するとなれば，その支配には柔軟性が要求されます。例えば，チベットに対しては，漢人の制度である科挙制度を強制するのではなく，チベット固有の制度を尊重し，ダライ＝ラマのチベット仏教を保護する姿勢を見せました。また，トルコ系ムスリム王の領地を編入した新疆では，理藩院という機関に支配を管轄させ，往来する文書の中にイスラームを保護するという考えを示しました。さらに，朝鮮のような朝貢国との間では，儒学的な礼儀を基本原則として関係を結び，儒学や科挙官僚などを所管する礼部にそれを管轄させました。礼部が管轄する「儒学・科挙官僚・朝貢」の世界と，理藩院が管轄する「内陸アジア文化・八旗の軍人・清の監督と現地独自支配の結合」の世界は，それぞれ異なった政治原理に属していたのです（平野 2007）。

　この時代に，日本は朝貢一元体制の外側に位置していました。それ以前の室町幕府は明朝に対して朝貢し，貿易を行っていましたが，この慣行は豊臣秀吉の朝鮮出兵によって途絶えることになったのです。その後，徳川政権期には鎖国体制が敷かれたため，清朝とは国交を結ぶことがありませんでした。このような日本の立ち位置を考慮しても，東アジアではヨーロッパのような激しい戦乱を通じた国家の生存競争は生じていなかったと見るべきでしょう。ところが19世紀に入ると，それまで長く続いた東アジアの平和は動揺することになります。

▷ 主権国家体制と朝貢一元体制の衝突

　19世紀にヨーロッパ列強が東アジアへの進出を開始すると，清朝が作り上げたゆるやかな秩序は，欧米諸国が作り上げた主権国家体制との衝突を避けることができなくなりました。そして，その衝突の衝撃を最も強く受け止めたのが，朝鮮半島です。

　朝貢一元体制において，朝鮮，琉球，ベトナムのような朝貢国は，

清朝との間では主従関係の中に置かれながらも，それ以外の国とは対等な関係を結んでいました。内政不干渉と外交の自主性の承認は朝貢関係の基本的な原則だったからです。ところが，主権概念にもとづく欧米中心の国際秩序を受け入れる過程で，清朝は朝貢国に対する従来の態度を一変させます。朝貢国の外交権を奪い，内政干渉を開始したのです。ここで朝鮮がとりわけ厳しい立場に置かれたことには，隣国である日本の動きが影響していました。徳川政権の瓦解によって 1868 年に成立した明治政府は，清と朝鮮の朝貢関係を否定し，朝鮮を独立国として位置づけたうえで，そこでの影響力を確保しようと試みていたのです。

　その結果，東アジアにも戦乱の時代が到来しました。1871 年に日本と清との間の対等な関係を表明する日清修好条規が締結されると，それをきっかけに朝鮮をめぐる日清の対立が表面化することになります。1894 年に日清戦争が勃発し，その終結の際に結ばれた 1895 年の下関講和条約によって，日本は台湾を植民地化しました。その後，1897 年には朝鮮の国王が大韓帝国の樹立を宣言し，これをもって，東アジアの朝貢一元体制は消滅を迎えます。

　しかし，その後の東アジアは，ヨーロッパのような，各国が互いの主権を認め合う体制には向かいませんでした。日清戦争で台湾を獲得した大日本帝国は，日露戦争後に大韓帝国への圧迫を強めて 1910 年に日韓併合を行い，清朝崩壊後の混乱に乗じて中国大陸にも勢力拡大を試みました。さらに，1931 年の満州事変で満洲を植民地化し，1937 年に日中戦争を起こして「大東亜共栄圏」の建設を目指しますが，第 2 次世界大戦で敗れ，1945 年に大日本帝国は解体されます。そして，すぐに次の戦争が始まりました。1946 年，中国大陸では，日本との戦争に勝利した国民党が，共産党との間で戦前から続いていた内戦を再開したのです。そこで勝利を収めた共産党は中華人民共和国を建国し，敗れた国民党は台湾に逃れること

になりました。朝鮮半島は，アメリカとソ連に分割占領された結果，南（大韓民国：以下，韓国）と北（朝鮮民主主義人民共和国：以下，北朝鮮）に分断され，1950年には朝鮮戦争が勃発します。韓国と北朝鮮は共に国際連合に加盟していますが，今日でも国交はありません。そして，中国（中華人民共和国）は「一つの中国」という原則を掲げ，台湾（中華民国）の主権を認めていません。

このことは，ヨーロッパ発の主権国家体制が，世界に完全に浸透しているわけではないということを意味します。法的な規範の上では対等な主権国家が存在しているように見える世界でも，その水面下では常に権力闘争が続いているのです（Krasner 1999）。

2　近代の戦争と国家

戦争と革命

軍事力は，近代国家の誕生を促しただけでなく，その中身を構成する政治制度にも大きな影響を与えました。戦争の後に革命が起きた国もあれば，政党政治が発展した国もあるのです。

伝統的な王権が革命によって倒れる際には，戦争が重要な役割を果たしてきました。これは，マルクス主義の世界観では強調されなかった点です（☞第4章1節）。マルクス主義では，生産力が向上する局面で台頭した資本家階級が，伝統的な王朝を打倒すると考えます。しかし，シーダ・スコッチポルがいうように，圧倒的な軍事力に支えられた王権を倒すには，何らかの形で国家の軍事力が弱体化しなければなりません（Skocpol 2015）。だからこそ，大規模な戦争の後，支配勢力の間に分裂が生じれば，革命が起きやすくなるのです。

その代表的な事例であるフランス革命（1789年）は，七年戦争

（1756-1763 年）とアメリカ独立戦争（1775-1783 年）がフランスの国家を弱体化させた後に起きました。2 つの戦争によってフランスの国家財政が破綻すると，国王は貴族の免税特権を廃止して財政再建を図ろうとしましたが，それは支配層内部の対立を激化させるだけの結果に終わります。このような状況で農民反乱や都市暴動が立て続けに起きると，フランスの旧体制は崩壊へと向かいました。

　同じような過程は，他の時代や地域でも見られます。中国の辛亥革命は，日清戦争や義和団事件によって清朝が弱体化した後に起きました。ロシアでは，第 1 次世界大戦中の 1917 年に二月革命が勃発し，それによってロマノフ朝が崩壊します。スコッチポルの見立てでは，これらの事例はフランス革命よりも明確な形で，マルクス主義の主張を覆すものでした。この時代の中国とロシアは，資本主義の発展が大きく立ち後れた農業社会だったのです。そのような国で起きた革命が，ブルジョア階級の成長によるものではないことは明白でしょう。そこでは，国家が軍事的に弱体化する局面において，むしろ地主と農民の対立が深化していく過程が見られました（Skocpol 2015）。

　戦争が引き起こす体制崩壊を経験しなかった国においても，戦争は政党政治を発展させる原動力になるなど，国内の政治制度に影響を与えました。戦争の後に社会から不満が噴出すると，それが政党に勢力を拡張する機会を提供したのです。例えば，アメリカ独立戦争後のイギリスでは，公債で賄っていた戦費の返済に対して，公債を所有しない中間層・貧困層が不満を募らせるようになりました。債務返済のために生活必需品への課税が重くなり，それをきっかけに社会の広い層が政治への関心を抱くようになると，各政党も大衆からの支持を無視するわけにはいかなくなりました。そこで，経済改革や選挙改革をめぐる政党間の競争が繰り広げられることになったのです。その結果，イギリスでは，競争的な政党政治が制度化さ

れることになります（マン 2005）。

イギリスのような議会政治の伝統を持たない日本においても，近代の戦争は政党政治の発展をもたらしました。もともと明治政府は，薩摩と長州を中心とする少数の藩閥エリートの支配する体制として出発しましたが，1890 年に議会を開設すると，軍事費を増やすたびに政党の同意を取り付ける必要に直面したのです。そのことが，政党に対する藩閥の譲歩を促し，最終的には**政党内閣**への道を切り開くことにつながります（坂野 2012）。

▷ 永続的な戦争国家

革命の発生や政党政治の発展といった動きが，戦争の短期的な影響によるものだとすれば，戦争は，長期的には官僚制の整備と行政の活動範囲の拡大をもたらしました。戦争が終わり，平時に戻ったとしても，膨れ上がった財政規模を元に戻す動きは生じないためです。その結果，近代国家はそれ以前の国家に比べて，巨額の税金を徴収し，大規模な財政支出を行うようになります。それは，戦争の効果が平時にも持続するという意味で，「**永続的な戦争国家**」の成立を示すものでした（マン 2002）。

例えば，明治維新後の日本では，最初は財政支出の大部分を軍事費と警察の人件費が占めていましたが，繰り返し戦争を行うなかで，「永続的な戦争国家」への変貌が生じるようになります。**図 5-1** は，1890 年以降の日本における国家予算と，その中の軍事費の総額の推移を示したものです。この図を見ると，1894 年の日清戦争と 1904 年の日露戦争で財政支出が飛躍的に増加し，それが戦争終結後も戦前の水準に戻っていないことがわかります。

しかも，予算の内訳を見ていくと，軍事費だけが増大しているわけではありません。教育をはじめとする非軍事的な支出も増え続けていることが確認できます。これは，主に軍事組織として出発した

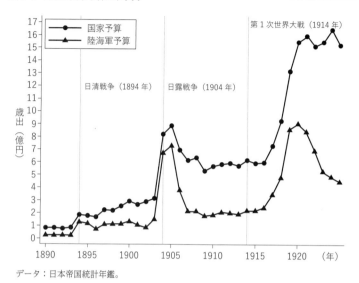

図 5-1 日本の国家予算と軍事費

データ：日本帝国統計年鑑。

近代日本の政府が，徐々に行政サービスを拡大させて市民生活に浸透していったことを示しています。その意味で近代日本の政治体制は戦争とともに変容していったといえるのです（三谷 2010）。

総力戦と福祉国家

「永続的な戦争国家」の出現が行政サービスの拡大をもたらすということは，戦争と福祉国家の密接な関係を示すものに他なりません。福祉国家の起源に関しては，産業化や労働組合の影響力など，経済的な要因が重視されてきましたが，やはり戦争の影響も無視できないのです（☞第 4 章 2 節）。とりわけ 19 世紀後半以降に戦争が大規模化し，一般市民までを大量に巻き込む総力戦が戦われるようになると，戦争動員の対価として福祉の拡充が見られる場面が多くなりました。

例えばアメリカでは，世界恐慌への対応として社会保障制度が整備される 1930 年代以前から，北部の白人男性を主な対象とした連邦政府の年金制度が導入されていました。その年金の最初の受給者となったのは，1861 年から 1865 年まで続いた南北戦争の参加者です。戦争中に負傷した兵士や戦死者の遺族に対して支給されるようになったこの年金は，1890 年代までに老齢年金と障害年金として定着しました。その結果，南北戦争以前からアメリカの北部に住んでいた白人男性の半数近くが年金を支給されるようになりました。1910 年代における連邦政府の年金支出額は，連邦支出総額の約 4 割を占めるほどでした（Orloff 1988）。

　イギリスにおける福祉国家の発展も，戦争を抜きに語ることはできません。イギリスの社会保障制度の土台を提供した**ベヴァリッジ報告書**が提出されたのは，第 2 次世界大戦の最中でした。この報告書に促される形で，1946 年に国民保険法が制定され，1948 年には労働者の扶養家族や自営業者までを包括的に保障する国民保健サービスの実施が始まりました。これらの制度の導入が戦時中に約束されたのは，それが市民の戦争協力を促進すると考えられていたからです（ティトマス 1967）。

　日本においても，初期の社会保険制度の成立には，満州事変以後の軍事的な背景がありました。1938 年に新設された厚生省は，同年に国民健康保険法，翌 1939 年に職員健康保険法と船員保険法，そして 1941 年に労働者年金保険法を制定し，社会保険制度の充実を図りました。これらの制度の立案が世界恐慌期に始まっていたことから，ニューディール期のアメリカのような経済的な動機も排除することはできませんが，日本の場合には満州事変から第 2 次世界大戦終結までの「十五年戦争」に伴う「健兵健民政策」がその流れを後押ししていました（鍾 1998）。

　しかし，東アジア全体を見渡したときには，戦争が福祉国家を生み出すという西洋由来の命題は必ずしも当てはまりません。そこではむしろ，**開発主義国家**と呼ばれるような経済発展を重視する国家の出現が目立ちます。強力な官僚制の下，富の再分配ではなく，有望な産業への資金の配分を行うのが，このモデルの特徴です（ジョンソン 2018）。冷戦下で軍事力の重要性が強調されるなか，韓国，台湾，シンガポールなど，特に厳しい安全保障環境に直面した国々は，富の再分配よりも経済成長を重視し，それによって生み出された財源を軍事費に回すという戦略を選択します（Doner, Ritchie, and Slater 2005）。

　実は，このモデルの原型を提供したのは，大日本帝国でした。政党内閣の時代の日本では，軍部が望むような形で軍事費を確保するのは容易ではありませんでした。そこで満州事変後の関東軍は，満州国の産業化を進めて独自の財源を確保し，総力戦体制の構築に必要な産業基盤の整備を図ったのです。この満洲国での経験を日本に持ち帰ることで，戦後の日本では通産省による産業政策が展開されるようになりました（佐々田 2011）。

　韓国や台湾は，日本よりも一層強く，開発主義国家の特徴を帯びていました。冷戦下で権威主義体制が成立した両国では，国家主導の産業化と軍備増強が進められ，その一方で左派勢力に対する厳しい弾圧が行われたため，共産党はもちろん，社会民主主義政党にも活動を広げる余地は残っていませんでした。1980 年代以後は民主化が進みますが，これらの国が福祉国家を十分に発展させる前に，世界は新自由主義の時代を迎えます（☞第 4 章 2 節）。特に，1997 年の**アジア通貨危機**以後，両国ともに社会保障政策の拡充を制限することとなり，今日では格差の拡大が進んでいます。その意味において，戦争への協力と引き換えに福祉が提供されるという欧米諸国の

たどった歴史の道筋は，東アジアでは再現されなかったのです。

3 軍事力と安全保障

▷ リアリズムと国際政治

　ここまで見てきたように，戦争は国家の単なる膨張ではなく，国家と社会の相互依存の深化をもたらしました。福祉国家が発展し，行政サービスが拡大していくということは，それまで財政支出のほとんどを戦争の遂行に費やしていた国家が，以前よりも社会に深く浸透するようになり，広く支持を得るための行政活動を展開するようになったことを意味します。

　しかし，国家が社会に依存するようになったことは，必ずしも戦争の抑止にはつながりませんでした。一般市民が外交に関わることは，むしろ戦争をより予測しにくいものにしたからです。例えば，第1次世界大戦において「旧外交」と呼ばれるヨーロッパの宮廷外交がその秘密主義を批判されると，国民の同意を基礎とする「新外交」の原則が欧米諸国に広がります。つまり，民主的統制にもとづく外交が展開されることになったのです（ニコルソン 1968）。ところが，この新たな試みは，アメリカの上院がヴェルサイユ条約の批准を拒否して国際連盟への不参加を決めたことで，早々に躓きました。1920年代のアメリカでは，戦争の違法化を求める運動が展開され，1928年には不戦条約も結ばれましたが，日本が満洲事変を引き起こしたことで国際秩序が動揺すると，そうした動きも下火になっていきます（三牧 2014）。そして第2次世界大戦では，民主国家であるイギリスとアメリカが，国際連盟とは関係なく，独裁体制であるソ連と手を組んでドイツと日本に対する勝利を収めました。戦後は新たに国際連合が結成されましたが，それも米ソ冷戦の開始

とともに機能不全に陥ります。

このことは，戦争を思想やイデオロギーだけで防ぐことはできないことを意味します。そうだとすれば，どこに平和の手がかりを求めることができるのでしょうか。この問題について，1つの答えとなったのが**リアリズム**と呼ばれる考え方です。リアリズムは，崇高な理念を掲げて国際秩序を安定させようとする考え方を否定し，軍事力こそが国際関係を動かすと考えます。

例えば，イギリスの国際政治学者 E・H・カーは，第1次世界大戦後に登場した国際連盟の構想が，権力政治の現実を直視せず，理想主義や道徳主義を掲げたがゆえに失敗に終わったと批判します（カー 2011）。さらに，アメリカの外交官ジョージ・F・ケナンは，道徳主義の伝統が根強いアメリカの外交が，冷戦下の国際情勢には適していないことを指摘しました（ケナン 2000）。そして戦後の日本では，リアリズムの立場をとることは，憲法9条にもとづく平和主義を戒め，共産圏との軍事的な対立に正面から向き合うことを意味しました（高坂 2017）。

▷ 人間の本性

リアリズムの代表的な思想家であるハンス・J・モーゲンソーによれば，政治とは，歴史的に変わることのない人間の本性にもとづいています（モーゲンソー 2013）。人間の本性が，権力の獲得や他者の支配を追求するものである以上，国際政治も宿命的に権力闘争の場にならざるを得ません。そこでの国家の基本的な行動原理は，勢力均衡（バランス・オブ・パワー）という言葉で表現することができます。すなわち，潜在的な敵国からの脅威を防ぐために軍備を拡大し，同盟を組むのです。勢力均衡に失敗した場合は，他国による征服を避けられません。軍事大国を止めることができるのは，平和の原則ではなく，軍事力なのです。

このリアリズムの世界観においては，平和というのは幻想にすぎません。自国の安全を目標にして軍事力を強化すると，他国もそれに対抗して軍事力を増強するため，かえって自国の安全を危うくしてしまうという**安全保障のディレンマ**が生じるからです。常に戦争と隣り合わせであることを自覚しながら，他国に征服されないように自国を守るのが，リアリズムの目標となります。

　このようなモーゲンソーの世界観は，近代ヨーロッパにおける勢力均衡をモデルとして導かれたものでした。そこでは，フランス，スウェーデン，オーストリア，ロシア，プロイセンといった大国が互いに覇権争いを行う一方，「バランサー」としてのイギリスが状況に応じて同盟を組み換え，片方の陣営が一方的に強くなることがないように立ち回りました。必要となれば，それまでは敵対してきたはずの国とも同盟を結びます。この勢力均衡政治の延長にあったのが，19世紀の**ウィーン体制**でした（モーゲンソー 2013）。

　モーゲンソーにとって，冷戦の時代は新たな戦争を予感させるものでした。なぜなら，国際政治が2つの極に分断されるということは，第1次世界大戦前の状況に似ていたからです。そこでは，三国同盟や三国協商のような形でヨーロッパの国々の同盟関係が固定化される一方，「バランサー」の役割を果たす国がいなくなっていました。しかし冷戦は，モーゲンソーの予想に反して，米ソの二大超大国の間の「熱戦」には発展しませんでした。モーゲンソー以後のリアリズムの理論的展開は，その理由は何かをめぐって繰り広げられることになります。

国際システムのアナーキー

　アメリカの国際政治学者ケネス・ウォルツは，従来のリアリズムとは異なる，独自の見方を提示したリアリストとして知られています。ウォルツによれば，戦争の原因を説明してきた従来の国際政治

の理論は，3つの戦争イメージによって分類することができます。第1イメージは，人間個人の特性によって引き起こされる戦争です。モーゲンソーの理論にも反映されていたこの見方は，戦争の原因を説明するうえで広く用いられていました。例えば，第2次世界大戦の原因をヒトラーの登場に求める見方は，多くの人の間で共有されています。第2イメージは，国家の性質によって引き起こされる戦争です。この見方にもとづく代表的な理論としては，資本主義国が世界戦争に乗り出すと考えるレーニンの帝国主義論（☞第4章1節）や，民主国家同士は戦争しないと考える民主的平和論（☞第6章3節）があります。第3イメージは，国際システムの無秩序状態がもたらす戦争です。ここでは，国家の性質が同盟や敵対といった国家間の関係を決めるのではなく，むしろ国際システムの構造が個別の国家の行動を規定すると考えます。ウォルツは，国際システムにおいて戦争を止める主体が存在しないことこそが問題だと考え，この第3イメージの重要性を強調しました（ウォルツ 2013）。

　国家は勢力均衡を維持する方向に働くと考える点において，ウォルツの理論はモーゲンソーの考えを共有しますが，その理由に関してはまったく異なる説明を行います。ウォルツの見立てでは，国家が勢力均衡原理に従って行動するのは，政治指導者がそれを求めるためでもなければ，政治体制が民主的であるためでもありません。そうではなく，無秩序な国際システムの下では，勢力均衡にもとづいて行動する国家だけが生き延びるからなのです。

　その行き着く先は，モーゲンソーのいうような多極構造ではなく，むしろ米ソ冷戦のような二極構造です。19世紀には，大国同士が複雑な同盟関係を結んでいる多極構造が形成されていたのに対して，第2次世界大戦後の世界では，冷戦を戦うアメリカとソ連が世界を2つの陣営に分割し，二極構造を形成しました。こうした構造の下では，二極を形成するアメリカとソ連以外の国が，国際情勢に

応じて常にバランスをとる方向へと動くようになり，国際秩序が安定します。二極構造では多極構造よりも勢力均衡に必要な情報が得やすいため，安定的な勢力均衡の状態が保たれ，戦争勃発のリスクが減少するのです（ウォルツ 2010）。

　このウォルツの理論からすれば，1989年の冷戦終結は，決して平和の訪れを意味するものではありませんでした。ソ連が消滅し，アメリカの一極構造が出現したとしても，アメリカに征服されることを恐れる国々が勢力均衡を図るだろうというのが，ウォルツの予想でした。

▷ 覇権安定論

　しかし，すべてのリアリストがウォルツに同意したわけではありません。むしろ，軍事力が一国に集中していたほうが，国際秩序を維持するうえでは好都合だという見方もあるのです。それが，**覇権安定論**と呼ばれる考え方です。この議論の特徴は，例えば19世紀のイギリスや第2次世界大戦後のアメリカのような1つの覇権国によって国際システムの安定が保たれるという主張を展開するところにあります。

　この覇権安定論が浮上した背景には，**帝国主義論**に対抗するという狙いがありました。帝国主義が，植民地となる小国を搾取するものとして理解されるのに対して，覇権という言葉には，覇権国が小国に対して安全保障や自由貿易秩序といった利益を提供するという意味が含まれています。つまり，覇権安定論を主張する人々は，善意の覇権国に小国が自発的に従っているという認識を共有しているのです。

　ここには，明らかに冷戦の影響があります。冷戦下で世界中に軍事基地を設けたアメリカは，その目的について，共産主義から自由を守るためだと主張してきました。自国の防衛をアメリカに依存し

てきた日本や韓国では，このような考え方がそれなりに受け入れられており，冷戦が終結した今日でも残っています。

しかし，少し見方を変えると，覇権安定論のまったく違う姿が見えてきます。実は，覇権安定論のような考え方は，東アジアではかなり古くから存在していました。そこでの伝統的な国際政治論では，中国を中心とする「朝貢一元体制」の下で，国際的な秩序の安定が保たれると考えます（☞**本章1節**）。しかし，今日の多くの人は，その秩序が望ましいものだとは考えないでしょう。むしろ，そうした秩序を取り戻そうとする考え方は，中国と他の国との間で緊張を高めるに違いありません。歴史を振り返ってみても，朝貢一元体制の衰退を防ごうとした清朝が朝鮮半島への干渉を強化した結果，日清戦争が勃発しました。また，近代以降の日本は，中国に代わって東アジアの覇権国を目指しましたが，その帰結はアジア太平洋戦争でした。

そして何より，覇権国は自らの影響下にある国が発展し，対等な地位にまで上昇することを望みません。戦後になって，日本はアメリカの勢力圏の下で高度経済成長を遂げましたが，やがて日本がアメリカの経済的覇権を脅かすようになると，1980年代に**日米貿易摩擦**が生じ，日本には従来よりも多くの軍事費を負担するように求める外圧が加えられるようになりました（飯田 2013）。またアメリカは，かつては中国を共産圏から引き剝がすために国交を回復し，民主化を期待して多くの経済援助を行いましたが，天安門事件を機に民主化の期待が失われ，やがて中国が経済的に台頭してくると，軍事対立を深めるようになります（佐橋 2021）。

このように考えていくと，結局のところ，覇権安定論は帝国主義論の批判を覆すほどの説得力を持つものではないということがわかります。そこから浮かんでくるのは，リアリズムが何か重要なものを見落としているということです。岡義武は，覇権安定論に限らず，

リアリズム理論の中核にある権力政治の考え方そのものが，小国の犠牲を看過していると指摘します（岡 2009）。例えば，18世紀末のヨーロッパで成立したロシア，オーストリア，プロイセンの間の協調は，勢力均衡の典型例としてよく取り上げられますが，その協調が可能だったのは，これら3国によってポーランドが分割されたからに他ならないのです。そうだとすれば，単に軍事力に頼るだけでは，平和で安定した国際秩序は形成されないということになります。以下では，リアリズムが見落としていたものを発見するために，ヨーロッパの歴史的な経験をもう一度振り返ってみましょう。

▷ 国境を越えて共有される規範

近代ヨーロッパでは，国家同士が生存競争を繰り返しながらも，安定した秩序を長らく維持していました。このことについて，ドイツの社会学者ノルベルト・エリアスは，パリのヴェルサイユ宮殿を中心に西ヨーロッパ全体へと広がっていた宮廷社会の平和的な社交のモデルが，その秩序を支えていたと述べます（**コラム5**）。例えば，ナポレオン戦争終結後のウィーン会議の場で外交交渉と列強間の協調が図られたのは，戦争後に復活した宮廷社会の規範的な連携があったからです。エリアスによれば，その規範的な連携はヨーロッパの国々が集権的な権力を確立していくなかで生み出されたものです。各国の支配者たちは中央集権化の進んだフランスの宮廷の行動様式に倣って「文明化」を進め，それによって上流階層の戦士的な気質は抑制されました（☞**第1章1節**）。その代わりに浮上したのが，陰謀や外交をめぐらす独特の**宮廷的合理主義**です（エリアス 2010）。

ウィーン会議で形成された勢力均衡は，ヨーロッパ各地で起こった1848年革命とクリミア戦争によって破壊されたと見るのが通説です。しかし，ロシアとオスマン帝国の露土戦争が終わった1878年以後も，他の列強諸国は，巨大化していくロシアを牽制するため

コラム5　地域の平和と安定　「かれらは —— 政治的には全く異なっていたにもかかわらず，お互いに何度も戦争していたにもかかわらず —— 比較的長いあるいはそれほど長くない間にわたってずっと，かなり一致して，中心をなすパリの宮廷を標準にしていた。……すなわち戦士的上級階層を持ち，不安定で絶えず危険に晒されていた日常生活の必然的であったそのような習慣が，『和らげられ』，『洗練され』，『文明化された』。……そして民族的区別が行われる以前のこの宮廷貴族社会において，今日なおすべての民族的相違を貫いている，いわばヨーロッパに共通するものと感じられるあの掟や禁令事項の一部も鋳造された，あるいは少なくともその原型が形作られたのである。そしてそれらこそヨーロッパのすべての民族に，かれらがお互いにひどく異なっているにもかかわらず，ひとつの共通の刻印，ひとつの独特な文明化という刻印を押すのに一役買っているのである」（エリアス　2010：8-9頁）

前田：エリアスのいう文明化とは，ヨーロッパの国同士が結束を保つために必要なものだったのですね。

羅：はい，文明という言葉は，野蛮という対義語があるときに初めて意味を持ちます。パリの宮廷が中心になっていたということは，ヨーロッパの中もある程度は国家が階層化されていたことを意味しますが，それよりも，外の世界を野蛮なものとして認識することで，域内の国同士は対等な関係を築けたのでしょう。

前田：ヨーロッパの場合，ウェストファリア体制にせよ，ウィーン体制にせよ，実際に各国の外交官が一堂に集い，そこで結ばれた条約の文言の中に，その秩序の原則が書き込まれてきました。勢力均衡も，政治学者がそう考えるはるか以前から，行動原理として認められてきた歴史があります。

羅：その点は，東アジアは全然違いますね。そもそも19世紀ぐらいまでは中華帝国が圧倒的に強かったので，各国が対等に条約を結ぶなどということ自体が，考えられなかったでしょう。

前田：問題は，なぜ今もそうなのかということです。

羅：ヨーロッパでは，2度の世界大戦の反省から地域統合が試みられるようになったといわれます。しかし，東アジアでも日清戦争ぐらいから何度も戦争が繰り返されていますよね。

前田：それは東アジアの場合，戦争とは別に，脱植民地化の問題が絡むからでしょう。単なる戦争責任の問題とは別に，植民地支配の責任も問われているので，問題が複雑になっています。

羅：たしかに，ヨーロッパと東アジアだと，歴史的な条件がかなり違いますね。ヨーロッパの場合，別に周りの国を植民地化したわけではないので，戦争責任に問題が絞り込まれているということでしょうか。

前田：ただ，ヨーロッパでも，戦争責任の問題は実は決着がついていなかったようです。最近でも，ポーランドがドイツに賠償を求めたりしているでしょう。その意味で，ヨーロッパのほうが進んでいるなどということも，一概にはいえないのかもしれません。

羅：むしろ，ヨーロッパのほうが，東アジアに近づいている側面もあるということですね。

に，征服したばかりのオスマン帝国の領域をロシアが放棄するように働きかけるなど，勢力均衡を維持するための取り組みを続けました。こうした事例は，勢力均衡の行動原理を示している点で，リアリズムの論理の正しさを証明するものだと考えられてきましたが，ヨーロッパ宮廷社会の行動規範が各国で共有されていなかったとしたら，勢力均衡を目指す行動はそもそも見られなかったはずです。

　この歴史を念頭に置いて東アジアを見渡せば，そこにはヨーロッパの宮廷社会のような外交のネットワークが存在しなかったことがわかります。もちろん，日本列島，中国大陸，朝鮮半島にはそれぞれ宮廷と呼ぶべき空間がありましたが，各国の上流身分の人々が国境を越えて行動様式を共有していたとは考えにくいです。例えば，日本の武士たちの礼儀作法は，儒学を重視する朝鮮王朝の両班たち

から見れば，洗練されていない風習に見えたでしょう（渡辺 2021）。このような国々の間では，軍事的な均衡をとろうとしても，単に軍事的な競争を起こすだけになってしまいます。ヨーロッパのような国際秩序は今日の東アジアでも形成されにくいだろう，という見方も示されています（細谷 2012）。

そうだとすれば，東アジアの平和のために必要なのはリアリズムの論理ではありません。例えば，日本と韓国は，どちらもアメリカの同盟国であるにもかかわらず，歴史認識問題や領土問題を抱えています。米ソ冷戦の終結は，両国の関係に少なからず影響を与えましたが，最も劇的な形で関係の改善を促したのは，必ずしも国際システムの変化ではありませんでした。例えば，1998 年の日韓パートナーシップ宣言において，日韓が一致して対北朝鮮関係政策を展開し，そのために協力することが明確に示されたことには，当時の韓国大統領であった金大中が，日本の中に広く人脈を持つ「知日派」であったという背景がありました。彼は，植民地時代に教育を受けて日本語を話せる世代であるだけでなく，韓国の政治家の中でも飛び抜けて日本を熟知していた人物だったのです（木宮 2021）。逆に，「知日派」とはいえない後の政権では，対北朝鮮政策に対する日韓の立場の乖離が目立つようになりました。

ここに，国際政治を軍事力だけでは語れない理由があります。戦争を防ぎ，平和を実現するには，ただ単に外国の攻撃を抑止するのではなく，他国を攻撃しないという安心供与を行う必要があります。だからこそ，軍事的な競争の中では損なわれてしまう国家同士の信頼関係を，外交という非軍事的な手段によって作り上げる必要があるのです。1989 年にヨーロッパで冷戦が終結し，分断されていたドイツの統一が実現したのも，当時の西ドイツ首脳がソ連指導部と信頼関係を築いたことによるものでした（板橋 2022）。このように，平和の維持のためには外交が欠かせないのだとすれば，その外交を

成功に導くためには，国際システムの構造を理解すること以上に，相手国を理解し，共通の規範を持つことが重要になるといえるでしょう。

◢◢◢ *Book guide*　読書案内 ◢◢◢

・マン，マイケル『ソーシャルパワー ── 社会的な〈力〉の世界歴史 II　階級と国民国家の「長い 19 世紀」（上・下）』（森本醇・君塚直隆訳，NTT出版，2005 年）

　　ヨーロッパにおける近代国家の誕生が何世紀にもわたる軍事的な競争の帰結であったことを明らかにする。戦争が終結した後にこそ，国家の提供する行政サービスの拡大が生じたことを指摘し，国家の権力基盤がどのように整備されたかを示す。

・ケネス・ウォルツ『国際政治の理論』（河野勝・岡垣知子訳，勁草書房，2010 年）

　　現代の国際政治学におけるリアリズムの基本書。国際政治の構造がアナーキーであることを前提に，勢力均衡こそが国家の基本的な行動原理であると主張する。マルクス主義や民主的平和論を厳しく批判し，独自の視点を構築している。

・三谷太一郎『近代日本の戦争と政治』（岩波書店，2010 年）

　　戦争が体制変動をもたらすという命題をヒントに，日本の近代における政治的な変化を描き出す。戦争に必要な軍事費を確保するため，政党内閣制への道が模索されるようになったと述べる。

◢◢◢ *Bibliography*　参考文献 ◢◢◢

　　飯田敬輔（2013）『経済覇権のゆくえ ── 米中伯仲時代と日本の針路』中央公論新社

　　板橋拓己（2022）『分断の克服 1989-1990 ── 統一をめぐる西ドイツ外交の挑戦』中央公論新社

　　ウォルツ，ケネス（2010）『国際政治の理論』河野勝・岡垣知子訳，勁草書房

ウォルツ，ケネス（2013）『人間・国家・戦争——国際政治の3つのイメージ』渡邉昭夫・岡垣知子訳，勁草書房

エリアス，ノルベルト（2010）『文明化の過程・上——ヨーロッパ上流階級の風俗の変遷〈改装版〉』赤井慧爾・中村元保・吉田正勝訳，法政大学出版局

岡本隆司（2020）『「中国」の形成——現代への展望』岩波書店

岡義武（2009）『国際政治史』岩波書店

カー，E. H.（2011）『危機の二十年——理想と現実』原彬久訳，岩波書店

木宮正史（2021）『日韓関係史』岩波書店

ケナン，ジョージ・F.（2000）『アメリカ外交50年』近藤晋一・飯田藤次・有賀貞訳，岩波書店

高坂正堯（2017）『国際政治——恐怖と希望〔改版〕』中央公論新社

佐々田博教（2011）『制度発展と政策アイディア——満州国・戦時期日本・戦後日本にみる開発型国家システムの展開』木鐸社

佐橋亮（2021）『米中対立——アメリカの戦略転換と分断される世界』中央公論新社

鍾家新（1998）『日本型福祉国家の形成と「十五年戦争」』ミネルヴァ書房

ジョンソン，チャルマーズ（2018）『通産省と日本の奇跡——産業政策の発展 1925-1975』佐々田博教訳，勁草書房

ティトマス，R. M.（1967）『福祉国家の理想と現実』谷昌恒訳，東京大学出版会

トゥキュディデス（2013）『戦史』久保正彰訳，中央公論新社

ニコルソン，H.（1968）『外交』斎藤眞・深谷満雄訳，東京大学出版会

橋場弦（2022）『古代ギリシアの民主政』岩波書店

坂野潤治（2012）『日本近代史』筑摩書房

平野聡（2007）『大清帝国と中華の混迷』講談社

ブロック・マルク（1973）『封建社会1』新村猛ほか訳，みすず書房

細谷雄一（2012）『国際秩序——18世紀ヨーロッパから21世紀アジアへ』中央公論新社

マン，マイケル（2002）『ソーシャルパワー——社会的な〈力〉の世界歴史 I 先史からヨーロッパ文明の形成へ』森本醇・君塚直隆訳，NTT出版

マン，マイケル（2005）『ソーシャルパワー——社会的な〈力〉の世界歴史 II 階級と国民国家の「長い19世紀」（上・下）』森本醇・君塚直隆訳，NTT出版

三谷太一郎（2010）『近代日本の戦争と政治』岩波書店

三牧聖子（2014）『戦争違法化運動の時代――「危機の20年」のアメリカ国際関係思想』名古屋大学出版会

モーゲンソー, ハンス（2013）『国際政治――権力と平和（上・中・下）』原彬久監訳, 岩波書店

渡辺浩（2021）『明治革命・性・文明――政治思想史の冒険』東京大学出版会

Doner, Richard F., Bryan K. Ritchie, and Dan Slater（2005）"Systemic Vulnerability and the Origins of Developmental States: Northeast and Southeast Asia in Comparative Perspective," *International Organization* 59（2）: 327-361.

Krasner, Stephen D.（1999）*Sovereignty: Organized Hypocrisy*, Princeton University Press.

Orloff, Ann Shola（1988）"The Political Origins of America's Belated Welfare State," in Margaret Weir, Ann Shola Orloff, and Theda Skocpol eds., *The Politics of Social Policy in the United States*, Princeton University Press.

Skocpol, Theda（2015）*States and Social Revolutions: A Comparative Analysis of France, Russia and China*, Cambridge University Press.

Tilly, Charles（1990）*Coercion, Capital and European States A. D. 990-1990*. Basil Blackwell.

制度と国家の安定

Question 考えてみましょう

　　江戸時代の日本は，ヨーロッパ諸国よりも早くから封建制を脱却していたといわれることがあります。城下町に武士たちが集

出典：近世街道絵図「中国行程記」萩博物館蔵。

まり，蔵米を支給されて暮らすというのは，土地と結びついていた支配層が解体されたことを意味するからです。同時に，武具や農具を生産する鍛冶たちが城下町に集中したことで，農民は武装して抵抗する力を失いました。今日の日本でも，武器の所持は銃刀法で厳しく規制されています。

　　これとは大きく異なる歴史をたどったのが，独立時から国民が広く武装していたアメリカです。暴力手段が分散していたことは，その後の政治制度の発展過程にも少なからぬ影響を及ぼしました。今日でも，アメリカでは武器の保有は憲法上の権利です。

　　なぜ，2つの国は，このように異なる歴史をたどったのでしょうか。そして，その影響とはいかなるものだったのでしょうか。

Answer　本章の考え方

　世界には多様な政治制度が存在します。それは，各国がそれぞれ異なる条件の下で制度を形成してきたためです。制度が一度導入されれば，その制度を安定的に維持しようとする力が作用し，他国との違いを狭めるのは難しくなります。例えば，民衆の手に暴力が広く分散した国と，そうではない国とでは，その後の民主主義の発達の経路が大きく異なってくるのです。

　アメリカでは，武装した民衆が独立戦争を勝利に導きました。このため，建国に際しては幅広い市民に選挙権が付与され，武器の所有も憲法で認められました。現在も，市民による銃の所持は独裁を防止する手段として広く支持されています。しかし，その一方で，銃犯罪が蔓延し，毎年のように多くの人が命を落とすという負の側面も指摘されています。

　これに対して，庶民が暴力手段を持たなかった日本では，武士たちの手で明治維新が遂行され，その後も庶民の武装は禁じられました。明治政府に対抗する自由民権運動は軍事的には弱体であり，欧米列強との条約改正という動機がなければ，議会開設を実現するのは容易ではなかったでしょう。大正デモクラシーの時代に成立した政党内閣を打倒したのも，民衆の勢力ではなく，自律的な勢力を持ち続けていた軍部でした。

　戦後になって再度の民主化をもたらしたのは，武装した市民による抵抗ではなく，アメリカ占領軍による軍部の解体です。現在の日本では，民主主義を守るのは市民の武装ではなく，軍事力の制限だと考えられています。憲法9条の改正に対する反対が根強いのも，安全保障政策とは別に，戦前の体制の復活に対する警戒が残っているためです。

Chapter structure　**本章の構成**

1. 制度が国民国家に及ぼした影響は？

法にもとづいて運営される近代官僚制は国民国家の支配を安定させた。制度は経路依存性を持つため，容易に変化しない。

2. 民主主義とはどのような制度か？

今日の民主主義は，人々の政治参加と，政治エリートの競争を保障する政治体制を指す。

3. その民主主義を守るべき理由は何か？

1　近代官僚制という制度

▷ 制度は何のためにあるか

　ここまでの章では，ナショナリズムという思想が国民を生み出し，経済活動が国家単位で行われるようになり，軍事的な生存競争の中で国家が拡大してきたことを論じてきました。しかし，それだけでは国民国家が今日のように定着し，安定することはなかったでしょう。本章では，国家の安定をもたらす政治制度の働きに注目します。

　政治学では，統治者を縛るものとして政治制度を考えるのが長らく一般的でした。その背後にあったのは，近代ヨーロッパで誕生した**立憲主義**の経験です。絶対王政が成立し，君主に権力が集中したのに対して，憲法を根拠とする法律によって恣意的な権力の行使を防止するという考え方が浮上したのです。イギリス名誉革命やフランス革命は，この立憲主義への道を開いた出来事として評価されてきました。それらの出来事をきっかけに，立憲主義の下で政治権力に歯止めをかけることが可能になり，人々の自由を守る道が開かれたと考えられているのです。

　ここでは 1 つの謎を解いておく必要があります。政治制度が統治者の権力を縛る役割を果たすだけだったとすれば，国民国家が強

大な権力を手にすることもなかったでしょう。しかし，国民国家は，巨大な官僚制を持ち，領域内で行われている活動を監視し，それを通じて人々の生活の隅々に介入するようになりました。このことは，制度に対する発想の転換を迫ります。すなわち，制度は統治者だけでなく被治者の行動をも縛り，それを通じて秩序を作り出しているのです。この観点から，本章では今日の国民国家を支える制度である官僚制と民主主義について考えます。

▷ 革命を不可能にするもの

かつて，共産主義革命が現実味を帯びていた時代がありました。ロシア革命の結果としてマルクス主義を掲げるソ連が成立し，第2次世界大戦後に中国が共産化すると，世界は冷戦の時代へと突入します。資本主義国を標榜するアメリカなど西側諸国は，自国や同盟国で共産主義革命の動きが生じることを真剣に警戒しました。1989年に米ソ冷戦が終結し，続いてソ連が解体したことで，共産主義革命の脅威は消え去ったという考えが広まりましたが，しかしそれよりもずいぶん先に，革命はもはや不可能になったと結論づけた人物がいました。ドイツにおけるビスマルクの支配とその後を経験した，マックス・ウェーバーです。

政治家である父を持ったウェーバーは，ビスマルクの支配を間近で観察していました。長期にわたるビスマルクの支配の下で，彼に逆らう政治家は次々と失脚し，官僚たちもビスマルク個人に対する忠誠を誓っているように見えました。ところが官僚制は，ビスマルクが支配の座を降りた後も，依然としてその機能を果たし続けます。そこでウェーバーは，それを可能にした官僚制の特徴に着目するようになりました。

ウェーバーが導いた結論は，官僚制が，「暴力によってまったく新たな支配組織を創出するという意味での革命を，純技術的にも，

また徹底的に合理化しつくされたその内部構造を通じても，ますます不可能なものにする」というものでした（ウェーバー 2012：286頁）。これはすなわち，官僚制には革命のような急激な変化を抑え込む働きがあるということを意味します。そうだとすれば，その特徴とはいかなるもので，どのように生まれたのでしょうか。

▭ 近代官僚制の特徴

　さまざまな支配形態の特徴を考えるとき，ウェーバーは理念型を用いて説明を行います。例えば，近代国家は伝統的・カリスマ的支配よりも合法的支配の特徴を強く持ち，その支配の下で，専門性や非人格性といった性格を持つ行政機構が発展を遂げることになります（☞第2章3節）。これは，資本主義の発達の過程で，人々が取引の迅速化と合理化を求めた結果であるというのが，ウェーバーの説明です。その資本主義の要請に従って，行政機構は，支配者である政治家に比べても格段に専門性を極めることとなりました。さらに，支配者と行政機構の間の私的な利害関係を断つようにする仕組みが用意されることによって，行政機構は，支配する術を心得ている人ならどの支配者の下でも働く，非人格性という特徴を強めていきます。このように専門化，非人格化を極めた行政機構が支配を支えている限り，クーデターを起こすのは可能だとしても，まったく新たな支配組織を生み出すような革命は不可能に近いというのが，ウェーバーの導いた結論です。

　近代国家の行政機構の特徴を考えるときも，官僚制の理念型が用いられます。近代官僚制を前近代の仕組みである家産官僚制と対比すれば，その特徴がはっきりと浮かび上がるのです。第1に，近代官僚制は，法的規則にもとづいて職位と権限を設定します。これは，支配者の裁量と交渉によって職位や権限を設定する家産官僚制とは異なる特徴です。第2に，近代官僚制には，官職階層制およ

び審級制の原則にもとづく上下関係の体系が存在します。これは，前近代の君主と家臣の間に見られるような，私的な利害関係にもとづく封建的主従関係と対比されるものです。第3に，近代官僚制は，文書にもとづく職務執行を行い，職務上の資材と私有物とを区別します。これは，官職を私有化し，時にはそれを売買の対象にする家産官僚制の姿とは明らかに異なります。第4に，任用に関しては，近代官僚制の場合は専門的能力にもとづいて人々を選抜します。個人的忠誠にもとづいて任用を行う家産官僚制とは区別される特徴です。専門的能力にもとづいて任用された官僚は，その職業を専業にし，職務時間をその仕事のためだけに費やします。最後に，近代官僚制では，一般的な規則にもとづいて職務執行が行われます。官僚の恣意的な権力行使が行われる家産官僚制とは異なる特徴です（ウェーバー 2012）。

　このような理念型は，現実では常に不完全な形で現れます。今日の日本の官僚制も，家産官僚制よりは，近代官僚制の特徴を多く含んでいますが，近年では首相の権力が強化された結果，官僚が政治家の意思を忖度して行政文書を改竄するような，近代官僚制の理念型では説明できない現象もしばしば見受けられます（☞第13章2節）。

▷　**制度が生み出す多様性**

　ウェーバーの理念型が政治の分析に広く用いられるのは，それにもとづいてさまざまな国の制度を比較できるようになるからです。例えば，近代官僚制の理念型のうち，人事制度に注目すれば，各国の公務員任用制度を，それがどれだけ近代官僚制に近いかという基準で比較することが可能となります。

　19世紀のアメリカでは，政党政治の発展過程で「**猟官制**」と呼ばれる**政治任用**の仕組みが発達し，逆に専門的能力にもとづく資格任用の普及は，ヨーロッパに比べて遅れをとりました（辻 1991）。

この猟官制の下では，政治家と官僚，そして企業が癒着しやすくなり，地方政府の腐敗が蔓延していました。そこで，猟官制の便益を受けられない側の不満がたまっていき，これが 19 世紀末に始まる**革新主義運動**の 1 つの原因となります。一方，明治維新後の日本では，政党との間で人材獲得競争をする立場に置かれていた新政府が，ドイツの制度を参考にしながら**資格任用**の制度を整備していきました（清水 2013）。今日においても，アメリカに比べて日本のほうが官僚の資格任用は徹底されています。

　このように制度を比較することは，政治や経済の仕組みが各国において異なる発展過程をたどった理由を解明するのに役に立ちます。**制度論**と呼ばれる一群の学説が生まれたのも，そうした多様性を説明するという動機があったからです。マルクス主義のように，すべての国が単一の方向へ発展すると考える収斂理論に対抗して，制度論者たちは資本主義や福祉国家の多様性がいかに生じたかを明らかにしてきました。世の中がある 1 つの形に収斂していくわけではなく，各国の制度が異なる状態のまま維持されると考えるのです。

▷ 制度の経路依存性

　以上のような制度論の考え方を支えているのが，**経路依存性**という概念です。これまでの歴史において，既存の制度がまったく新しい制度へと急激に置き換わるような変化は滅多に見られませんでした。それはなぜかというと，制度運営が自己目的化されるからです。制度が一度確立すれば，それを作った当初の目的は忘れ去られ，制度そのものの存続のために人々が働くという現象がしばしば生じるのです。また，制度から便益を受ける社会集団が出現すれば，その社会集団の権力資源が大きくなるにつれて，制度の「正のフィードバック」という現象が生じるようになります（ピアソン 2010）。これによって制度は，それが作られた当時の条件が変化した後も，過

去の経緯に縛られる形で，長期的に維持されるのです。

こうした経路依存性が強力に働くのが，福祉国家です。例えば，日本では居住者のほとんどが健康保険や年金といった社会保険制度に加入しています。この制度がある日突然廃止されることは，なかなか想像できないでしょう。年金制度に加入している人々は，その制度から便益を受ける社会集団になっており，この集団の影響力は，常に制度を維持する方向へと働きます。仮に年金制度がまったく異なる制度へと置き換えられることがあるとすれば，それは戦争や恐慌のように強力でかつ外生的な力が作用したときに限られます（☞第8章2節）。

しかし，近代国家を安定させる政治制度として重要なのは，官僚制や福祉国家だけではありません。それらがどのように運営されるかは，また別の制度によって左右されるからです。そこで重要な役割を果たす制度が，民主主義です。議会や選挙といった民主主義を構成する制度は，マルクス主義においては資本家の権力に従属する上部構造にすぎませんでした。しかし，今日の政治学では，政治制度それ自体が権力を制御し，それを通じて政治秩序を安定化する働きを持つという見方が有力になっています。そこで，以下では民主主義という政治制度の性格を考えます。

2　制度としての民主主義

▷　民主主義とは何か

民主主義という言葉は，古代ギリシアにおいて，「人民の支配」を意味する言葉として生まれました。特に有名なのが，アテナイの民主制（デモクラティア）でしょう。そこでは，すべての市民が民会に参加する，直接民主主義が採用されていました。その体制の下で

表 6-1 アリストテレスによる政治体制の分類 ――――――――――――――

統治の目的	1人の支配	少数者の支配	多数者の支配
公共の利益	君主制	貴族制	国制
支配者の利益	僭主制	寡頭制	民主制

は，自由人の成人男性によって構成される市民の誰もが，政策決定に携わることができたのです。このアテナイの民主制に民主主義の起源を求める考えは，今日の世の中に広く共有されています。

アリストテレスは，その政治体制論において，支配者の数と支配の目的という2つの基準を用いて分類を行いました。つまり，支配権を持つ市民の数が1人か少数か多数か，また支配の目的が公共の利益の追求にあるか支配者の利益の追求にあるかを基準にして，古代ギリシアの政体を6つに分類したのです（**表 6-1**）。この分類では，公共の利益を目的とするものが良い政体，支配者の利益を追求するものが悪い政体だと考えられています。1人の支配者が統治する良い政体は**君主制**，悪い政体は**僭主制**です。少数者が支配する良い政体は**貴族制**，悪い政体は**寡頭制**です。そして，多数者が支配する良い政体は**国制**，悪い政体は**民主制**です。

驚くべきことに，この分類に従えば，民主主義は多数者が支配する政治体制の中で，悪しき政治体制に属しています。支配者である多数者が，公共の利益を度外視して自分の利益のためだけに統治するのは，支配者が堕落した結果に他ならないと考えられているからです。

アリストテレスにとっての理想の政体は，民主制ではなく国制（ポリテイア）でした。民主制では，すべての市民に政治参加の機会が平等に与えられ，くじ引きを通じて官職が割り当てられるのに対して，国制では，くじ引きではなく選挙で公職者が選ばれます。つ

まり，国制とは，選挙を通じて公職者を選ぶという点では寡頭制の性質を持ち，その選挙に際してすべての市民が参加できるという点では民主制の性質を持つ，混合型の体制なのです（アリストテレス2001）。選挙で公職者を選ぶという意味では，今日の代議制民主主義に似ているところがあります。

　この議論が，今日の感覚からしてやや不思議に思えるのは，選挙という仕組みが，民主制ではなく寡頭制の性質を持つものだと考えられているためでしょう。しかし，アリストテレスがそう考えた理由は明確です。民主制においては，いかなる市民も貧富に関係なく，時には支配する立場になり，また時には支配される立場に回ります。これに対して，選挙とは，財産や知名度のあるエリートが有利になる仕組みです。今日でも選挙で選ばれる政治家の多くは，一般市民にはない資金力や知名度を誇ります（☞第11章2節）。だからこそ，アリストテレスは，理想の政体である国制においては，選挙を行う際に財産上の制限をなくすべきだと主張したのです。

　アリストテレスが理想とした国制を現代において再現できるかといえば，それはかなり困難でしょう。なぜならば，国制が成立するためには，ある重要な条件が満たされなければならないからです。それは，経済水準や教育水準の等しい，似たような人間同士が，友愛で結ばれている社会であるということです。友愛がなければ，人々が共に集い，互いの私的な利益を超えた公共の利益を議論するということは考えられません。その意味で，国制とは，互いの顔が見えるような，小規模な都市国家を前提とした構想でした。

▷ 現代の民主主義

　古代ギリシアの国家から見れば，近代国家の規模は想像を絶するものです。最も大きな都市国家であるアテナイでも市民の人数は約5万人程度であり，今日の日本でいうと小規模な地方都市と同程度

です。こうしたことから，規模の大きい今日の国家では直接民主主義を行うのが不可能であり，次善の策として代議制民主主義が選択されているのだという説明が行われることもあります。

　しかし，この代議制民主主義は，実は古代ギリシアの直接民主主義とは直接のつながりを持ちません。アテナイをはじめとする都市国家は，紀元前2世紀以降ローマに征服されてしまい，その民主主義の伝統も途切れてしまいました。ローマ帝国が滅亡した後のヨーロッパ各地では，国王に対して臣下が要求を行う場として議会が出現します。この議会の議員は，最初は貴族や聖職者に限定されていましたが，19世紀以降，一般市民による選挙で議員を選ぶ仕組みが定着していきます。

　そうだとすると，この代議制民主主義とは，いかなる意味で民主的なのでしょうか。この問いについて，決定的に重要な見方を提示したのが，20世紀前半のオーストリアやアメリカで活動したヨーゼフ・シュンペーターでした。

　世界恐慌を経験した後の欧米諸国では，社会主義への期待が高まっていました。マルクス主義者は，アメリカやイギリスで民主主義と呼ばれていた政治体制を指してブルジョアジーによる少数者の支配にすぎないと批判し，労働者階級を代表する自分たちの支配こそが「人民の支配」を実現するのだという主張を繰り広げていました。この考えは，ソ連の共産党による一党独裁の根拠となっていました。

　そこでシュンペーターは，人民の支配という古典的な民主主義の理念を掲げる社会主義者が，これからの民主主義の担い手になれるかどうかを検討したのです。その結論は，社会主義も結局は少数者の支配であり，それが人民の支配へと発展する余地はないということでした。人間は政治的な判断力に欠けており，世論も特定の集団が操作するものにすぎないというのがその理由です（☞第9章2節）。

つまり，人民の支配を実現している体制など現実には存在しないというのが，シュンペーターの考えでした。

そこでシュンペーターは，古典的民主主義の幻想を捨て，アメリカやイギリスにおける民主主義の現実に目を向けます。すると，アメリカやイギリスでも人民の支配は実現していないものの，そこには評価すべき点が1つありました。それは，政治家たちが選挙において人民の投票を獲得するために競争し，その競争を勝ち抜いた政治家が政治的意思決定を行うことを保障する手続きが備わっていることです。このことに注目して定式化されたシュンペーターの定義は「**民主主義の最小定義**」とも呼ばれます。その民主主義とは，人民の支配する政治体制ではなく，政治指導者が競争的な選挙を通じて選ばれる政治体制を指すのです（シュンペーター 2016）。

<hr>

▷　**ポリアーキー**

シュンペーターが提唱した民主主義の概念は，現実の民主主義に対する冷徹な評価が生み出したものです。しかし，この定義からは，アメリカやイギリスの政治体制をより民主的にする道は見えてきません。現実の政治体制を批判し，それをより望ましい形に近づけるためには，新たな定義が必要になります。ロバート・ダールが提唱した「**ポリアーキー**」（多元支配）という概念は，まさにそうした試みから生まれたものでした。

ダールは，著書『ポリアーキー』（1971 年）の中で，すべての市民に対して等しく責任を持って応答する政治システムこそが，民主主義であると考えました。ただし，そのような体制は現実には存在しません。そこで，ダールは現実の体制の中で相対的に民主的な体制を指す言葉として，「ポリアーキー」という概念を提唱します（ダール 2014）。

ポリアーキーには，包括性と自由化という2つの次元がありま

図 6-1 ポリアーキーの概念

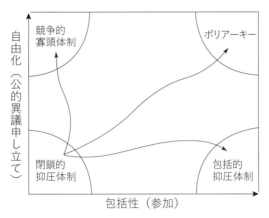

出典：ダール（2014），14頁。

す。**図 6-1** が示しているように，横軸の包括化が進むほど，市民の広い政治参加を保障する政治体制に近づき，縦軸の自由化が進むほど，公的異議申し立ての機会が保障される政治体制に近づきます。ダールは，現実に存在する政治体制の中で，この両方の次元において最も発展を遂げた政治体制を指して，「ポリアーキー」と名づけました。このポリアーキーとは，理想の民主主義そのものではなく，現存する政治体制の中で，最もそれに近い体制を意味するのです。

　ダールが示した 2 つの次元は，それぞれ独立に変動してきました。例えば，19 世紀までのイギリスでは，複数政党が競争を繰り広げ，公的異議申し立ての仕組みは高度に発達しましたが，政治参加の機会を与えられていたのは人口のわずかな部分にすぎませんでした。このような体制を，ダールは**競争的寡頭体制**と呼びます。逆に，1922 年に成立したソビエト連邦では，普通選挙は確立していたものの，公的異議申し立ての仕組みはほとんど発達しませんでした。このような体制は，**包括的抑圧体制**と呼ばれます。同じ非民主

的な体制でも，それを民主的だといえない理由は異なるのです。

　これは，民主化という言葉が，19世紀と20世紀とでは異なる意味を持つことを示しています。例えば，明治維新が起きた頃の1870年には，ポリアーキーを実現した国は存在せず，欧米諸国の多くは競争的寡頭体制でした。これに対して，100年後の1970年になると，19世紀には競争的寡頭体制だった国がポリアーキーに移行する一方で，数多くの包括的抑圧体制が出現しています（**図6-2**）。19世紀までは，選挙権の拡大こそが民主化の課題であったとすれば，20世紀の民主化の課題は，むしろ反体制勢力による異議申し立ての機会を確保することへと変わっていたのです。ダールは，この20世紀の民主化が成功するための条件として，革命を通じた旧体制の一掃というマルクスの考えではなく，体制派と反体制派が妥協を行い，共存することを重視しました（**コラム6**）。

　とはいえ，ポリアーキーへの道は平坦なものではありません。20世紀後半，日本は敗戦と占領を経て民主化し，アメリカも1960年代には公民権運動を通じてポリアーキーに到達しました（☞**第8章3節**）。しかし，第2次世界大戦後に新たに独立した国々の中には，包括的抑圧体制へと向かう国が多く見られました。1970年代以降，民主化への流れが強まった時期もありましたが，非民主的な政治体制は依然として健在です。とりわけ米ソ冷戦の終結によって共産圏が崩壊した1990年代以降は，選挙によって自らの支配を正当化する「選挙独裁」の国が増加しました（東島 2023）。東アジアでも，1980年代以降は韓国や台湾がポリアーキーとなりましたが，中国と北朝鮮の包括的抑圧体制が揺らぐ気配はありません（**図6-3**）。

　このため，現在の政治学では，ダールのいう包括的抑圧体制を**権威主義体制**と呼び，その統治原理を探る研究が盛んに行われています。それらの研究によれば，権威主義体制の国々の中でも，個人支配と一党支配とでは違いが表れています。例えば，北朝鮮やロシア

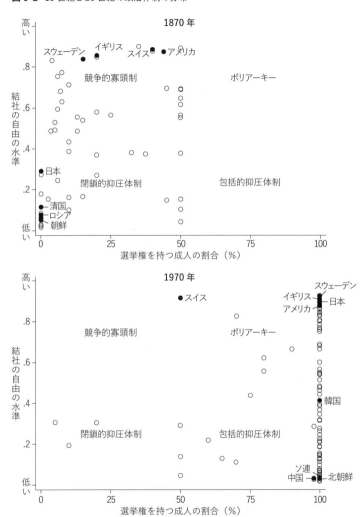

図 6-2 19 世紀と 20 世紀の政治体制の分布 ————————————————

1870 年

高い

結社の自由の水準

.8

.6

.4

.2

低い

スウェーデン　イギリス　スイス　●アメリカ

競争的寡頭制　　　　　　　　　ポリアーキー

●日本

閉鎖的抑圧体制　　　　　　　包括的抑圧体制

●清国
●ロシア
●朝鮮

0　　　　　　25　　　　　　50　　　　　　75　　　　　　100

選挙権を持つ成人の割合（％）

1970 年

高い

結社の自由の水準

.8

.6

.4

.2

低い

　　　　　　　　　　　　　　　　　　　　スウェーデン
　　　　　　　　　　　　　　　イギリス　日本
　　　　　　　●スイス　　　　アメリカ

競争的寡頭制　　　　　　　ポリアーキー

閉鎖的抑圧体制　　　　包括的抑圧体制

　　　　　　　　　　　　　　　　　　　　韓国

　　　　　　　　　　　　　　　ソ連
　　　　　　　　　　　　　　　中国　北朝鮮

0　　　　　　25　　　　　　50　　　　　　75　　　　　　100

選挙権を持つ成人の割合（％）

注：選挙権を持つ成人の割合は包括性を，結社の自由の水準は自由化を示す。
出典：V-Dem（2023）より作成。

コラム6 寛容コストと抑圧コスト 「反対勢力に対して寛容であることへの期待コストが低くなるに従って，政府が反対勢力に対して寛容になる可能性は増大する。

しかしながら，政府はまた，反対勢力を抑圧することのコストがどれくらいになるかも考慮しなければならない。というのは，たとえ寛容であることが，どれほど高くつくにせよ，抑圧のほうが，それよりもはるかに高くつき愚行になるかも知れないからである」（ダール 2014：25頁）

前田：ここでいう「寛容コスト」と「抑圧コスト」はどのように測るのでしょうか。

羅：寛容コストは，反対勢力の参入に伴う政策目標の変化の大きさを見ます。反対勢力が参入しても政策をそれほど変えなくていい場合に寛容コストは低いと考えます。抑圧コストは，反対勢力を抑圧する手段が集中しているか，分散しているかを重視します。例えば，アメリカでは警察力が地方に分散していますから，抑圧コストは高いと考えるわけです。

前田：だとしたら，アメリカでは抑圧コストの高さが，ポリアーキーを生んだのですね。日本でも，大正デモクラシー期の大衆運動によって抑圧コストが上昇したように思います。

羅：日本では，むしろ寛容コストの低下が重要でしょう。軍事力は圧倒的に政府に集中していましたから。今でも，日本は武器の所持に対する規制がきわめて強い国です。

前田：つまり，政府側としては，政党内閣ができても政策が大きくは変わらないと考えた，ということでしょうか。

羅：そうです。1924年に元老の西園寺公望が憲政会の加藤高明を首相に指名したのは，加藤が対中強硬論の立場を変えて，政府が追求する協調外交路線に転じたからだといわれています。その結果，憲政の常道と呼ばれる政党間の政権交代の慣例が生まれました。

前田：妥協の姿勢も，民主化の戦略としては大事なのですね。

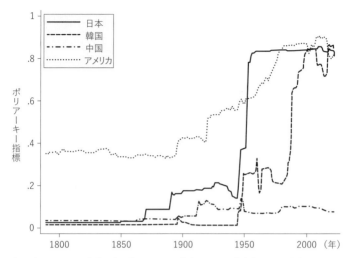

図6-3 ポリアーキーへの道

注：ポリアーキーの条件を多く満たす国ほど「ポリアーキー指標」が1に近づく。
出典：V-Dem（2023）より作成。

のような個人支配の国では，金日成やウラジーミル・プーチンといった特定の指導者が長期にわたって統治を行います。それに対して，1949年以降の中国や2000年以前の台湾のような一党支配の国では，特定の政党の幹部が政権を握ります。

　しかし，こうした権威主義体制の制度的な分類は，実態とは大きく異なっている場合もあります。例えば，中国は共産党の一党支配体制のイメージがありますが，共産党の幹部の間で指導者のローテーションを行うという慣行は，実は1980年代の鄧小平政権以降になって確立したものです。1960年代の文化大革命後しばらくは人民解放軍の幹部が党の要職を占め，軍事支配に接近していたこともあります。そして，最近の研究では，この時代の人民解放軍の介入が，毛沢東による党内の権力闘争の手段だったことが明らかにさ

れています。その意味では，毛沢東時代の中国は，実質的には個人支配の体制だったということになるでしょう（林 2014）。今日の中国では習近平による個人支配への傾向が見られるとされていますが，それは実は中国の政治体制の歴史に根ざした現象なのです。

▷ ポリアーキーの経路依存性

　ポリアーキーが安定する条件に関して，政治学では多くの議論が行われました。とりわけマルクス主義の影響から，経済発展や社会的不平等といった経済的な要因が重視されてきました（☞第4章1節）。しかし，ポリアーキーという制度は，それ自体が経路依存性を持っています。民主化の歴史的な経験を持つ国では，民主化を求める政治勢力が成長するため，そうでない国に比べてポリアーキーが安定しやすいと考えられるのです。

　例えば，第2次世界大戦後の日本の民主主義は，アメリカを中心とする連合国軍によって押しつけられたものだと論じられることがあります。しかし，もしそうだとしたら，日本の民主主義がここまで安定することはなかったかもしれません。ここで見逃してはならないのは，戦前の日本でも民主化の試みが行われていたことです。1890年に帝国議会が設置された日本では，政党政治が徐々に浸透し，選挙権も段階的に拡大していきました。1920年代の大正デモクラシーの時代には，立憲政友会と立憲民政党という2つの政党の党首が交互に政権を担当する，**政党内閣制**も成立します。

　もちろん，これは完全なポリアーキーではありません。この時代の政党内閣制において，首相を指名するのは議会ではなく天皇とその重臣たちでした。また，男子普通選挙は1925年に実現したものの，女性参政権は実現しませんでした。ですが，長期的に見れば，その時代の日本はポリアーキーへと向かう途上に位置していたのです（三谷 1995）。

ここに，戦後日本におけるポリアーキーの安定の条件がありました。中途半端であるにせよ，日本は一度ポリアーキーへの道の途上まで進んだ経験があったのです。だからこそ，日本は戦後に包括性と自由化の条件を一度に満たすことができたと見るべきでしょう。

3　民主主義の効果

▷　民主的な制度の効率性

　これまで見てきたように，今日の民主主義は人民の支配する政治体制ではありません。そうだとすれば，民主主義は，そうでない政治体制に比べて，いかなる点で望ましいといえるのでしょうか。

　これについて，多くの人が注目してきたのは，民主主義の制度が経済成長に及ぼす影響です。マルクス主義においては，政治制度は経済発展が生み出す上部構造にすぎないため，経済を変動させる力はないと考えられてきました（☞第4章1節）。それに対して，ダグラス・C・ノースは，民主的な政治制度が所有権を保護する仕組みを生み出し，それが資本主義の発展をもたらすと主張したことで知られます（ノース 1994）。ノースの命題は，資本主義へと向かう経済システムの発展が，実は特殊な制度的な条件の下でしか生じないということを意味するものでした。所有権を保護し，取引や交換を効率的に行える制度を選択した国だけが，経済成長を遂げることができると考えたのです。

　ノースは，マルクスとは違って，生産力が向上すればブルジョアジーの所有権を保護する制度が自然に出現するとは考えません。その理由は2つあります。第1に，既存の制度によって利益を享受している組織は，その制度を変化させる誘因を持たないのです。そのため，仮にそれが非効率的な制度であるとしても，その制度は経

路依存的に維持されることになります。第2に，効率的な制度のあり方に関する知識が欠けている場合も，既存の制度が維持・強化されます。

ここで，最初の制度の選択を左右するのは，議会の権力の強さです。ノースはイギリスとスペインを比較し，議会が強かったイギリスにおいては，所有権を保護する制度が定着し，それが経済成長を促したのに対して，君主の強かったスペインにおいては，所有権が不安定な状態に置かれ続けたと論じます。この議論の結論は，それぞれの制度が植民地にも継承され，北アメリカの経済成長とラテンアメリカの停滞を生んだということです（ノース 1994）。

この命題は，冷戦後になると，マルクス主義の凋落とともに大きな影響力を持つことになりました（アセモグル＆ロビンソン 2013）。しかし，イギリスやアメリカの経済発展を民主的な政治制度に帰する見方はやや一面的なものです。今日では，北アメリカにおける経済発展は，ネイティブ・アメリカンに対する略奪，奴隷制の存在，武力を伴う貿易といった要因を考慮せずには語れません（ベッカート 2022）。つまりノースの議論は，歴史の限られた局面だけを切り出したものだといわざるを得ません。統計的にも，民主主義が経済発展をもたらす傾向は決して明確ではないという見方が支配的です（Przeworski et al. 2000）。

▷ **民主主義と経済的平等**

民主主義の制度が経済に及ぼす影響に関しては，それが経済的な不平等を是正する働きをするという主張もあります。その主張によれば，権威主義体制の下では，財産を持つ少数のエリートだけが政治に参加するので，社会全体の経済的不平等を是正する動きは起きません。これに対して，民主主義体制の下では，財産をそれほど持たない人々が多数者として政治に参加します。19世紀以降のヨー

ロッパで，労働運動が選挙権の拡大を求めたことには，選挙を通じて貧困層の経済的な利益を実現するという動機もありました。ダールの分類でいえば，競争的寡頭体制からポリアーキーへの移行によって，貧困層が富の再分配を行う機会を得たのです。

しかし，今日では民主国家でも経済格差の拡大が進んでいます。それには複数の理由が考えられるでしょう。第1に，市民がたとえ平等な選挙権を持っていても，実際には富裕層のほうがはるかに大きな影響力を持っています。日本の政治においても，財界人の集う経団連のほうが労働組合よりも強い影響力を持っていると考えるのが普通です（☞第10章1節）。第2に，市民は自らの経済的利害にもとづいて行動するとは限りません。例えば，貧困層は減税のような富裕層に有利な政策を支持する場合も多いからです（Bartels 2008）。第3に，税収が再分配のために使われる保証もありません。国家予算は，富の再分配に用いられる社会保障費の他にも，教育，防衛，公共事業などといったさまざまな目的のために使われるのが一般的です。

民主主義と平和

さらに，民主主義のほうが権威主義に比べて戦争を起こしにくいという議論もあります。民主国家が戦争を開始するには，市民の支持を得なければなりませんが，自分たちの犠牲を恐れる市民は好戦的な指導者が戦争に乗り出すのを防ごうとするので，結果的に戦争は起きにくくなるというのです。この議論は，イマニュエル・カントが『永遠平和のために』（1795年）で展開した議論に着想を得たものだといわれています（カント 2022）。

しかし，この議論に対しては容易に反論を思いつくでしょう。古代の民主制が成立したのは戦争に参加する人々が政治的な影響力を獲得したためでした（☞第5章1節）。今日の世界でも，民主国家の

筆頭であるはずのアメリカが，世界各地で多くの戦争を起こしてきました。このため，国際政治学の世界では，民主国家同士は戦争を起こさないという，より限定された命題（民主的平和論）が支持されています（多湖 2020）。19世紀以降の歴史において，自由な選挙を通じて政治指導者を選出するという意味での民主国家同士が戦争したことは，一度もないためです。ただ，なぜそうなのかは，まだよくわかっていません。

▷ **殺し合わないようにする体制**

　民主主義という政治体制の持つ最も明白な価値は，アダム・プシェヴォスキの次の言葉によく表れています。「民主主義は，我々が互いに殺し合わないようにする体制である。これだけで十分な価値がある」（Przeworski 2007）。つまり民主的な制度は，暴力を伴わない政権交代を保障するのです。

　その論理は，次のようなものです。独裁体制の下では，選挙による政権交代が望めないので，政権に反対する勢力は暴力に訴える以外に政権と戦う方法を持ちません。そして，政権側もそのことをわかっているので，反政府勢力を厳しく弾圧しようとします。暴力的な弾圧は，政府側にとっても大きな負担になるでしょう。これに対して，選挙による政権交代の可能性が担保されている民主主義体制では，一度選挙で負けたとしても，次の機会を狙うことができます。そこでは政府と反政府勢力が自らの利益にもとづいて行動しても，平和的な制度は維持されることになるのです。

　さらに，選挙は，対立する政治勢力同士が相手の影響力を確かめるための尺度を提供します。これによって，暴力が抑制される可能性はさらに高まるでしょう。仮に，選挙のない国で政府と反政府勢力が対立した場合，実際にはどの程度の影響力の差があるのかが明確な形では表れません。このため，政府は，秘密警察を使って反政

府勢力を監視し，反抗の芽を摘み取ろうとします。しかし，もし選挙が行われ，反政府勢力の持つ勢力の大きさがはっきりすれば，支持を失った独裁者は政権を維持することをあきらめるかもしれません。

▷ 民主主義の危機？

プシェヴォスキが強調する民主主義の価値は，あくまでもシュンペーターの定義する最小限の民主主義の価値です。その価値は，民主主義を守るべきだという主張の根拠にはなっても，現実の民主主義に満足する理由にはなりません。米ソ冷戦の終結から30年が経過した現在，再び民主主義の危機が論じられる時代になっています（プシェヴォスキ 2023）。

民主主義の危機は，**ポピュリズム**の台頭と同じ意味で語られることがあります。ポピュリズムという言葉は，19世紀末のアメリカにおける農民運動を基盤としたポピュリズムから，20世紀ラテンアメリカにおける都市住民を支持基盤とするポピュリズムまで，さまざまな形で用いられてきました。21世紀の現在では，特に欧米諸国でよく見られるような，既存の政党システムを揺るがす新たな政治勢力を指す用語として用いられています。

現代のポピュリズムの特徴は，その反エリート主義にあります。ポピュリストたちは，今日の民主主義がきちんと「人民」を代表していないことを批判し，強力なリーダーの手で人民主権を取り戻すべきだと主張するのです。そして，自分こそが真の意味で「人民」を代表しているのだというメッセージを発し，支持者を動員します（水島 2016）。

ポピュリズムが警戒される理由の1つは，その主張の内容にあります。ポピュリズムの指導者たちは，しばしば経済のグローバル化を批判します。そして，保護主義と移民の排斥を訴えています。

ただ，その支持者たちが実際に経済のグローバル化の影響を受けているかというと，そうでない場合が多いでしょう。むしろ，その支持者たちは，所得階層に関係なく排外主義や人種差別の論理にもとづいてポピュリストを支持する傾向が見られます（中井 2021）。

しかし，ポピュリズムが民主主義を揺るがすといわれる理由としてより重要なのは，その指導者たちが，しばしば民主主義の手続きを無視する言動を行ってきたことにあります。例えば，アメリカのドナルド・トランプ大統領は，2020 年の大統領選挙に敗れた際，自分に不利な選挙結果は認めないと公言し，支持者たちがアメリカ連邦議会議事堂を襲撃するように扇動しました。その結果，このときの政権交代は平和とは程遠いものとなりました。他にも，ハンガリーのビクトル・オルバン，トルコのレジェップ・タイイップ・エルドアンなどが，似たような言動を見せた人物として知られています（レビツキー＆ジブラット 2018）。

このような現象が生じるのは，ポピュリズムの原理が，シュンペーターのいう現代の民主主義とは異なる発想を採用しているためです。それは，人民の意思が存在すると考える点において，むしろ古典的民主主義に近い発想です。もし，真の人民の意思が存在するのだとしたら，民主主義の役割とは，その意思を実現するリーダーを選ぶことであって，エリートたちの間の政権交代を実現することではありません。だからこそ，この考えを支持する人々は，人民の意思を実現してくれるはずのリーダーが敗れたという選挙結果を認めることができなくなってしまうのです。

▷ ポピュリズムとどう向き合うか

政治学の世界では，民主主義のほうが非民主的な体制よりも望ましいということについて，広く合意が形成されています。しかし現実には，ポピュリズム勢力への支持が集まっており，それを支持す

る人々は，暴力を伴わない政権交代をもたらすだけでも民主主義には十分な価値があるというプシェヴォスキの考えには同意しないようです。

　それでは，ポピュリズムとは，これまでの政治学の議論を理解していない，単なる偏見に後押しされた人々の運動にすぎないのでしょうか。本書では，そうは考えません。ポピュリズムの政治指導者たちの主張が気に食わないからといって，民主主義の現実に対する批判までも無視するべきではないでしょう。むしろ，ポピュリズムが世界中で広がっていることは，現実の政治に何らかの問題があることを示していると考えるべきです。近年では，排外主義とは真逆の方向から，マイノリティの擁護や経済的な平等を掲げる左派ポピュリズムにも注目が集まっています。政治的な立場の違いに関わりなく，ポピュリズムは大きな支持を集めているのです。

　今日，私たちが民主主義と呼んでいる政治体制が機能不全を起こしているのだとすれば，その問題を改善するための取り組みが必要です。このことについては，次の第III部でじっくり考えていくことにしましょう。

ꞌꞋꞋ *Book guide*　読書案内 ꞋꞋꞋ

・ロバート・A. ダール『ポリアーキー』（高畠通敏・前田脩訳，岩波書店，2014 年）

　　現存する民主国家の特徴を明快に整理し，それにもとづいて国際比較を行う。民主化を促進する要因やそれを妨げる要因を幅広く検討し，20 世紀の民主化の課題を示した。

・ダグラス・C. ノース『制度・制度変化・経済成果』（竹下公視訳，晃洋書房，1994 年）

　　マルクス主義に対抗し，所有権を保護する制度こそが資本主義の発展をもたらすと説く。民主主義が経済成長をもたらすという考え方は，本書をその出発

点としている。

- 水島治郎『ポピュリズムとは何か ── 民主主義の敵か，改革の希望か』（中央公論新社，2016年）

　　ポピュリズム現象を分析するための基本的な概念を整理し，その起源と変遷をたどる。ポピュリズムを，民主主義に反する現象としてではなく，むしろ現代の民主主義の問題点を照らし出す動きとして見る。

◢◢◢ *Bibliography*　参考文献 ◢◢◢

アセモグル，ダロン ＆ ジェームズ・A. ロビンソン（2013）『国家はなぜ衰退するのか ── 権力・繁栄・貧困の起源（上・下）』鬼澤忍訳，早川書房

アリストテレス（2001）『政治学』牛田徳子訳，京都大学学術出版会

林載桓（2014）『人民解放軍と中国政治 ── 文化大革命から鄧小平へ』名古屋大学出版会

ウェーバー，マックス（2012）『権力と支配』濱嶋朗訳，講談社

カント，イマヌエル（2022）『永遠の平和のために』丘沢静也訳，講談社

清水唯一朗（2013）『近代日本の官僚 ── 維新官僚から学歴エリートへ』中央公論新社

シュンペーター，ヨーゼフ（2016）『資本主義，社会主義，民主主義 Ⅰ・Ⅱ』大野一訳，日経BP

多湖淳（2020）『戦争とは何か ── 国際政治学の挑戦』中央公論新社

ダール，ロバート・A.（2014）『ポリアーキー』高畠通敏・前田脩訳，岩波書店

辻清明（1991）『公務員制の研究』東京大学出版会

中井遼（2021）『欧州の排外主義とナショナリズム ── 調査から見る世論の本質』新泉社

ノース，ダグラス・C.（1994）『制度・制度変化・経済成果』竹下公視訳，晃洋書房

ハミルトン，A., J. ジェイ ＆ J. マディソン（1999）『ザ・フェデラリスト』斎藤眞・中野勝郎訳，岩波書店

ハンチントン，S. P.（1995）『第三の波 ── 20世紀後半の民主化』坪郷実ほか訳，三嶺書房

ピアソン，ポール（2010）『ポリティクス・イン・タイム ── 歴史・制度・社会分析』粕谷祐子監訳，勁草書房

東島雅昌（2023）『民主主義を装う権威主義——世界化する選挙独裁とその論理』千倉書房

プラトン（1979）『国家（上・下）』藤沢令夫訳，岩波書店

ベッカート，スヴェン（2022）『綿の帝国——グローバル資本主義はいかに生まれたか』鬼澤忍・佐藤絵里訳，紀伊國屋書店

プシェヴォスキ，アダム（2023）『民主主義の危機——比較分析が示す変容』吉田徹・伊﨑直志訳，白水社

水島治郎（2016）『ポピュリズムとは何か——民主主義の敵か，改革の希望か』中央公論新社

三谷太一郎（1995）『増補 日本政党政治の形成——原敬の政治指導の展開』東京大学出版会

レビツキー，スティーブン & ダニエル・ジブラット（2018）『民主主義の死に方——二極化する政治が招く独裁への道』濱野大道訳，新潮社

Bartels, Larry M.（2008）*Unequal Democracy: The Political Economy of the New Gilded Age*, Princeton University Press.

Meltzer, Allan H. & Scott F. Richard（1981）"A Rational Theory of the Size of Government," *Journal of Political Economy*, 89（5）: 914–927.

Przeworski, Adam（2007）"Capitalism, Democracy, and Science," in Gerardo L. Munck and Richard Snyder eds., *Passion, Craft, and Method in Comparative Politics*, Johns Hopkins University Press.

Przeworski, Adam, Michael E. Alvarez, Jose Antonio Cheibub and Fernando Limongi（2000）*Democracy and Development: Political Institutions and Well-Being in the World, 1950–1990*, Cambridge University Press.

V-Dem（2023）"The V-Dem Dataset Version 13," Varieties of Democracy（V-Dem）Project.

国民国家の民主主義

その理想と現実

Chapter

民主主義の多様性

Question 考えてみましょう

今日の民主主義とは，選挙によって政治指導者を選ぶ政治体制です。ところが奇妙なことに，日本の内閣のリーダーである内閣総理大臣（首相）は一般市民の投票によって選ばれるわけではありません。誰が首相になるかは，

出典：Wikimedia Commons.

実質的には衆議院議員の多数決で決まるのです。なぜ，民主主義の国であるはずの日本で，市民ではなく政治家が首相を選んでいるのでしょうか。

この疑問に対する最も単純な答えは，憲法の規定にあります。日本国憲法の 67 条には，「内閣総理大臣は，国会議員の中から国会の議決で，これを指名する」と書かれています。しかし，この答えは謎を深めるだけです。民主的な政治を行うための制度を設計するとき，国会議員が首相を選ぶという方法を最適だと思う人は少ないでしょう。それでは，なぜ，このような仕組みが採用されているのでしょうか。

Answer 本章の考え方

　それは，この制度が民主主義の成立以前の時代に作られたからです。首相を国会議員の多数決で選ぶ議院内閣制は，国会と内閣を同じ政治勢力が掌握することで，安定的な政権運営を目指す権力融合型の制度です。この発想は，大統領と議会を有権者が別々に選ぶ大統領制のような権力分立型の制度と対比されてきました。

　もともと議院内閣制は，イギリスにおける国王と貴族の対立の中から生まれました。戦費調達のために課税しようとする国王に対して，貴族が議会を拠点に抵抗したのが，その始まりです。経済的に見れば，議院内閣制は富裕層の財産を守る仕組みだったといってもよいでしょう。19世紀前半に議院内閣制が確立した後，20世紀にかけて選挙権が貧困層へと拡大するなかでも，議院内閣制は維持されます。

　日本の場合，戦前の大日本帝国憲法の下では，当初は天皇が議会の勢力とは関わりなく首相を選んでいました。大正デモクラシーの時代に，議会第一党から首相を選出するという「憲政の常道」の慣行が成立し，政党内閣制が始まりましたが，それでも首相を選ぶ権限はあくまで天皇が持っていました。その政党内閣制も，やがては軍部の圧力によって倒されてしまいます。

　日本国憲法を設計したアメリカ占領軍にとって，最も重要な課題は戦後の日本において軍部の復活を阻止することでした。そこで，戦前の大正デモクラシーを復活させる形で，今度は首相を国会議員の議決で選ぶようにすることで，軍人の政治介入を防ぐことにしたのです。経済的な対立の中から議院内閣制が生まれたイギリスと比べれば，日本では軍事力という要因が政治制度の選択に対してより大きく影響していたといえるでしょう。

Chapter structure 本章の構成

| 1. なぜ日本の首相は選挙で選ばれないのか？ | 議院内閣制は，もともと議会が君主の権力を抑えるために作られた制度だ。市民に権力を与える制度ではない。 | 2. 市民が直接的に統治する国はないのか？ | 民主主義には多様なモデルがあるが，そのいずれもエリートに権力を集中させている。 | 3. 日本はどのような民主主義なのか？ |

1 議院内閣制と大統領制

▷ 制度の背後にある権力

　民主主義国の憲法が，民主的なプロセスによって作られるとは限りません。今日の成文憲法の中で最も古いとされているアメリカ合衆国憲法は，1787 年の夏，ペンシルヴァニア邦のフィラデルフィア市に 12 邦から 55 人の代議員が集い，非公開の場での審議を経て起草されました。他の国の憲法も，少数のエリートたちの手で書かれたものです。国によっては憲法制定の最終段階で国民投票を行う場合もありますが，議会の投票によって成立する場合も少なくありません。1946 年に成立した日本国憲法の場合，アメリカを中心とする連合国軍最高司令官総司令部（GHQ）の作成した草案に従って日本政府が新憲法案を作り，最後は帝国議会と枢密院の議決を経て公布されました（古関 2017）。

　本章では，憲法などに規定されている政治制度がどのように作られるかを考えます。従来の政治学の教科書では，政治制度の解説を行うとき，それらの制度が民主主義の理念をどのように実現するのかを論じるのが一般的でした（川人 2015）。しかし，国の行方を左右する権力を持ったエリートたちが，民主主義の理念だけを考えて

制度設計を行ったとは考えられません。エリートたちもさまざまな利害関心を持つということを念頭に置けば，政治制度に対する問いかけの仕方も変わってくるでしょう。その場合には，政治制度の民主的な側面ではなく，むしろ十分に民主的でない側面が見えてくるはずです。以下の各章では，市民の意見がいかにして政治に反映されるかということよりも，むしろ，民主的なはずの政治制度の下で，いかにしてエリートが権力を握り，それを行使するのかということに注目します。

▷ 権力融合と権力分立

日本国民が首相を直接選ぶことができないのは，**議院内閣制**を採用しているからです。議院内閣制の国では，立法府の国会議員が行政府の長である首相を選出します。国会議員は，場合によっては**内閣不信任**を議決することを通じて，首相を解任する権限を持ちます。この制度はイギリスに起源を持ち，大陸ヨーロッパでも広く用いられています。

首相を市民が直接選べるようにするべきだと考える人にとっては，このような議院内閣制の仕組みよりも，**大統領制**のほうが魅力的に見えるはずです。大統領制は，議院内閣制と並んで広く用いられている制度であり，アメリカ合衆国で初めて採用された後，ラテンアメリカやアジア諸国に広がりました。この制度の特徴は，大統領選挙と議会選挙が別々に行われ，行政府の長である大統領が立法府に対して責任を負わない点にあります。何かの罪を犯して議会から弾劾されない限り，大統領が任期途中で失職することはありません。

このように比較すると，議員内閣制よりも大統領制のほうがより民主的な仕組みに感じられるかもしれません。それは，市民の意見を政治に反映する機会がより多く設けられているように見えるからでしょう。ところが，話はそう単純ではないのです。ある時期まで，

大統領制を採用している国で，安定した民主国家はアメリカ以外には存在しませんでした。その理由として指摘されてきたのは，大統領が議会と対立した場合に政治が膠着状態に陥りやすいことです（Linz 1990）。それには両者の対立を解消するのを難しくする大統領制特有の制度が影響しています。相対的に安定しているとされてきたアメリカにおいても，議会が立法権を持つ一方で，大統領は議会に法案を提出することができません。議会の制定する法律に対して大統領は**拒否権**を持っていますが，議会がその拒否権を覆すためには，上下両院の3分の2の賛成が必要になります。他方で，大統領が議会に送付する予算教書は法的拘束力を持たず，連邦政府の機関が予算不足で閉鎖されることもあります。

　このような大統領制の仕組みは，**権力分立型**の政治制度として位置づけられてきました。アメリカ合衆国憲法の制定に携わったジェームズ・マディソンは，『ザ・フェデラリスト』（1788年）の中で，その狙いが「多数者の専制」を防ぐことにあると述べています。大統領と議会を別々に選出し，相互に「抑制と均衡」を保つことで権力を分散させ，多数派の支持を背景とする権力者が少数派の権利を侵害するのを防ぐことができるというのが，その考え方です。議会を上下両院に分割し，連邦制を採用したことも，同じ理由で正当化されています（ハミルトン，ジェイ&マディソン 1999）。

　これに対して，議院内閣制は**権力融合型**の制度として分類されてきました。立法権と行政権が融合し，国民が議会の多数派を通じて内閣をコントロールするというのが，議院内閣制の理念です。ここでは，首相が議会と対立して立ち往生することは，想定されていません。日本国憲法には，最高裁判所が国会に対して**違憲立法審査権**を持ち（81条），内閣は不信任決議に対して衆議院の解散権を持つ（69条）といった形で，**三権分立**の原則があると説明されることもありますが，その原則が働く場面を現実で見ることは稀です。実際

には，衆議院の解散はほぼ常に与党の都合に合わせて不信任決議とは関係なく行われ（**7条解散**），最高裁判所も滅多に違憲判決を下しません。

▷ エリートによる制度の選択

しかし，以上のような考え方は，一般市民から見ると非常にわかりにくいものです。もし国民が主権者であるのなら，その権力を自ら抑制するという権力分立型の発想が生まれてくるのは，なぜなのでしょうか。権力融合型の発想も，議会を通じて間接的にしか指導者を選べないという点で，一般市民の考えとはかけ離れているように見えます。選挙で政治指導者を選ぶ体制を民主主義と呼ぶとすれば（☞第6章2節），わざわざ議会を設けず，1人の大統領だけを選挙で選べばよいという考え方もあり得るはずです（空井 2020）。

この謎を解くには，制度を作ったエリートたちの動機を考える必要があります。そこで浮き彫りになるのは，議院内閣制の起源が，国民主権ではなく，**議会主権**にあったということです。もともと，イギリスでは17世紀の名誉革命以後も，国王が自分の好みの重臣の中から首相を任命していました。その後，国王の権限が削減されていき，19世紀に入ると議会の多数派によって首相が選ばれるようになったのです。

このように権力を拡大していった議会は，最初は貴族たちの集う場でした。選挙権の範囲はきわめて制限されており，国民の直接選挙で首相を選ぶという仕組みは，想定されていません。そして，議会の最も重要な目的は，国王が戦費を調達するために貴族に課税するのを防ぐことでした。その意味で，経済的に見た議院内閣制とは，富裕層の財産を守る制度だったといえるでしょう。議院内閣制の下で，首相が国会議員によって選ばれるのは，それが民主主義のために必要だからではなく，むしろ議院内閣制が民主的ではない体制の

下で作られたからなのです。

　これに対して，アメリカの大統領制の目的の1つは，議会の権力を抑制することでした。建国時のアメリカでは，ヨーロッパに比べてより幅広い層の男性に選挙権が与えられていたからです。建国に関わったエリートたちは，貧困層の利益を代表する議員が議会の多数を占め，富裕層の財産を奪うことを警戒していました（ビアード 1974）。この視点から見れば，大統領は議会に歯止めをかける役割を期待されていたということになります。建国の段階では，大統領は一般市民による選挙ではなく，各州の議会が選出した選挙人の投票によって選ばれる制度が採用されていました。

▷ 権力分立制と近代日本

　制度を設計したエリートたちの動機に注目することは，日本の政治制度を理解するうえでも有益な視点を提供します。1889年に定められた**大日本帝国憲法**は，君主権の強いプロイセンをモデルに作られたことから，主権者である天皇に権力を集中させる憲法だったと理解されることもありますが，実際の憲法の運用は，それとは大きく異なっていました。天皇大権は，あくまで輔弼者である重臣たちが同意することで初めて行使されるものとされており，政府の実権を握るエリートたちの間に権力を分散する仕組みでした。つまり，明治維新後の日本は，ある意味において権力分立制を導入した建国期のアメリカと似ていたのです（三谷 2012）。

　この大日本帝国憲法の時代の日本には，内閣があり，首相が置かれていましたが，その仕組みはイギリスの議院内閣制とは大きく異なっていました。まず，憲法には内閣に関する規定が置かれず，首相は他の大臣と同列の地位に置かれました。帝国議会では，選挙で選ばれる衆議院が予算の議決権を持つ一方で，任命制の貴族院が衆議院を牽制する役割を担いました。憲法制定機関として作られた枢

密院は，勅令などの重要事項を審議する機関として残されました。そして，統帥権の独立が定められたことによって，やがて軍部には陸海軍大臣を事実上指名し，内閣に対して影響力を行使する余地が生まれました。

　こうした制度が作られたのは，明治政府の成立の経緯と関係があります。江戸幕府を倒して成立した明治政府の下では，倒幕に加わった勢力の間で，どのように権力を分け合うかが問題となりました。そのなかで，憲法制定を主導した伊藤博文らは，かつて武士が朝廷から権力を奪ったような形で権力を独占する「幕府的存在」を作らないことを最も重視したといわれています。それは同時に，天皇の側近に権力が集中するのを阻止するという意図を込めたものでもありました（坂本 2012）。

日本の議院内閣制への道

　このような分権的な政治制度の下で，日本の民主化が進んでいくことになります。1890 年に帝国議会が開設された頃は，首相は維新の元勲（後の元老）と呼ばれる有力政治家のグループの中から選ばれていましたが，議会に勢力を持つ立憲自由党や立憲改進党などの政党が骨抜きにされたわけではありません。議会には予算案を議決する権限が与えられており，政党はその権限を使って政府に対抗することが可能だったからです。このため，清国やロシアとの軍事的競争に直面するなかで，政府は政党と妥協する姿勢を見せるようになっていきました（☞第 5 章 2 節）。1918 年に成立した原敬内閣の頃からは，首相も閣僚も，そのほとんどが政党から選ばれる**政党内閣制**が定着していきます。特に 1924 年から 1932 年までは，そのときの議会の多数党の党首が首相に選ばれる「**憲政の常道**」という慣行が出現しました。プロイセンをモデルに作られた政治体制が，徐々にイギリス型に接近しつつあったのです。

しかし，この民主化の流れが議院内閣制の成立に至ることはありませんでした。というのも，「憲政の常道」はあくまで慣行にすぎず，首相を選定するのは相変わらず天皇とその周辺の重臣たちだったからです（村井 2005）。首相の地位は不安定であり，失政や暗殺などを理由として，平均して 2 年程度で交代し続けました。内閣の力は弱く，1931 年に満州事変が起きると，軍人たちの独走を止めることはできなくなりました（緒方 2011）。1932 年の五・一五事件によって政党内閣が倒れると，その後は多くの内閣で軍人が首相を務める時代となります。大日本帝国憲法の非民主的なイメージは，基本的に，この最後の時代から来ています。

　第 2 次世界大戦の敗戦後は，1946 年に日本国憲法が制定され，議院内閣制が制度化されました。それは，戦前の民主化の試みの延長線上にあったといわれています。戦前には帝国議会の法案を拒否する権限を持っていた枢密院は廃止され，かつては任命制だった貴族院は公選制の参議院に改組されて衆議院と並ぶ二院制となりました。軍部は解体され，憲法 9 条によって日本は軍隊を持たない国になります。朝鮮戦争を契機に日本でも再軍備が進み，自衛隊が設立されますが，文民統制が制度化されており，戦前のように軍人を大臣のような重要な地位に配置することは行われていません。

　ただ，戦後日本の議院内閣制は，やはりイギリスとは大きく異なっていました。特に注目するべきは内閣の不安定性です。日本では権力融合型の国としては奇妙なほど，政治家たちが権力闘争に明け暮れ，首相が戦前と同様に頻繁に交代しました。つまり，議院内閣制と一言でいっても，国によってその働き方はさまざまなのです。その多様性を理解するためには，他の政治制度が議院内閣制のあり方にどう影響しているかを考えなければなりません。

◯▷　**多様な議院内閣制と大統領制**

　大統領制の国々を見渡しても，アメリカのような大統領が弱い国ばかりではありません。アメリカとは逆に，指導者の手に権力を集中させるために大統領制が選択された国もあります。例えば韓国の場合，1948 年に最初の憲法を制定するに際して，国民的な人気の高い李承晩（イ・スンマン）は大統領制を提唱しましたが，地主や資本家を支持基盤とする保守勢力は議院内閣制を目指しました。結局，大統領を公選とする一方で，国務総理を議会から選出するという形で暫定的に両勢力の妥協が成立しましたが，朝鮮戦争の休戦以後，李承晩は憲法を改正して自分に権力を集中させ，権威主義体制化が進行していきます（木村 2003）。この後，朴正煕（パク・チョンヒ）政権，全斗煥（チョン・ドゥファン）政権を経て，1987 年の民主化以後も韓国では大統領が強い権力を持ち続けてきました。それ以外の大統領制の国でも，大統領が予算提出権や法案提出権を持っている国では，大統領が議会に対して優位に立つといわれています（Shugart & Carey 1992）。

　大統領制の母国であるアメリカでも，もともとは弱かった大統領の権限が，1930 年代のニューディール時代を経て強化されていきます。1970 年代にはニクソン大統領の引き起こしたウォーターゲート事件を契機に，「帝王的大統領」への批判が強まりましたが，1980 年代のレーガン政権以降，再び大統領の権力を強化する動きが出てきます。議会と対立する局面で，大統領命令や署名時声明など，議会の反対を迂回する手段が次々と登場したのです（梅川 2015）。

　ここまで見てきたように，議院内閣制と大統領制における議会と行政府の関係は，それぞれの国の事情に応じて異なります。議院内閣制に比べて，大統領制では行政府と立法府の対立が生じやすいという従来のイメージも，現在では見直されています。かつては不安定だった大統領制の国々の中からも，安定的な民主主義を築いた国

が出てきているからです（Cheibub 2006）。さらに，冷戦後の旧社会主義圏では，2つの制度を混合した準大統領制が多くの国で採用されています（松里 2021）。その意味で，今日では「議院内閣制か大統領制か」よりも，いかなる議院内閣制なのか，いかなる大統領制なのかという問題のほうがはるかに重要な意味を持っています。

2　多数決型と合意型

▷　2つの「人民による支配」

　日本で政治制度を論じる際に，イギリスやアメリカと並ぶ参照点となってきたのが，大陸ヨーロッパ諸国です。この地域では，カトリックとプロテスタントといった宗派の違いや，地域ごとの言語の違い，さらには階級対立によって，社会が著しく分断された国家が数多く成立しました。例えば，戦間期のドイツとイタリアでは政党間の対立が激化した結果，民主主義が崩壊し，ファシズム政権が成立します（☞第12章1節）。このような歴史があったからこそ，政治的な対立を抱えながらも民主主義を安定的に維持するための条件が模索されることになりました。

　そのなかでも特に有名なのは，民主主義に多数決型と合意型という2つの理念を見出すアレンド・レイプハルトの議論でしょう（レイプハルト 2014）。その議論の出発点は，「人民による支配」という民主主義の理念を，誰を「人民」とするのかにもとづいて区別するという発想です。まず，**多数決型民主主義**の理念は，民主主義とは多数決であり，多数者の手に権力を集中するべきだと考えます。これに対して，**合意型民主主義**の理念は，可能な限り多くの人が支配に参加することを目指します。そのために，少数派も含めた幅広い集団に政治権力を分散し，それらの集団との交渉と妥協を通じて統

表 7-1 多数決型と合意型の政治制度

	多数決型	合意型
行政＝政党次元		
1. 内閣	単独政権	連立政権
2. 行政府＝立法関係	行政府優位	権力の均衡
3. 政党システム	二大政党制	多党制
4. 選挙制度	多数代表型	比例代表型
5. 利益集団	多元主義	コーポラティズム
連邦制＝単一制次元		
6. 地方制度	単一制	連邦制
7. 議会制度	一院制	二院制
8. 憲法	軟性憲法	硬性憲法
9. 司法制度	司法消極主義	司法積極主義
10. 中央銀行	従属	独立

出典：レイプハルト（2014）より作成。

治を行うのです。

　レイプハルトは，この 2 つの民主主義の理念が，現実の政治制度の設計にも反映されていると論じました。その具体的な制度の組み合わせは，次の 2 つの次元に分かれます。レイプハルトは日本を含む 36 カ国の政治制度を，この 2 つの次元に沿って分類しました（**表 7-1**）。

　第 1 は，政権の内部で権力を分配する「行政＝政党次元」の制度です。多数決型民主主義の国では，小選挙区制のように大政党に有利な多数代表型の選挙制度の下で，二大政党制が成立し，選挙によって議会の多数派を占めた政党が単独内閣を結成することが多くなります。内閣は議会に対して優位に立ち，利益集団が団結して大きな圧力をかけてくることもないため，内閣の意思決定に対する障壁は小さくなります。

　これに対して，合意型民主主義の国では，比例代表型の選挙制度の下で，多党制が成立し，複数の政党による連立政権が常態となり

図7-1 民主主義の型と行政府の強さ

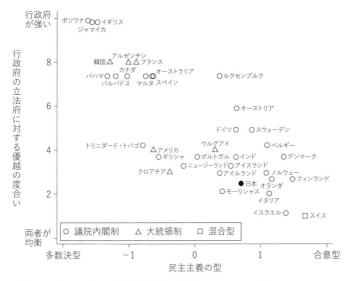

出典：レイプハルト（2014）補遺より作成（データは1981〜2010年）。

ます。行政府は議会と勢力が均衡しており、利益集団はコーポラティズム（☞第10章2節）の原理にもとづいて少数の頂上団体に集約され、その頂上団体と政府の交渉によって政策を決定するため、政治指導者は意思決定を行うに際して常に妥協を迫られます（**図7-1**）。レイプハルトのデータによれば、この行政＝政党次元に関して、日本はより合意型に近い位置にあります（**コラム7**）。

　第2は、政権とその外部で権力を分配する「連邦制＝単一制次元」の制度です。多数決型民主主義の国では、単一制の地方制度が採用され、地方政府は中央政府に従属します。議会は一院制であるか、せいぜい形式的な存在の第二院があるにすぎません。憲法は改正が容易な軟性憲法であり、裁判所が立法に介入することも稀です。金融政策を司る中央銀行も、政府の決定に従属します。

コラム7　行政府と立法府の権力関係の測定　「〔本書では〕36 カ国のうち28カ国について平均内閣存続期間を執政府優越の指標としている……。……大統領制諸国に対する調整はより難しい。というのも，各国の大統領がもつ権限の相対的な強さについて大統領制研究の専門家のあいだでも合意がないからである」（レイプハルト 2014：102頁）

「大統領と首相のどちらが一般的に強いかを判断する材料はない。……大統領制6カ国の平均と議院内閣制29カ国の差は非常に小さく，それぞれ5.83と5.40である」（レイプハルト 2014：104頁）

羅：このレイプハルトの民主主義の類型論は，議院内閣制と大統領制の区別とはどう関係するんですか？

前田：要するに，大統領制は合意型であり，行政府が弱いということでしょう。ちょっとレイプハルトのデータでグラフを作ってみました（**図7-1**）。横軸は行政府＝政党次元で見た民主主義の型，縦軸は立法府に対する行政府の優越の度合いを示す指標です。……あれ？ 議院内閣制と大統領制の間で特に差はありませんね。

羅：議院内閣制の行政府の強さは内閣の存続期間で測っているようですが，大統領制の行政府の強さはどう測るべきなのでしょうか。韓国の大統領は「帝王的大統領」だとされていますが，任期は1期と決まっているので，在任期間を見てもその強さはわかりません。

前田：そこが問題です。レイプハルトは，大統領制については印象にもとづいて強さを測定するしかないと書いています。結局は政治制度を数値化するといっても，印象論ですね。

羅：でも印象論とはちょっと違うでしょう。レイプハルトは，それぞれの国の政治の専門家の研究を，きちんと踏まえていますから。要するに，きちんと歴史を知れば，行政府の強さにもいろいろな側面があるということがわかる，ということではないでしょうか。

これに対して，合意型民主主義の国では連邦制が採用され，州政府には連邦政府に対する高い自律性が付与されます。議会は，人口全体を代表する下院と，各州の代表者からなる上院の二院制となります。憲法は硬性憲法であり，改正は容易ではありません。裁判所は積極的に違憲判決を出すなどして立法に介入し，中央銀行には高い独立性が与えられます。この次元に関して，日本では多数決型と合意型の要素が混在しており，2つの類型の中間に当たります。

　この2つのモデルを比べると，多数決型民主主義の発想は，シュンペーターに代表されるようなエリートの競争を重視する民主主義の概念に似ています（☞第6章2節）。しかし，多数決の結果を少数派が民主的な決定として受け入れるのは，ある程度は多数派も自分たちと利益を共有していると考える場合に限られるでしょう。このためレイプハルトは，ある時期までのイギリスのような比較的均質な社会でない限り，多数決型民主主義は正常に機能しないと考えます。逆に，オランダやベルギーのように多様な宗教や民族によって分断された社会では，多数派の決めたことは，少数派にとっては受け入れがたく，民主主義の不安定化を招いてしまうおそれがあります。この点，合意型民主主義の下では，勝ち負けがはっきりしないからこそ，民主主義を安定的に運営することが可能になるのです。

▷ 合意型民主主義の意義

　レイプハルトが2つのモデルを提示したのは，単に民主主義を安定させる政治制度が複数存在していることを示すためではありません。そこには，合意型民主主義を，多数決型民主主義よりも優れたモデルとして提示しようという，明確な価値判断が込められていました。すなわちレイプハルトは，多数決型民主主義のほうが統治能力の面では優れているという通説を覆そうとしたのです。

それまで，合意型民主主義の統治能力が低く評価されていたのは，有権者の多様な意見がきちんと政策に反映されるという意味での**代表性**を重視する分，意思決定が遅くなり，責任の所在も不明確になるからでした。この点，多数決型民主主義では，単独政権が迅速な意思決定を行えるだけでなく，責任の所在が明確であるため，有権者は失政に対して容易に選挙で審判を下すことができます。この政権交代可能性こそが，政府の**答責性（アカウンタビリティ）**を確保するのだと考えられていました。

　レイプハルトは，この考えを全面的に否定します。たしかに多数決型民主主義は迅速な意思決定を行えるけれども，同時にその迅速な意思決定は誤りやすく，不安定になると論じたのです。その根拠として，レイプハルトは，合意型民主主義の国のほうが多数決型民主主義の国よりも経済政策の運営や政治的暴力の抑制などに優れているという統計データを示しました。それに加えてレイプハルトは，合意型民主主義の国々は，幅広い利益を代表することで，民主主義の質や社会保障支出の水準といった面において，社会的弱者に優しい政策を実行しているというデータも示しています。

▷ 政治エリートと合意型民主主義

　しかし，ここで疑問が浮かびます。合意型民主主義は，果たして多数決型民主主義の発想の背後にあるシュンペーターの民主主義のモデルと，どれほど違うのでしょうか。シュンペーターの議論の特徴とは，多数派の手に権力を集中することではなく，エリートの手に権力を集中することでした。このため，参加民主主義論やラディカル・デモクラシー論の立場からは，シュンペーターの民主主義の概念に対する批判が浮上しています。それらの議論では，市民が政策決定に直接参加することの重要性が強調されているのです（山本2021）。

ところが，レイプハルトが提示する合意型民主主義の政治制度の
リストには，一般市民に統治に参加する機会を与えるものは特に含
まれていません。そこにあるのは，あくまで政党や利益集団といっ
た組織のエリートたちが合意形成を行うための仕組みです。多数決
型民主主義がエリートの競争にもとづくとすれば，合意型民主主義
はエリートの協力にもとづくのです。

　その意味で，エリート競争型の民主主義からの脱却を目指したい
人にとって，レイプハルトの構想はとても中途半端な，現状肯定的
なものに映るでしょう。こうした限界が生じるのは，レイプハルト
がオランダやベルギーといった現実の国々の経験にもとづいて，そ
れらの国の政治制度を**多極共存型民主主義**としてモデル化したこと
に由来します。これらの国では，宗教や言語によって複数の社会集
団が組織化されており，人々は学校からメディア，職場，そして政
党に至るまで，それぞれの文化的な共同体（サブカルチャー）の中で
暮らしていました。選挙になれば，人々は自らの共同体を代表する
政党の安定した支持基盤になります。

　レイプハルトは，このように複数の文化的な「柱」によって**柱状
化**された社会において，エリート同士の協調関係が成立したからこ
そ，戦間期のドイツやイタリアのような民主主義の不安定化を防ぐ
ことが可能だったと考えました。逆に，第2次世界大戦後のフラ
ンスの第四共和政のように政党が社会集団を組織化できなかった国
は，政治が不安定化します（中山 2002）。

　注意しておく必要があるのは，戦間期のヨーロッパの状況を，戦
後に生まれた民主主義論の発想で理解することは，本来は相当に困
難だということです。例えば，この時代のオランダでは，宗教的な
対立から主要政党の間の政策合意が成立せず，内閣を組織すること
が困難になっていました（作内 2012）。その結果，1920 年代から
1930 年代にかけて，議会が政党に対して明確に責任を負わない

「議会外内閣」という特殊な内閣が作られることになります。そのようにして作られた内閣は，議会を軽視した政権運営を行い，結果として議会からの批判を招くことになりました（作内 2013）。つまり，オランダ政治は，有権者どころか，政党の声をも封じることで，安定を保っていたことになります。

　問題は，この議論が日本の政治に対してどのような意味を持つかです。レイプハルトの議論が戦間期の西洋社会の歴史的な文脈の中から生まれたのだとすれば，それを他の時代や地域に当てはめるのは容易ではありません。以下で見るように，日本の政治を考える際には，大きな発想の転換が必要になります。

3　日本の政治制度

▷　どの政治制度に注目するか

　レイプハルトの議論は，ヨーロッパの民主国家を観察することで，その共通点を抽出したものです。したがって，ヨーロッパの歴史の中から生まれた政治制度の類型を，日本を含む東アジア諸国にそのまま当てはめることはできません。

　例えば，1990 年代の日本では，大規模な政治制度の改革が行われました。興味深いのは，ここでの改革の発想が，合意型民主主義を目指すレイプハルトの考えとは真逆の立場にもとづいていたということです。そこには，日本特有の事情が絡んでいました（飯尾 2007）。

　第 1 は，与党内の派閥対立をどう克服するかという問題です。戦後日本では，1950 年代以降，自民党がほぼ常に単独与党として政権の座に就いていたものの，首相は短命に終わる傾向がありました。その原因は，派閥対立によって与党内で首相が支持を失いやす

かったことであり，単独政権であっても，実質的には連立政権としての性格を持っていたということにあります。だからこそ，1994年の選挙制度改革の1つの眼目は，派閥の権力を抑制し，党首の権力を強化するような制度設計を行うことでした（☞第12章2節）。

第2は，官僚制をどのように統制するかという問題です。この時期の日本では，中央省庁の官僚たちが縄張り争いを繰り返し，それが首相の権力行使を妨げているというイメージが定着していました。2001年の中央省庁再編は，内閣を強化することで，各省に対する首相の統制力を強める**官邸主導**を目指すものでした（☞第13章2節）。

こうした論点を，レイプハルトは取り上げていません。宗教的・民族的な集団が対立するオランダやベルギーでは，さまざまな集団が権力を分け合うことが安定した民主主義に欠かせない条件でした。これに対して，与党の派閥や官僚制の権力が問題視された日本では，政治権力が分散していることこそが，民主的な政治を妨げると考えられたのです。

▷ 制度改革の分裂

さらに根本的な問題は，ある制度が合意型なのか，多数決型なのかは，事前にはわからない場合も多いということです。例えば，アメリカの連邦制は権力を分散させる合意型の政治制度だというイメージがありますが，実態は大きく異なります。大統領から見た場合，議会と対立する局面では，むしろ州政府のほうが協力相手になる場合もあるからです。特に1980年代のレーガン政権以降のアメリカでは，大統領が特区認可権という手法を用いて，州政府に特別に権限を与えることで，立法によらずに自らの政策目的を実現してきたことが明らかにされています。その意味で，アメリカの連邦制は権力分立制を空洞化させている側面もあります（梅川 2018）。

1990年代の日本でも，多数決型に向かう制度改革が掲げられる傍らで，合意型に向かうような制度改革も同時に進行しました（待鳥 2020）。第1は，**地方分権改革**です。戦後の日本では地方政府に対して中央政府が強い権限を持っていたのに対して，1990年代には地方自治体の権限と財源の拡大が進みました（☞第13章3節）。これは，レイプハルトの分類でいえば，合意型に向かう制度改革であるはずですが，改革が実施される過程では，むしろ多数決型の発想にもとづく説明が行われる傾向がありました。すなわち，余分な業務は地方政府に委ね，中央政府を身軽にすることで，安全保障などの国際的な課題に集中するのが改革の狙いだとされたのです。しかし，今となっては，こうした議論にはあまり説得力はないでしょう。2020年に新型コロナウイルスの流行が起きた際には，各都道府県の知事が独自の対策を打ち出したため，首相の方針を貫徹することが困難になりました（竹中 2020）。

第2は，**日銀改革**です。戦前以来，日本の中央銀行である日本銀行は，人事と政策の面で旧大蔵省の強い影響下にあったのに対して，1997年の日銀法改正により，日本銀行の独立性が大幅に強化されました。これも，やはり合意型に向かうはずの変化でしたが，改革が行われた動機はむしろ，旧大蔵省の権力を削ぐことでした。それは，官僚制の自律性を下げるという意味で，首相の権力を強化する多数決型の行政改革の一環として位置づけられることになったのです。結局，2012年に始まる第2次安倍晋三政権の時代には，首相が経済政策の一環として人事権を行使したことで，日本銀行は改めて政府に従属することになりました（上川 2014）。

▷ **日本の政治制度は合意型か**

このような例は，多数決型や合意型といった民主主義の理念の存在を否定するものではありません。しかし，理念にもとづいて具体

図 7-2　先進国における女性議員の割合の推移

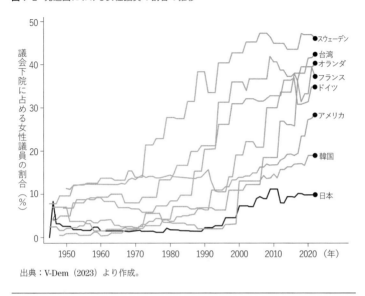

出典：V-Dem（2023）より作成。

的な制度設計を行おうとしても，それを実際に機能させるのは意外に難しいということがわかります。

　そして，もう1つ考えてみるべきは，合意型に近いとされる日本の政治が，どれほど幅広く利益を代表してきたのかという問題です。合意型民主主義があくまでエリート競争型民主主義の一種であることを考慮してもなお，日本の政治制度には合意型民主主義とはかけ離れた特徴が見られるのです。

　まず，日本の国会議員は，与党と野党とを問わず，ほとんどが男性です。他の多くの先進国では1980年代以降，女性議員の割合が大きく増加したのとは対照的に，日本では男性の支配が続いているのです（図7-2）。レイプハルトは合意型民主主義の国では女性議員の割合が大きくなると述べていますが，日本は明らかな例外に当たります。

次に，日本は民族的な少数者の政治的な権利がきわめて弱い国です。もともと移民が日本国籍を持つためのハードルが高いこととは別に，地方選挙における外国人参政権も認められていません（☞第8章3節）。このような状況の下では，マイノリティの権利を保護する政策を推進する力は弱くならざるを得ないでしょう。

　さらに，日本の国会議員には，世襲議員が数多く見られます。今日では，国会議員の3割が，親の地盤を引き継ぐ形で国会議員となっています。本来，近代国家は官職の世襲を廃し，さまざまな層に政治参加への道を開いたはずでしたが，日本では世襲議員を選挙で破ることはきわめて難しくなっています（☞第11章2節）。

▷ 日本政治への新たな異議申し立て

　このように考えると，日本の政治制度が合意型民主主義としての特徴を多く持っていたとしても，その制度では代表できない利益もまた多く存在することがわかります。一口に平等主義的な政策といっても，誰がそこに代表されているかで，その中身は大きく変わってきます。ある視点から見れば平等な国でも，別の視点から見れば不平等である場合があるのです。

　例えば，日本はある時期まで平等社会だといわれていましたが，社会保障支出は先進国でも最低水準にありました。賃金格差は比較的小さいものの，男女の賃金には今なお大きな開きがあります。外国人や民族的少数者に対する差別を止める政策的な取り組みも，決して十分ではありません。そして，こうした社会的な弱者は，日本人男性の正社員に比べてはるかに雇用が不安定であり，厳しい賃金競争に晒されています。

　これに対して近年では，経済のグローバル化，女性の社会進出，移民の増加などを通じて，これまでは排除されていた集団が，政治への参加と意見の反映を求めて声を上げるようになってきました。

それは，多数決型民主主義への移行を目指した 1990 年代の政治改革とはまったく異なる発想にもとづくものです。この日本政治への新たな異議申し立てを踏まえて制度改革の構想を考える場合には，多数決型／合意型といった類型を前提にした制度改革論とは別の角度からの考察が必要とされます。

▷ 「理念の政治」から「存在の政治」へ

最終的に，政治制度をどのように設計するかという問題は，いかなる権力を念頭に置くのかという問題に帰着します。それによって，政治制度への評価も変わってくるのです。第 I 部で整理したように，制度的権力の働きは，それ以外の 3 種類の権力との関係において理解しなければなりません。マディソンの「抑制と均衡」は，経済的な権力を念頭に置いたものでした。これに対して，大日本帝国憲法で重視されたのは，権力を分散することで，特定の政治勢力が軍事力を利用するのを防ぐことでした。

これまでの日本において政治制度の設計に際して十分に考慮されてこなかったのは，思想的な権力の働きです。とりわけ，男性優位のジェンダー規範の働きは軽視されがちでした。仮に女性が政治に参加したいと思っても，男性のほうが政治に向いていると人々が考えれば，国会議員は男性ばかりになってしまいます。その男性たちの間で，いくら権力を分散しても，女性や性的少数者は，そこに参加する前の段階で排除されてしまいます。

もう 1 つは，ナショナリズムです。現代の日本では，「日本人」という単一の集団が存在し，その日本人こそが日本国民であるという考え方が広く共有されています。日本に数多く在住する在日外国人が十分な権利を持たず，民族的な少数者の存在が顧みられてこなかったことの大きな理由も，ここにあります。

こうしたジェンダーやエスニシティにもとづく差別や排除の問題

に取り組むには，代表についての考え方を改めなければなりません。レイプハルトに限らず，代表という概念は長い間，政党を中心に考えられてきました。しかし，政党が代表できる利益は基本的に社会の主流派の利益です。そうであるとすれば，特定の属性を持つ集団の参加をクオータ制などによって拡大する必要があるでしょう（☞第12章3節）。女性の利益を代表するには女性議員，民族的なマイノリティの利益はマイノリティ議員の存在が必要だというのが，ここでの考え方です。このような構想は，政党が政策を闘わせる「**理念の政治**」と対比して，少数派が自ら議会に直接参加する「**存在の政治**」と呼ばれています（Phillips 1995）。

したがって，政治制度の設計に際しては，それぞれの社会において，どのような権力が作用しているのかを理解しなければなりません。議院内閣制と大統領制という区分による分析が社会の変化とともに有効性を失っていったように，多数決型民主主義と合意型民主主義の区分を機械的に当てはめても，得られるものは少ないでしょう。弱者に優しいとされる政治制度も，見方によっては，ごく狭い集団の中で権力を分け合う仕組みにすぎません。

つまり，どのような政治制度を選ぶかという問題は，単なる権力の集中と分散をめぐる対立ではありません。それは，誰の，いかなる権力に注目するかという，視点をめぐる争いでもあるのです。

◢◢◢ *Book guide* 読書案内 ◢◢◢

・飯尾潤『日本の統治構造 —— 官僚内閣制から議院内閣制へ』（中央公論新社，2007年）

戦後日本の政治制度を，「官僚内閣制」と位置づけ，その改革を論じる。官僚の力を弱め，首相のリーダーシップを強化することを目指した1990年代以降の政治改革の雰囲気を感じることができる。

- 待鳥聡史『政治改革再考——変貌を遂げた国家の軌跡』（新潮社，2020年）

  日本の1990年代以降の各種の制度改革の帰結を，現在の時点から論じている。単に改革の歴史をたどるだけでなく，それぞれの改革の間に存在したさまざまな矛盾についても論じている。

- アレンド・レイプハルト『民主主義対民主主義——多数決型とコンセンサス型の36カ国比較研究〔原著第2版〕』（粕谷祐子・菊池啓一訳，勁草書房，2014年）

  政治制度論の現代の古典。『ザ・フェデラリスト』と同じく，権力分散型の政治制度の美点を説くが，その理由はまったく異なる。

◢◢◢ *Bibliography* 参考文献 ◢◢◢

飯尾潤（2007）『日本の統治構造——官僚内閣制から議院内閣制へ』中央公論新社

梅川健（2015）『大統領が変えるアメリカの三権分立制——署名時声明をめぐる議会との攻防』東京大学出版会

梅川葉菜（2018）『アメリカ大統領と政策革新——連邦制と三権分立制の間で』東京大学出版会

緒方貞子（2011）『満州事変——政策の形成過程』岩波書店

上川龍之進（2014）『日本銀行と政治——金融政策決定の軌跡』中央公論新社

川人貞史（2015）『議院内閣制』東京大学出版会

木村幹（2003）『韓国における「権威主義的」体制の成立——李承晩政権の崩壊まで』ミネルヴァ書房

古関彰一（2017）『日本国憲法の誕生〔増補改訂版〕』岩波書店

坂本一登（2012）『伊藤博文と明治国家形成——「宮中」の制度化と立憲制の導入』講談社

作内由子（2012）「危機の時代の多極共存型民主主義——一九三〇年代オランダを中心に」『千葉大学法学論集』第27巻第2号，143-216頁

作内由子（2013）「戦間期オランダにおける議会外政権の受容と実態」『千葉大学法学論集』第27巻第4号，169-199頁

空井護（2020）『デモクラシーの整理法』岩波書店

竹中治堅（2020）『コロナ危機と政治——安倍政権 vs. 知事』中央公論新社

中山洋平（2002）『戦後フランス政治の実験——第四共和制と「組織政党」1944-1952年』東京大学出版会

ハミルトン，A.，J. ジェイ＆J. マディソン（1999）『ザ・フェデラリスト』斎藤眞・中野勝郎訳，岩波書店

ビアード，チャールズ・A（1974）『チャールズ・A・ビアード』池本幸三訳，研究社出版

待鳥聡史（2020）『政治改革再考——変貌を遂げた国家の軌跡』新潮社

松里公孝（2021）『ポスト社会主義の政治——ポーランド，リトアニア，アルメニア，ウクライナ，モルドヴァの準大統領制』筑摩書房

三谷太一郎（2012）「政党内閣期の条件」中村隆英・伊藤隆編『近代日本研究入門 増補版』東京大学出版会

村井良太（2005）『政党内閣制の成立 一九一八〜二七年』有斐閣

山本圭（2021）『現代民主主義——指導者論から熟議，ポピュリズムまで』中央公論新社

レイプハルト，アレンド（2014）『民主主義対民主主義——多数決型とコンセンサス型の36カ国比較研究〔原著第2版〕』粕谷裕子・菊池啓一訳，勁草書房

Cheibub, Jose Antonio (2006) *Presidentialism, Parliamentarism, and Democracy*, Cambridge University Press.

Linz, Juan J. (1990) "The Perils of Presidentialism," *Journal of Democracy*, 1 (1) : 51–69.

Phillips, Anne (1995) *The Politics of Presence*, Clarendon Press.

Shugart, Matthew Soberg, and John M. Carey (1992) *Presidents and Assemblies: Constitutional Design and Electoral Dynamics*, Cambridge University Press.

V-Dem (2023) "V-Dem Dataset Version 13," Varieties of Democracy (V-Dem) Project.

市民とは誰か

Question　考えてみましょう

　日本の各地に，コリア・タウンと呼ばれる地区があります。そのような場所に行くと，数多くの韓国・朝鮮系の商店が軒を連ね，ハングルの看板が並び，日本に居ながらにして外国に来たような

出典：時事。

気分になる人もいるかもしれません。関東では東京の新大久保，関西では大阪の生野などのコリア・タウンが有名です。こうした場所には，朝鮮半島にルーツを持つ，在日コリアンと呼ばれる人々が多く住んでいます。

　帰化した人々を除けば，在日コリアンは日本国籍を持っていません。それは，選挙権など，日本国民であれば誰もが持っている権利を持たずに生活することを意味します。それにもかかわらず，在日コリアンは何世代にもわたって日本に住み続けてきました。なぜ，これほど多くの人々が，十分な権利を与えられていないにもかかわらず，日本に暮らし続けているのでしょうか。

Answer 本章の考え方

　現在の在日コリアンの歴史を遡れば，朝鮮半島から日本への移住が本格的に始まった理由は，日本による朝鮮半島の植民地化です。1910年の韓国併合を契機に，植民統治下で困窮した人々が，生活の糧を求めて日本列島へと渡ってきたのです。とりわけ，大阪への連絡船が就航した済州島からは，多くの人が出稼ぎ労働者として移住しました。そして，第2次世界大戦に伴う軍事動員によって，さらに多くの人々が炭鉱労働などのために朝鮮半島から強制的に動員されることになります。

　こうして朝鮮半島から日本に移住してきた人々が「外国人」となったのは，敗戦と大日本帝国の解体によるものです。1947年の外国人登録令によって，旧植民地出身者は外国人として扱われ，厳しい管理の下に置かれることになりました。当初，多くの在日コリアン1世は朝鮮半島への帰還を予定していましたが，解放後の朝鮮半島では南北の分断から朝鮮戦争まで政治的な不安定が続いたため，日本に戻ってくる人も多数いました。なかでも，1948年の済州島四・三事件では，虐殺を逃れて多くの人が渡日したといわれています。結果的に，約60万人が日本に引き続き定住することになりました。

　在日コリアン2世以降の世代は，戦後の日本社会でさまざまな差別に直面しながら生活することになります。この状況下で，日本国籍を取得するというのは，文化的にも「日本人」へ同化することを意味していました。しかし，在日コリアンの中には，その考え方に同意しない人々もいます。そのため，朝鮮学校・韓国学校のような独自の教育施設や，コリア・タウンのようなコミュニティが現在も存在しているのです。

Chapter structure 本章の構成

1. 市民とは誰か？

市民は出自にかかわりなく対等な政治的・社会的権利を持つ。しかし、その資格は国籍を持つ人に限定されている。

2. 福祉国家は誰の生活を保障しているのか？

普遍主義的な福祉国家は少ない。日本の福祉国家は、働く男性の生活を保障することを重視してきた。

3. 外国人の権利は守られるのか？

1 民主主義と市民権

▷ **身分から市民へ**

かつて、日本には**身分制**がありました。江戸時代まで、支配する人と支配される人は、異なる身分に属していたのです。統治を担ったのは、武士と呼ばれる特権階級に属する男性たちでした。その支配の対象となったのが、農村で食料の生産に従事する百姓や、城下町で商工業を営む町人たちです。これらの身分は代々受け継がれ、職業選択の自由はほぼありませんでした。

明治維新の帰結の1つは、この身分制を廃止し、武士身分を解体したことです。その後に制定された大日本帝国憲法は天皇を主権者と定めましたが、第2次世界大戦後の日本国憲法では国民が主権者となります。同時に女性にも参政権が与えられ、憲法には婚姻や家族に関する男女平等が規定されました（24条）。支配する人もされる人も、対等な**市民**となったのです。

世界史的に見れば、この身分的な差別の撤廃こそ、民主主義の前提条件でした（Tilly 2007）。市民が政治家を選抜する政治体制としての民主主義は、すべての成人市民に平等に一人一票を与えます。この原理は、特定の人々が特権を持つことを想定しません。政治家

表 8-1 日本の人口の内訳（2020 年）

	男性	女性	男女計	外国人
人口	6135 万人 （48.6%）	6480 万人 （51.4%）	1 億 2615 万人	275 万人 （2.2%）
有権者	5089 万人 （48.3%）	5443 万人 （51.7%）	1 億 532 万人	0 人 （0%）
国会議員	608 人 （85.6%）	102 人 （14.4%）	710 人	0 人 （0%）
高級官僚 （指定職）	1007 人 （95.6%）	46 人 （4.4%）	1053 人	0 人 （0%）
平均賃金 （月額）	33.9 万円	25.2 万円	30.1 万円	21.8 万円

出典：国勢調査，賃金構造基本統計調査の概要，『男女共同参画白書』より作成。

も一般市民も同じ権利を持つ以上，親が政治家だからといって，子も自動的に政治家になれるわけではないのです。

　しかし，日本で暮らしていると，今日でも実は身分制があるのではないかと感じることがあります。政治家や高級官僚など，国家権力を行使する立場にある人々の多くは男性であり，女性はきわめて少ないのが現状です。女性労働者の賃金も，男性の 7 割程度にすぎません。さらに，外国人には政治に参加する権利もなく，賃金も一層低い水準です（**表 8-1**）。

　なぜ，このようなことが起きるのでしょうか。従来の教科書では，既に平等な権利を持つ市民の間で生じる格差について論じるのが一般的でした（田中ほか 2020）。これに対して，この章では市民という存在自体がどのようにして生まれたのかについて考えます。その出発点は，民主主義が始まる前の段階です。民主主義の下で展開する政治を考えるうえで，政治家が市民によって選ばれる仕組みを前提として議論を組み立てることは，市民がどのように選ばれるのかという問題を覆い隠してしまうでしょう。ここでは，人々が市民として政治に参加する以前に，さまざまな集団に分けられ，異なる地

位と権利を与えられている理由を探ります。

国民国家と市民権

民主国家において，**選挙権**は市民の最も基本的な権利です。日本
国憲法にも，「公務員の選挙については，成年者による選挙権を保
障する」と書かれています（15条3項）。ところが，日本に住む人
は，誰もが18歳になれば選挙権を与えられるわけではありません。
その資格を持つ人は，日本国籍を持つ人，つまり**日本国民**に限られ
ています。

つまり，民主国家とは，国民国家なのです。国籍を持つというこ
とは，**市民権**（シティズンシップ）を持つということであり，その国
に居住する権利を持つということを意味します。外国人とは異なり，
国民は何があっても国外退去を要求されることはありません。

重要なのは，国籍は人が自発的に選ぶものではないということで
す。ほとんどの人は，生まれた時点で特定の国の国民となります。
例えば，現在の日本の**国籍法**は，父親または母親が日本国籍を持つ
人に，自動的に日本国籍を付与することを定めています。複数の国
籍の中から日本国籍を選択する人は，日本人と外国人の間に生まれ，
20歳になった段階で日本国籍を選択した人や，外国籍から**帰化**し
た少数の人に限られます。

このような制度が興味深いのは，市民が自分の属する国家を選ぶ
のではなく，むしろ誰が市民になるのかを国家が選ぶという形式が
採用されていることです。なぜ人は，自分が同意することなく特定
の国の国民となり，その統治に服するのでしょうか。

市民権の起源

その最も単純な理由は，市民の地位を付与する国籍という制度が，
選挙で政治家を選ぶ仕組みよりも前に作られたことです。その契機

は，1789年に始まるフランス革命でした。一般的に，フランス革命というと人民主権の原理が有名ですが，重要なのは，貴族や聖職者の特権を廃止しただけでなく，自国民と外国人を区別する国籍という制度を創出したことです。その動機は，軍事的なものでした。周辺国の介入で革命戦争が始まり，兵力を確保する必要に直面したフランスでは，**国民軍**を編成するべく，誰が国民であるかを確定する必要が生じたのです（☞第3章1節）。

これに対して，国籍制度には経済的な背景もあります。近代国家の成立過程で，政府が貧困層の保護に責任を持つようになると，財政が圧迫されるのを防ぐため，自国民と他国民を区別する必要が生じるのです。例えば，ナポレオン戦争後のドイツでは，プロイセンなどのドイツ連邦を構成する各国が，連邦内の人の移動を自由化するに際して，ドイツ人とその他を区別するための協定を結んだことが知られています（ブルーベイカー 2005）。

明治維新後に国籍制度を設けた日本の場合，ヨーロッパ諸国とは異なる動機を持っていました。明治新政府は，江戸幕府が欧米列強と結んだ不平等条約の改正を目指しており，1899年に国籍法が制定されたのも，そのことを背景としています。幕末の開国以降，欧米人の居住は居留地に限られていましたが，条約改正に伴って内地雑居が始まると，日本国民と外国人の境界線を引く必要が生じたのです（遠藤 2010）。

日本国籍は，植民地の住民にも付与されました。その際，日本列島の出身者は内地人，植民地の出身者は外地人として区別されます。帝国が拡大するなかで，日本は内地と外地に多くの民族を抱えるようになりました（**表8-2**）。今日では日本は単一民族国家だというイメージが流布していますが，戦前は自国が多民族国家だという認識が一般的でした（小熊 1995）。実際，1919年には朝鮮半島で起きた三・一独立運動に約200万人が参加し，1923年の関東大震災の際

表 8-2 大日本帝国の居住者（1930 年）

領域	人口	内訳		備考
帝国	9040 万人	内地	6445 万人	内地人 6397 万人，朝鮮人 42 万人，台湾人 0.5 万人，外国人 5 万人（主に中華民国）
		外地	2595 万人	朝鮮 2106 万人，台湾 459 万人，樺太 30 万人
関東州・満鉄付属地	133 万人			
南洋委任統治区域	7 万人			

出典：『日本帝国統計年鑑』より作成。

の朝鮮人虐殺で数千人が命を落とすなど（藤野 2020），帝国内では民族問題が噴出していました。

　もちろん，内地と外地は対等だったわけではありません。帝国における内地の主導性を確保するべく，外地には議会を設けないなど，法的な差別が行われました。ただ，その差別の論理は意外に複雑です。例えば，内地在住者限定でしたが，外地人にも選挙権が与えられました。このような制度が採用されていたのは，帝国内の序列の確立と同時に，植民地住民の同化による日本の国民国家としての膨張も目指されていたためです（浅野 2008）。

　このように，市民を国民に限る国籍制度は，国際政治における国家の生存戦略の中から生まれたものであり民主的な意思決定から生まれたものではないのです。

▷ 政治的市民権から社会的市民権へ

　国民に選挙権を付与する**政治的市民権**は，法の下で平等な市民の存在を前提としています。しかし，この権利が身分的な上下関係を

解消するわけではありません。武士と農民・町人の間，あるいは貴族と平民の間で見られていた制度面での身分の差は取り払われたとしても，市民の間には依然としてさまざまな格差が残るからです。マルクス主義が階級の存在を重視したのも，経済面での身分制的な格差の残存を告発するためでした（☞第4章1節）。19世紀後半から20世紀前半にかけて各国で男性労働者が選挙権を獲得しますが，それでも巨大な貧富の格差は残りました。政治的市民権だけでは，平等な社会は実現できなかったのです。

　これに対して，第2次世界大戦後に欧米諸国で福祉国家が発展すると，それによって階級的な分断が解消されるという見解も登場しました。例えば，イギリスの社会学者T・H・マーシャルは，戦後のイギリスでは社会保障や教育を受ける権利を含む**社会的市民権**が出現したと論じたことで知られます。労働者階級はもはや排除された存在ではなく，政治体制に包摂された市民としての地位を確保したというのがその考え方でした（マーシャル＆ボットモア 1993）。

　しかし，この議論は，今日では影響力を失っています。1980年代以降，アメリカを中心に新自由主義の潮流が強まり，国家が市場競争を促進すべく積極的に介入する方針へと転じた結果，貧富の格差が拡大しているからです（☞第4章2節）。かつては福祉国家のモデルとされたイギリスも，今では社会保障制度の縮減が進み，第2次世界大戦以前の水準に戻ってしまったともいわれています。

　この新自由主義の時代に，イギリスに代わって福祉国家のモデルとして脚光を浴びたのが，スウェーデンなどの北欧諸国でした。これらの国々は，経済成長が鈍化するなかでも大規模な社会保障支出を維持し，公共部門で雇用を創出し，貧富の格差の拡大を抑えたことで，新自由主義とは異なる政策路線の存在を示しました。

　このような北欧諸国の福祉国家の特徴を描いたのが，イエスタ・エスピン－アンデルセンの**福祉レジーム論**でした。その議論によれ

ば，欧米の福祉国家には大きく分けて3つの型が存在します。第1は，大陸ヨーロッパで広く見られる，**保守主義的福祉レジーム**です。このタイプの福祉国家は前近代社会における社会集団間の格差が強く残り，公務員や会社員など職業集団別に社会保険制度が作られる一方，教会の影響力が強く，家事や育児を女性が担うことを前提とします。第2は，英米圏を中心に発達した，**自由主義的福祉レジーム**です。このタイプの福祉国家は，市場を通じた福祉の供給が行われることを前提に，そこで十分な生活の糧を得られない人を選別して，生活保護などの公的扶助を提供します。第3は，北欧に見られる，**社会民主主義的福祉レジーム**です。このタイプの福祉国家は，すべての労働者に社会的市民権を認め，単一の社会保険制度と，潤沢な社会福祉サービスを提供します（エスピン－アンデルセン 2001）。

エスピン－アンデルセンの業績は，この3つのレジームのうち，社会民主主義的福祉レジームの国々が最も充実した福祉を提供していることを数字で示したことでした。先進諸国の社会保険制度を調査し，各国が失業者や高齢者をどれほど保護しているかを「脱商品化指数」として指標化したのです。その背景として注目されたのは，労働運動の強さです。労働組合の組織率が高い国では，社会民主主義政権が誕生しやすく，企業の経営者が反対する社会保障政策を実施することが可能となるのです。エスピン－アンデルセンは，こうして組織された労働者が，農民と階級連合を結んだことで，北欧の社会民主主義政権が成立したと考えました（☞第4章2節）。このように労働者の組織力や階級連合を用いて福祉国家の拡大を説明する考え方は，**権力資源論**と呼ばれています。

ところが，戦後日本では北欧とはまったく異なる形で福祉国家が発展しました。自民党の保守一党優位支配が続き，社会民主主義勢力が弱体なまま，官僚制のイニシアティブの下で事実上の福祉国家の拡大が生じたのです（新川 2005）。そこでは，社会保障を用いて

富の再分配を行うのではなく，企業の終身雇用を通じて雇用の安定を実現する一方，公共事業や補助金を通じて各業界に雇用を潤沢に供給するという手段が用いられました。また，公共部門で大規模な雇用を創出した北欧諸国とは対照的に，早い段階から行政改革が進められ，公務員数は先進国で最低の水準にとどまりました（前田2014）。

　結果的に経済的な平等を推進したという意味では，日本型の福祉国家も北欧型と同様の働きをしていたと見る立場もあります。しかし，福祉国家が，身分制のない平等な社会を実現したのかという観点から考えると，日本型と北欧型の大きな違いが見えてきます。

2　社会的市民権をめぐる対立

▷　脱商品化と階層化

　福祉国家の質を考えるときには，年金の給付水準など，市場に頼らずに生活することを可能とする脱商品化の働きに目が行きがちです。しかし，福祉国家の機能は，それだけではありません。福祉国家は，マーシャルが述べたように階級対立を解消することもあれば，むしろ市民をいくつもの集団に分断することもあります。日本の年金制度を見ても，公務員は共済，会社員は厚生年金，自営業者は国民年金という具合に，職業ごとに異なる制度に属します。

　この点で，エスピン－アンデルセンの福祉レジーム論の特徴は，福祉国家を，脱商品化を行うだけでなく，階層化を行う存在として捉えたことでした。脱商品化だけを見れば自由主義モデルの貧弱さが際立ちますが，階層化という視点から見れば，むしろ保守主義モデルの階層化作用が目立つのです。そのなかで，社会民主主義モデルの特徴は，単に脱商品化を強力に行うだけでなく，市民の間の階

層化を防ぐ，その**普遍主義**にあります。

　この点を考慮すると，日本型福祉国家と北欧の社会民主主義モデルの違いが見えてきます。日本型福祉国家は，労働者を脱商品化するという点では，成果を上げたかもしれません。しかし，社会保障制度は職域別に作られており，公共事業や補助金の便益は政権党の支持者に個別的に分配されます。欧米の福祉国家と対比して，日本は**土建国家**と呼ばれることもありますが，そこには北欧の福祉国家の特徴とされる普遍主義が欠けているのです（宮本 2008）。

　つまり，福祉国家が常に社会的権利の保障を通じて市民の間の身分的な差異を解消するとは限りません。逆に，福祉国家の内部で，深刻な対立が生じることもあります。

▷ 普遍主義と特殊主義

　新自由主義の時代も，多くの国では福祉国家の基本的な骨格が維持されました。その大きな理由は，たとえ福祉国家に対する批判が生じたとしても，福祉国家の受益者は社会保障の削減に反対するからです。福祉国家の拡大過程においては，権力資源論のいうように労働者の組織力や階級連合が重要な役割を果たすとすれば，福祉国家の縮減過程では，年金や公的扶助の受給者による抵抗が鍵となります（Pierson 1994）。この力学は，「**新しい福祉政治**」と呼ばれています。

　この視点から見ると，北欧の福祉国家が持つ普遍主義の強みが浮き彫りとなります。市民ならば誰でも同じ社会保障制度の恩恵を受けるため，職業集団間や産業部門別の対立が生じにくいのです。逆に，特定の集団に福祉の受給資格を限定する特殊主義の福祉国家の場合，組織力の弱い受益者は弱い立場に立たされます。特にアメリカやイギリスでは，トップダウンで福祉国家改革が進められた結果，公的扶助が福祉の切り下げの標的となり，受給者には就労の努力義

務を課す**ワークフェア**と呼ばれる制度が広がりました（田中 2017）。

　普遍主義と特殊主義の違いは，福祉国家の財源を見た場合にも成り立ちます。北欧諸国は，再分配の機能を強調する累進的所得課税ではなく，全市民に幅広く課税する付加価値税を基盤とすることで，富裕層と貧困層の間の対立を抑制してきたといわれます（Rothstein 1998）。これに対して，1980年代以前の福祉国家の拡大の段階では付加価値税を導入できなかった日本のような国では，多くの人が付加価値税の増税に反対する立場をとっています。付加価値税の導入と景気後退の時期が重なり，増税に対する悪いイメージが広がってしまったためです（加藤 2019）。

　普遍主義を欠いた福祉国家が受給者間の対立を引き起こすことは，日本でもしばしば見られます。1990年代以降の日本では，経済が停滞するなかで，それまでの生活保障の仕組みを「既得権益」と呼び，批判する政治家が次々と現れました。公共事業はその非効率性が批判の対象となり，公務員は一層の定員削減が進められ，手厚く雇用を保障された企業の正社員と地位の不安定な非正規労働者の対立も目立つようになっています。

　しかし，福祉国家をめぐる対立は，職業集団や産業部門の間だけで生じているものではありません。より根本的なところで，福祉国家が普遍主義とは異なる論理の上に成り立っているのではないかという批判が行われているのです。

▷　**フェミニスト福祉国家論**

　もともと，市民権は男性を中心に拡大してきました。欧米諸国で19世紀に広がった第1波フェミニズム運動の意義は，ジェンダーにもとづく政治的権利の制限を告発したことにあります。19世紀以降，男性の選挙権が拡大するなかでも，女性参政権は長く認められませんでした。日本でも，男子普通選挙は1925年に導入された

のに対して，女性参政権が認められたのは戦後の 1945 年です。

　しかし，男子普通選挙の実施後も経済格差がなくならなかったように，女性参政権は男女の不平等を解消するものではありませんでした。このため，1960 年代に誕生した第 2 波フェミニズムは，男性支配をもたらす社会や政治のあり方に批判を加えます（☞第 3 章 4 節）。その批判は，福祉国家にも向けられました。福祉国家は，実際には男性の社会的権利を保障する仕組みにすぎなかったのではないかというのです。

　長らく，人間社会における福祉の大部分を供給してきたのは，家族でした。その背景となっていたのが，女性が家事・育児・介護といった**ケア労働**を一手に担うべきだというジェンダー規範です。この規範の下で女性は，市場競争によって生活上のリスクに直面するという問題に加えて，そもそも市場経済から排除されているという問題を抱えています。福祉国家が，労働者の脱商品化を目指すとすれば，家庭内で無償労働を強いられる女性たちは，商品化すらされない存在だったのです。

　ここから，**フェミニスト福祉国家論**が生まれます。その視点から見れば，それまで社会権を保障しているとされてきた福祉国家は，**「男性稼ぎ主モデル」**という特殊な型にすぎません。特に，労働者を脱商品化するという考え方は，性別役割分業の下で，賃金労働に従事する男性だけを支援するという発想にもとづいていました。そこでは，女性や子どもは，男性に対して供給される福祉を通じてのみ，生活を保障されるのです（Sainsbury 1996）。このような男性稼ぎ主モデルは，男性を市場競争から解放する一方で，女性を家庭に閉じ込める働きを持ちます。

　フェミニスト福祉国家論は，日本においても有効な視点を提供します。日本国憲法は家族生活における両性の平等を定めましたが（24 条），戦後社会の実態はその理念とは程遠いものでした。例えば

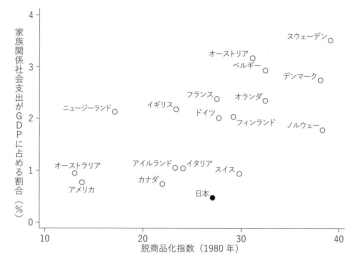

図 8-1 脱商品化指数と脱家族化

出典：前田（2019），114 頁。

日本では，配偶者の所得が一定以下の場合に所得税の一部を免除する**配偶者控除**制度の下で，多くの女性が就労時間を制限するという選択を迫られてきました。また，配偶者の所得が一定以下の場合に国民年金保険料を納付したと見なす**第3号被保険者制度**は，専業主婦世帯を優遇する効果を持ちます（横山 2002）。さらに，政府が公共事業や補助金などといった社会保障以外の手段で雇用を創出し，正社員の雇用を守ることで平等な所得の分配を実現するという日本型の仕組みも，実質的にはケア労働を女性に委ね，会社において長時間勤務に従事する男性を優遇する仕組みでした（大沢 2020）。このような社会では，男性を通じた福祉の供給を受けることのできない人々，例えばシングルマザーは，たちまち生活に困窮することになります。

コラム8　福祉国家と脱家族化　「……福祉国家ごとに脱商品化能力が異なっていることは経験的に確認できる。ここでは三つの最も重要な社会福祉プログラム，すなわち年金，医療，失業のそれぞれの現金給付についてその総合的な脱商品化スコアを提示してみよう。このスコアは，通常の人間が市場から自発的に離脱するのがどれほど容易であるか，そのことを示す一連の変数を集約したものである」（エスピン–アンデルセン　2001：55頁）

羅：エスピン–アンデルセンも，家庭での女性のケア労働の問題を無視していたわけではないでしょう。でも，実際に指標を作るときには社会保険制度だけを見ているのですね。

前田：それがフェミニスト福祉国家論の批判の的となったため，後の著作では保育サービスへの支出など，脱家族化を測定する指標を用いています。ここでは，2つの指標を比べるグラフを作ってみました（**図8-1**）。横軸の脱商品化指数は，社会保険制度がどの程度充実しているかを示しています。これに対して，縦軸は保育や介護に関する財政支出の水準です。

羅：日本の位置づけはずいぶん変わりますね。脱商品化指数は中程度なのに，脱家族化は最低水準ですか。でも，脱家族化の方向へ福祉国家を変えていくには，日本みたいに政治家が男性ばかりでは難しいでしょう。保育政策を考える官僚たちも，ほとんどが男性でしょうし。

前田：役所は国会対応が多い分，長時間労働になりがちですから，ケア労働を妻に任せて残業する男性職員ばかりが残ることになります。その結果，仕事と家庭を両立する働き方が許されなくなり，保育政策に携われる女性官僚も出てきません。悪循環ですね。

羅：そこには2つの問題が含まれているように思います。1つは専業主婦のサポートを前提とする働き方の問題，もう1つは家庭内のケア労働の責任が女性に偏っている問題です。

前田：つまり，日本の福祉国家を改善していくには，家庭，企業，政府が一緒に変わらなければならないということですね。

これに対して，フェミニスト福祉国家論は**個人モデル**の福祉国家への転換を提唱しました。そこでは，男性と女性が共に働き，共にケア労働を分担することが前提となります。課税と給付は個人単位となり，国家が保育・社会福祉サービスを供給してケア労働を代替するのです。それは，福祉国家が**脱家族化**を行うことを意味します（**コラム8**）。ただし，こうした転換を進めることは，簡単ではありません。日本では1990年代以降，少子化の進行とともに福祉政策の変化の必要性が認識され，男性稼ぎ主モデルの見直しが試みられてきましたが，そのたびに従来の家族の価値を強調する立場からさまざまな批判が起こりました（辻 2012）。この家族観をめぐる対立は，今日まで続いています。

▷ 人種・民族と福祉国家

福祉の受給者に対する批判は，人種的・民族的なマイノリティに対する差別とも結びついています。マジョリティに属する市民の中に，マイノリティが福祉を受給することに対して否定的な考え方を持つ人がいるためです。その結果，本来であれば福祉国家の恩恵を受けるはずの低所得者の間でも，福祉の削減を主張する人が出てきます。

その典型が，アメリカの事例です。権力資源論から見た場合，アメリカで福祉国家の発展が妨げられてきたのは，社会主義政党が存在しないためでした。しかし，アメリカの市民の間に存在する福祉国家，とりわけ公的扶助に対する反発の大きな部分は，白人の黒人に対する人種差別意識にあることが明らかになっています。公的扶助の受給者の多くは白人であるのに対して，メディアには受給者を黒人として描くバイアスがあり，生活保護に対する白人の嫌悪感を強めたといわれているのです（Gilens 2000）。

この力学は，民族的な同質性の高い日本には当てはまらないと考

える人もいるかもしれません。ですが，日本においても，生活保護の受給者への攻撃は民族的な差別と結びついています。とりわけ，近年の日本では，在日コリアンの生活保護受給者をターゲットとする排外主義運動が展開されるようになりました。日本では，民族差別にもとづく福祉受給者への攻撃が，外国人の排斥という形で表れているのです。その背景を考えるには，民主国家における外国人の権利について考えなければなりません。

3　外国人の権利

▷　国民と外国人の境界

　今日の民主国家では，多くの外国人が暮らしています。しかし，民主国家の市民権は，国民に与えられたものでした。そうだとすれば，なぜ外国人にも一定の権利が与えられているのでしょうか。

　この問題を考えるうえでの出発点は，国籍の取得のしやすさが国によって異なることです。例えば，移住植民地として出発したアメリカやカナダのような国は，その国で生まれた人に自動的に国籍を付与する**出生地主義**を採用しているため，移民2世は国民としての権利を享受します。しかし，それ以外の日本やヨーロッパを含む多くの国は，両親のいずれかが国籍を持つ人に国籍を付与する**血統主義**を採用しているため，移民2世は，その国に生まれ育ったとしても外国人となるのです。そして，外国人が何世代にもわたって居住するなかで，その権利を守る動きが生まれてきます。

　戦後のヨーロッパでは，イギリスとフランスで旧植民地からの移民の流入が進む一方，ドイツでも戦後処理の過程で東欧からドイツ系移民を受け入れ，さらにはトルコからゲストワーカーを受け入れるなど，移民が増加しました。そして，1985年にヨーロッパ統合

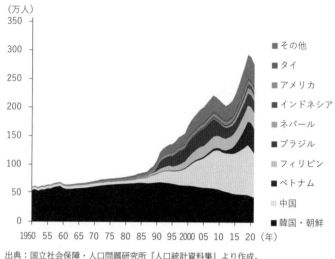

図8-2 在留外国人の内訳

（万人）

凡例（上から）:
- ■ その他
- ■ タイ
- ■ アメリカ
- ■ インドネシア
- ■ ネパール
- ■ ブラジル
- □ フィリピン
- ■ ベトナム
- □ 中国
- ■ 韓国・朝鮮

出典：国立社会保障・人口問題研究所『人口統計資料集』より作成。

の一環としてシェンゲン協定が結ばれて以降，域内の人の移動が自由化されました。この歴史の流れの中で，長期にわたって居住する外国人の権利を守る動きが生じました。

　日本の場合，多くの在留外国人が居住するようになったことの起源は敗戦に伴う大日本帝国の崩壊です。1947年の**外国人登録令**によって，その時点で内地に居住していた外地人は外国人とされ，1952年のサンフランシスコ講和条約を境に日本国籍を失いました。日本が単一民族国家であるというイメージも，この時期に作られました。

　それは，実際には曖昧な国民と外国人の境界線を，半ば強引に引くものでした。外国人の圧倒的多数を占める在日コリアンには永住許可が与えられましたが，その範囲を確定するうえで，政情の不安定な朝鮮半島からの共産主義者の入国を警戒し，「密航者」に対す

る厳しい取り締まりが実施されることになります（朴 2017）。その結果，在日コリアンは外国人登録に際して**指紋押捺**を強いられるなど，長く人権が制限された状況に置かれました。

その後，日本は長く移民を受け入れないという政策を貫きました。東アジアではヨーロッパのような地域統合が進むこともなく，高度経済成長期に外国人労働力を導入することもなかったため，日本では在日コリアンが在留外国人の大半を占める状況が続きます。

この構図は，1990 年代に変わりました。バブル経済以後，労働力不足に対応するために低賃金労働者の受け入れが始まったのです。1989 年の入管法改正で「定住者」の在留資格が設けられ，ブラジルなどラテンアメリカ諸国から日系人労働者の受け入れが始まりました。さらに，1993 年には**技能実習制度**が創設され，中国やベトナムからも「技能実習」という在留資格で労働者が流入します。

ところが，この間も日本政府は移民受け入れを実施しないという建前を崩さず，「特定技能」といった在留資格の増設にとどめてきました。このため，技能実習生の劣悪な労働環境が問題となるなど，外国人の権利保護は不十分な水準にとどまっています（永吉 2020）。

▷ 外国人の参政権

歴史的に見れば，近代国家の成立過程では常に外国人の政治的権利をどうするかという問題が浮上してきました。例えば，戦前の日本では海外への移民が奨励されており，ハワイで大きな勢力を占めた日本出身の住民たちは，現地で参政権獲得運動を展開しました（塩出 2015）。今日ではヨーロッパを中心に世界で約 40 カ国が何らかの意味での**外国人参政権**を導入しています。

外国人参政権の中でも，認められることが多いのは地方参政権です。その理由は，中央政府と地方政府の役割の違いにあります。一般的に，対外政策や国防など，国家安全保障に関する政策は中央政

府が所管しているのに対して，地方政府は教育や社会保障など，一般市民の生活に関わる事柄を所管しています。このため，外国人の地方参政権を認めることは国家安全保障を損なうことにはならないと考えられているのです。

ところが，日本では地方参政権に関しても外国人参政権の導入に対する強い反対があります。その理由に関しては，日本社会における在日コリアンに対する差別意識の残存もありますが，安全保障上のリスクも原因として挙げられています。すなわち，領土問題を抱える隣国が自国の住民を送り込み，住民投票などを通じて日本の安全保障政策を妨害する可能性があるという主張が行われてきたのです。

この背景には，ヨーロッパと東アジアの歴史的な経験の違いがあります。ヨーロッパの場合，第2次世界大戦後の地域統合を通じて欧州司法裁判所が各国を法的に拘束するようになったため，外国人の人権保障を各国政府に対して働きかける規範的な圧力が生じました（Soysal 1994）。これに対して，戦後の東アジアは冷戦によって分断されただけでなく，大日本帝国の解体に伴う脱植民地化も課題となったため，地域統合が進みませんでした。冷戦後には，歴史認識問題や領土問題が噴出しています。このため，外国人の権利保護に向けた地域的な圧力は働かないのです。

▷ 外国人と福祉国家

人の往来が盛んになるなかで，外国人に社会保険への加入権や生活保護の受給権といった社会的権利をどこまで認めるかという問題も浮上しました。

この問題について，ヨーロッパでは地域統合が進むなかで外国人への権利付与が進められてきました。その原動力となったのは，やはり欧州司法裁判所です。その司法判断は，人権の観点から，外国

人に対する差別を行うことを禁じ，域内諸国に社会保障政策の変更を迫るものでした。その結果，今日のヨーロッパでは，市民権はかつてのような国民国家との結びつきを失い，「**軽い市民権**」となったという議論も行われています（ヨプケ 2013）。

それに対する反動が，極右政党の台頭です。外国人を福祉に寄生する存在として描き，移民の制限を提唱するその戦略は，**福祉ショーヴィニズム**と呼ばれています。こうした移民をめぐる政治対立は，ヨーロッパ統合そのものを揺るがす争点となりました（遠藤 2016）。特に，従来は普遍主義的な福祉国家の模範とされてきたスウェーデンやフィンランドのような北欧の国でも，近年では反移民を掲げる極右政党が支持を集めているという事実は，その普遍主義が実はナショナリズムに裏打ちされていたことを示しています。

しかし，日本における外国人の社会権の拡大は，これとは異なる力学にもとづいて生じました。1980 年代まで，日本に定住している在日コリアンを中心とする外国人は，社会保険への加入資格がありませんでした。ところが，1981 年に日本が難民条約に加入したことで，国内における外国人差別を撤廃する必要が生じ，国民年金制度から国籍条項が削除されたのです。福祉ショーヴィニズムは，日本では今のところ政党政治を揺るがす争点にはなっていませんが，それは日本政府が移民の受け入れ自体に消極的であるということを反映しています。

▷ 多文化主義と同化主義

移民の増加を通じて民族構成が多様化すると，民族的なマイノリティの文化的な権利も問題となります。伝統的には，普遍的な市民権を前提に，自国の言語や文化の習得を求める**同化主義**が主流でした。これに対して 1970 年代以降，カナダやオーストラリアのように，移民や先住民族の文化を尊重しながら共存を図る**多文化主義**が

注目されるようになります。この多文化主義政策は，単一の市民を作り出すという普遍主義には明確に反するものです。それに対して，近年では民族的マイノリティの中で貧困が深まり，社会的な疎外が問題となるにつれて，再び同化主義への流れが生じています。

　しかし，同化主義は市民の統合を動機としているとは限りません。むしろ，それはナショナリズムとも直結しています。日本の明治政府は，北海道全域を支配下に収めるとともに，先住民族である**アイヌ民族**の土地を奪い，**同化政策**を進めていきました。さらに，朝鮮における**創氏改名**や各地の植民地で実施された**皇民化教育**に見られるように，植民地に暮らす人々を日本人に作り替えようとする政策が進められました。

　戦後日本に定住した在日コリアンの多くが帰化することなく外国人として生活し続けてきたことは，この日本の同化主義を前提に考える必要があります。日本人への同化を求める圧力に対して，在日コリアンの独自の言語と文化を守るべく，各地に朝鮮学校・韓国学校が整備されました。日本政府は，現在でもこうした学校を正規の教育施設として認めていません。

　近年では，移民労働者の増加に対応するべく，地方自治体で**多文化共生**をキーワードにした移民に対する生活支援が行われていますが，日本語教育を重視するなど，その路線は多文化主義とは隔たっています。それは，日本社会が外国人を受け入れるというよりも，外国人に日本社会への適応を求める発想にもとづいているのです。

▷　外国人の特権

　最後に，外国人が特権を持つ場合に触れておきましょう。その一例が，江戸時代の末期に結ばれた不平等条約の下で，外国人に与えられた**治外法権**です。治外法権の下では，外国人はその国の法律ではなく，出身国の法律で裁かれることになります。この不平等条約

を改正することは，明治政府にとっての最大の外交課題となりました（五百旗頭 2010）。

第2次世界大戦での敗北に伴い，日本は新たな不平等条約を抱えることになりました。それが，現在まで続く**日米地位協定**の問題です。日本には，**日米安全保障条約**にもとづいて，主に沖縄を中心に約5万人の米軍が駐留しています。在日米軍の地位は日米地位協定によって守られており，基地外で起きた犯罪についても，日本側は訴追することができませんでした。この日米地位協定の運用を定めた合意議事録は，国会の議決を経ることなく成立し，21世紀初頭まで非公開とされていました（山本 2019）。

これがもたらした1つの帰結は，米軍人による日本の女性に対する人権侵害です。1995年には沖縄の普天間基地周辺で**沖縄米兵少女暴行事件**が発生し，大規模な抗議行動が起きました。しかし，基地の返還を求める声が高まったにもかかわらず，日米交渉の結果として提示された代替案は，同じ沖縄県内の辺野古に基地を移設するというものでした。このため，今日でも地元住民による抗議行動が続いています。

ところが，日本の本土では，こうした沖縄の状況への関心が薄い状態が続いています。その理由としては，沖縄の住民が置かれた状況よりも日本の安全保障政策における日米安全保障条約の重要性を強調する見方が影響力を持っているということもありますが，それだけではありません。もう1つの理由としては，明治時代に「琉球処分」によって日本に併合されたときから，沖縄は本土とは異なる立場に置かれていたという歴史的な経緯があるのです。第2次世界大戦後に米軍統治下に入った沖縄は，1972年に日本に返還されましたが，沖縄出身者は長らく本土では差別の対象となりました。このため，今日でも，沖縄における抗議行動に対する本土の住民の差別的な言動が見られます。この事例もまた，国民と外国人の境界

が現実の状況に応じて揺れ動くことを示しています。

/// *Book guide* 読書案内 ///

・横山文野『戦後日本の女性政策』（勁草書房，2002 年）

　フェミニスト福祉国家論の視点から戦後日本の公共政策を幅広く検証している。税制や年金制度から教育制度まで，本書が提起した問題は今日でも課題として残されている。

・永吉希久子『移民と日本社会 —— データで読み解く実態と将来像』（中央公論新社，2020 年）

　日本の移民問題の現状を，統計データだけでなく豊富な事例に関する記述によって，国際比較の中で知ることができる。

・G. エスピン – アンデルセン『福祉資本主義の三つの世界 —— 比較福祉国家の理論と動態』（岡沢憲芙・宮本太郎監訳，ミネルヴァ書房，2001 年）

　福祉国家論の基本書。なぜ，著者が福祉国家ではなく「福祉レジーム」という言葉を使うのか，なぜ福祉国家の類型は 3 つなのか。さまざまな問題について考えることができる。

/// *Bibliography* 参考文献 ///

浅野豊美（2008）『帝国日本の植民地法制——法域統合と帝国秩序』名古屋大学出版会

五百旗頭薫（2010）『条約改正史——法権回復への展望とナショナリズム』有斐閣

エスピン – アンデルセン，G.（2001）『福祉資本主義の三つの世界——比較福祉国家の理論と動態』岡沢憲芙・宮本太郎監訳，ミネルヴァ書房

遠藤乾（2016）『欧州複合危機——苦悶する EU，揺れる世界』中央公論新社

遠藤正敬（2010）『近代日本の植民地統治における国籍と戸籍——満洲・朝鮮・台湾』明石書店

大沢真理（2020）『企業中心社会を超えて——現代日本を〈ジェンダー〉で読む』岩波書店

小熊英二（1995）『単一民族神話の起源——〈日本人〉の自画像の系譜』新

曜社

加藤淳子（2019）「日本における財政・租税政策の比較分析と通時分析——連立政治は増税をめぐる日本の政治の何を変えたのか」佐々木毅編『比較議院内閣制論——政府立法・予算から見た先進民主国と日本』岩波書店

塩出浩之（2015）『越境者の政治史——アジア太平洋における日本人の移民と植民』名古屋大学出版会

新川敏光（2005）『日本型福祉レジームの発展と変容』ミネルヴァ書房

田中拓道（2017）『福祉政治史——格差に抗するデモクラシー』勁草書房

田中拓道・近藤正基・矢内勇生・上川龍之進（2020）『政治経済学——グローバル時代の国家と市場』有斐閣

辻由希（2012）『家族主義福祉レジームの再編とジェンダー政治』ミネルヴァ書房

永吉希久子（2020）『移民と日本社会——データで読み解く実態と将来像』中央公論新社

朴沙羅（2017）『外国人をつくりだす——戦後日本における「密航」と入国管理制度の運用』ナカニシヤ出版

藤野裕子（2020）『民衆暴力——一揆・暴動・虐殺の日本近代』中央公論新社

ブルーベイカー，ロジャース（2005）『フランスとドイツの国籍とネーション——国籍形成の比較歴史社会学』佐藤成基・佐々木てる監訳，明石書店

前田健太郎（2014）『市民を雇わない国家——日本が公務員の少ない国へと至った道』東京大学出版会

前田健太郎（2019）『女性のいない民主主義』岩波書店

マーシャル，T・H＆トム・ボットモア（1993）『シティズンシップと社会的階級——近現代を総括するマニフェスト』岩崎信彦・中村健吾訳，法律文化社

宮本太郎（2008）『福祉政治——日本の生活保障とデモクラシー』有斐閣

山本章子（2019）『日米地位協定——在日米軍と「同盟」の70年』中央公論新社

横山文野（2002）『戦後日本の女性政策』勁草書房

ヨプケ，クリスチャン（2013）『軽いシティズンシップ——市民，外国人，リベラリズムのゆくえ』遠藤乾ほか訳，岩波書店

Gilens, Martin（2000）*Why Americans Hate Welfare: Race, Media, and the Politics of Antipoverty Policy*, University of Chicago Press.

Pierson, Paul (1994) *Dismantling the Welfare State? Reagan, Thatcher and the Politics of Retrenchment*, Cambridge University Press.

Rothstein, Bo (1998) *Just Institutions Matter: The Moral and Political Logic of the Universal Welfare State*, Cambridge University Press.

Sainsbury, Diane (1996) *Gender, Equality and Welfare State*s, Cambridge University Press.

Soysal, Yasemin Nuhoglu (1994) *Limits of Citizenship: Migrants and Post-national Membership in Europe*, University of Chicago Press.

Tilly, Charles (2007) *Democracy*, Cambridge University Press.

メディアと世論

Question 考えてみましょう

2001 年から 2006 年まで首相を務めた小泉純一郎は，日本政治におけるメディア戦略を一変させた政治家として知られています。テレビ出演によって世論を味方に付け，与党内の反対を押し切って意思決定を行うスタイル

出典：共同通信社。

は，従来の日本の首相には見られないものでした。

その戦略が最も大きな注目を集めたのが，2005 年の「郵政選挙」です。小泉首相は郵政事業の民営化を目指していましたが，全国郵便局長会は与党の自民党の票田だったため，民営化法案は与党内の反対で否決されてしまいます。この局面で，小泉首相は衆議院を解散し，与党内の反対派と対決するという賭けに打って出たのです。

「郵政民営化に賛成ですか，反対ですか。それを聞いてみたいのです」。そう記者団に語って選挙に臨んだ小泉首相は，民営化反対派を一掃し，圧勝します。なぜ，このような手法は成功を収めることができたのでしょうか。

Answer 本章の考え方

マスメディアの報道には，必ずしも人の考えを変える力はありません。その影響力は，「何について決めるべきか」という意味での政策争点を設定する力にあるとされています。小泉首相は，マスメディアに向けて，短いフレーズで郵政民営化の意義を訴えることで，それを争点化することに成功したと考えられます。

その一方で，マスメディアの側にも，小泉首相の言動を大きく取り上げる理由がありました。特に，テレビは広告収入によって経営が成り立っているため，多くの視聴者を獲得できるコンテンツを好みます。ワンフレーズで質問に明快に答える小泉首相は，特に好都合でした。政治家がテレビを利用するように，テレビも政治家を利用したのです。

しかし，「郵政選挙」が成功した理由はそれだけではありません。最も重要な理由は，従来の政治家のメディア戦略との違いを考えることで浮き彫りになります。それまでは，首相の取材を担当する「総理番」と呼ばれる記者たちが，移動中の首相に声をかける手法が一般的でした。それに対して，小泉首相が採用したのは，「ぶら下がり」と呼ばれる方式でした。1日2回，首相官邸前で記者たちの前に姿を現し，無制限に質問を受け付けたのです。特に夕方の会見は，テレビのニュースでも常に放送されました。

日本では，記者クラブ制度や個人的な接触を通じて，マスメディアと政治家が密接な関係を築いてきましたが，その閉鎖性に対しては批判がありました。小泉首相が人気を博した一因は，閉鎖的な慣行とは真逆の方法でメッセージを発信し，その手法が市民に歓迎されたことにあると考えられます。

Chapter structure　本章の構成

1. マスメディアは民主主義に必要か？

マスメディアには権力を監視する役割があるが，政治エリートのメディア戦略の道具となることも多い。

2. マスメディアは世論にいかなる影響を及ぼすか？

マスメディアが世論を操作するのは簡単ではないが，市民が自らの意見を表明する機会も決して多くない。

3. インターネットが生み出す世論とはいかなるものか？

1　マスメディアと政治権力

▷ 第四の権力

　世の中には，税金の引き下げを望む人もいれば，国防の強化を唱える人もいます。また，内閣を支持する人もいれば，しない人もいるでしょう。このような政治に関する市民の意見は，**世論**と呼ばれています。民主主義が「人民による政治」であるとすれば，それは世論にもとづく政治であるはずです。

　しかし，日本に住むほとんどの人は，政府が何をしているのかを直接知る手段を持ちません。それにもかかわらず，人々が政治に関する意見を持つことができるのは，新聞やテレビといった**メディア**があるからです。メディアによる報道に接することで，政治エリートとの接点を持たない人々も，その動静を知ることができるのです。

　メディアの中でも，新聞やテレビは一般大衆に広くメッセージを伝達しているという意味で，**マスメディア**と呼ばれています。この種のメディアの特徴は，送り手が受け手に一方的に情報を伝達する点にあります。マスメディアの報道に政治エリートが反応するのは，それを通じて市民の声を受け取るからではなく，市民がその報道の影響を受けると考えるからです。政府に批判的な報道が盛り上がれ

表 9-1　日本の全国紙

新聞	発行部数	従業員数	系列テレビ局
読売新聞	642 万部	4318 人	日本テレビ
朝日新聞	375 万部	3939 人	テレビ朝日
毎日新聞	177 万部	約 2000 人	TBS
日経新聞	158 万部	3042 人	テレビ東京
産経新聞	96 万部	1557 人	フジテレビ

出典：ABC 協会新聞発行者レポート（2023 年上半期），各社ウェブサイトより作成。

ば，内閣支持率が下がり，政策が撤回されることもあります。このため，マスメディアを立法・行政・司法と並ぶ「第四の権力」と呼ぶ人もいます。

　実際，マスメディアは政治エリートの一角を占めています。例えば，日本における新聞記者の総数は全国でも約 1 万 6000 人程度であり，その人数は弁護士（約 4 万人）や医師（約 34 万人）よりもはるかに少ない水準です。何百万部もの新聞を発行する日本の全国紙の従業員数も，各社数千人にすぎません。しかも，全国紙はテレビ局を系列化しており，他の先進国に比べてメディア市場の競争が少ないのが現状です（表 9-1）。さらに，多くの都道府県には全国紙を凌ぐシェアを持つ地方紙があり，その地域のニュースの数少ない発信源となっています（金子 2023）。

　なぜ，選挙で選ばれたわけでもないジャーナリストたちが，政治についての情報へのアクセスをコントロールしているのでしょうか。マスメディアが恣意的な報道を行い，世論を歪めているのではないかという批判は，世界各地で常に投げかけられています。政治学においても，マスメディアの行動原理や，その影響力に対して多くの研究が行われてきました（谷口 2015）。ここでは，マスメディアの権力に注目しながら，その研究の成果を読み解いていきます。

マスメディアの力の源は，**表現の自由**です。表現の自由が保障されているからこそ，人々は，SNSやブログなどさまざまなメディアを通じて，他者に情報を発信し，コミュニケーションを行うことが可能となります。ただし，自らの意見を，政治家や官僚に直接伝えたことのある市民は，きわめて少ないはずです。多くの人にとってはマスメディアの報道の自由こそが，自らの表現の自由を確保するための砦になっています。

報道の自由がなければ，政府は自らに都合のよい情報を一方的に発信するでしょう。独裁体制の下では，国営メディアを通じて**プロパガンダ**が行われ，それ以外のメディアに対しては人事への介入や検閲が行われます（于 2023）。日本の歴史を見ても，為政者はマスメディアに対する介入を繰り返してきました。明治時代に自由民権運動が盛り上がると，政府は新聞紙条例で批判を封じ込めました。大日本帝国憲法には言論の自由に関する規定もありましたが，天皇に対する批判は禁止され，共産主義思想も検閲の対象となりました。戦後の日本国憲法が表現の自由を保障したことには，こうした経験に対する反省の意味も込められています（21条）。

報道の自由を保障することの第一の目的は，マスメディアによって権力を監視することにあります。その模範として挙げられることが多いのは，アメリカの新聞報道でしょう。『ニューヨーク・タイムズ』はベトナム戦争に関する機密文書であるペンタゴン・ペーパーズを暴露し（1971年），『ワシントン・ポスト』は共和党政権による盗聴侵入事件であるウォーターゲート事件（1972年）をスクープしてニクソン大統領を辞任に追い込みました。同じ時期には，日本でもジャーナリストの立花隆が『文藝春秋』誌上で田中角栄首相の政治資金問題を追及し，首相退陣のきっかけを作っています。

しかし，マスメディアによる権力の監視に対しては，懐疑的な立

場もあります。例えば，マルクス主義の立場から見れば，マスメディアは支配階級である資本家の**イデオロギー**を広める役割を果たす存在です。そのイデオロギーとは，現実を隠蔽する思想，とりわけ資本主義社会における階級対立を見えなくしてしまう働きを持つ思想です。搾取に満ちた世の中を，マスメディアはあたかも自由な社会であるかのように描き出し，労働者階級の不満を抑制します。新聞やテレビは広告収入に依存する以上，その広告料を支払う企業に不利な報道を行うことはできず，むしろ社会の現状を肯定する圧力が働くと考えられるのです。

　この資本主義の論理に加えて，さらにナショナリズムが働くことで，権力に追従する圧力も生まれます。その代表的な事例が，1930年代の『朝日新聞』でしょう。それまで軍縮を主張し，中国における関東軍の勢力拡大を批判していた『朝日新聞』は，満州事変を境に方針を転換し，軍部に協力する立場をとるようになりました。この時代，日本の新聞は激しい市場競争に晒されており，愛国心を煽る戦争報道は発行部数の増加が見込めるコンテンツでした（佐々木 2013）。

▷ メディア多元主義

　これに対して，戦後日本では，マスメディアが権力に追従するのではなく，むしろ社会的弱者の声を拾い上げ，世論を政策に反映してきたという学説が唱えられます。例えば，高度経済成長期に深刻化した公害への対策が行われるきっかけとなったのは，自民党政権下で排除されていた野党や社会運動の声を伝える役割をマスメディアが果たしたことでした。資金力や集票力といった権力資源を持たない社会集団にとって，マスメディアを通じて自分たちの意見を発信することは，政府に対する異議申し立てを行うためのきわめて重要な手段となるのです。このような日本の政治のあり方を，**メディ**

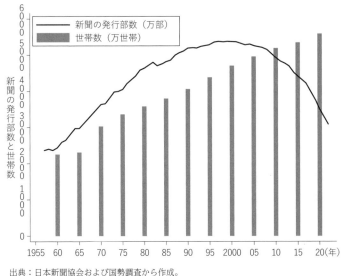

図 9-1　戦後日本における新聞の発行部数

縦軸：新聞の発行部数と世帯数

凡例：
― 新聞の発行部数（万部）
▮ 世帯数（万世帯）

横軸：1955　60　65　70　75　80　85　90　95　2000　05　10　15　20（年）

出典：日本新聞協会および国勢調査から作成。

ア多元主義と呼びます（蒲島・竹下・芹川 2007）。

　このメディア多元主義論には，マルクス主義とは大きく異なるマスメディアの姿が現れます。もともとアメリカ政治の特徴を表す言葉として使われた多元主義とは，さまざまな社会集団に権力資源が分散した状態を指す概念でした（☞第1章2節）。これに対して，メディア多元主義は，権力資源がマスメディアに集中していることを前提にしています。薬害事件の患者や，性暴力の被害者たちは，自分たちではマスメディアの報道内容を左右することはできません。むしろ，取材を行う記者と，紙面を作成するマスメディアの幹部が自発的に行動し，幅広い層の意見に光を当てるのです。

　その背景には，戦後日本のマスメディアの経営が安定したという事情があります。新聞に関しては，全国紙5紙体制が確立される

一方，各都道府県では主要な地方紙が1紙に絞り込まれ，2000年代までは各世帯で1紙以上の新聞を購読する状態が持続しました（図9-1）。また，新聞社の収入に占める定期購読者からの購読料の割合が大きく，広告を提供する企業の意向よりも，幅広い購読者層の関心を考慮して報道を行うことが可能だったともいわれます。1960年代以降に普及したテレビについては，NHKが受信料収入にもとづいて運営される一方，民放も地上波の放送局の数が**免許制**によって制限されたため，事実上の寡占状態となりました。逆説的ですが，こうしたマスメディアの特権的な地位が，幅広い意見を汲み上げることを可能としたのです。

▷ マスメディアの中立性

しかし，権力批判を行うマスメディアは，しばしば政治的な攻撃の標的となってきました。今日の日本の場合，『朝日新聞』に対して「偏向報道」という言葉がしばしば投げかけられています。同社は，憲法9条改正に反対し，日本の戦争責任や植民地支配に対する反省を強調するなど，政権党である自民党のナショナリズムを批判する姿勢をとってきたためです。

テレビについては，放送法における政治的公平の原則を根拠に，介入が行われてきました。1993年の総選挙に際して，当時のテレビ朝日の報道局長が，政権交代を後押しする報道姿勢をとっていたと発言したことに対して放送法違反の疑いが提起され，テレビ朝日の会長が辞任に追い込まれました（**椿事件**）。2001年には，戦時中の慰安婦問題に関するNHKのテレビ番組の内容が，「公正中立」な報道を求める自民党の政治家の介入で改変されました。2016年には，総務大臣が政府に批判的な報道に対して放送法を根拠に電波停止を命じる可能性を示唆しました。

このように日本では，マスメディアが特定の政治的立場をとるこ

とをよしとしない風潮が目立っています。国際比較の視点で見ても，他の多くの国では，新聞の報道姿勢が政治的な立場に応じて明確に異なるのに対して，日本では左派系の『朝日新聞』や『毎日新聞』も，右派系の『読売新聞』や『産経新聞』も，一部の政治的な争点を除けば，その報道内容はおおむね似通っているのです。

その背景にあるのが，**記者クラブ制度**です。日本の主要な政府機関には記者クラブと呼ばれる空間があり，大手メディアの記者に机が用意されています。この制度は，政府へのアクセスを確保したいマスメディアと，市民に伝わる情報をコントロールしたい政府の双方の利害の一致の下に成り立っており，戦時中の情報統制の一環として始まったという経緯があります。記者クラブ制度によって，どの新聞社も同じ情報を得ることになるため，報道は横並びになる傾向が生じます。新聞に登場する人物は，首相が圧倒的に多く，与野党の幹部や閣僚たちがそれに続きます。

このことは，メディア多元主義論に対して疑いを投げかけます。ある調査では，日本のテレビニュースでは他の国に比べて一般人や市民団体の声が報道されることは少ないという結果が示されたこともあります。だからこそ，日本におけるメディア不信は，自分とは立場の異なるメディアへの嫌悪ではなく，むしろマスメディア全体に対する無関心となって表れるのです（林 2017）。

▷ 政治エリートのメディア戦略

マスメディアが権力に接近するほど，その報道は政治エリートによる権力闘争の道具としての機能を強めます。**メディア戦略**という言葉が登場した背景には，まさにそのような事情がありました。特に，20世紀後半に登場したテレビは，新聞に比べて，政治エリートが市民により直接的に語りかけることを可能としました。アメリカでは，1960年の大統領選挙において，政治経験の浅い民主党の

ジョン・F・ケネディが，テレビ討論会で清新なイメージを打ち出し，当時の副大統領だった共和党のリチャード・ニクソンを破りました。その後も，映画俳優から政界に転じ，「グレート・コミュニケーター」と評されたロナルド・レーガンのように，テレビを通じたメッセージの発信に長けた指導者が台頭するようになります。日本でも，2000年代には小泉純一郎首相がメディアの**ぶら下がり取材**に応じるなど，積極的にテレビを活用したことで人気を博しました（逢坂 2014）。

このように，政治家がマスメディアを利用するようになると，その手法は**ポピュリズム**と呼ばれるようになります（大嶽 2003）。市民に情報を提供する媒体であるはずのマスメディアは，市民を動員する手段へと変質するのです。政治指導者がマスメディアを通じて支持を獲得する試み自体は，従来も行われてきました。近年，ポピュリズム現象が批判的に論じられていることには，そのリーダーたちの伝えるメッセージの内容が関係しています。それは，シンプルなメッセージを用いて政敵を攻撃し，排外主義や好戦的な対外政策を主張するスタイルです。

しかし，ポピュリスト政治家を批判しても，状況が改善するとは限りません。なぜなら，こうした政治家は，新聞やテレビに積極的に起用されることを通じて登場するからです。そこには，資本主義の力学が働いています。特に 1990 年代以降，メディアの経営戦略の一環として，政治を娯楽のコンテンツとして提供する風潮が進みました。伝統的なニュースの衰退に伴い，ワイドショーなどの**ソフト・ニュース**が人気を集めるようになったのです。この種の番組は，政治を娯楽のコンテンツの 1 つとして提供することで，市民が政治的な情報にアクセスするためのハードルを引き下げました。つまり，政治家のメディア戦略は，マスメディアを取り巻く経済的な条件の変化によって引き起こされている面もあるのです。

2 マスメディアと世論

▷ 世論は操作されているのか

　政治家のメディア戦略の目的は、世論に影響を及ぼし、自らの権力を固めることにあります。それでは、この戦略はどれほど有効なのでしょうか。

　この問題に関しては、アメリカのジャーナリストのウォルター・リップマンが『世論』で述べた見解が有名です（リップマン 1987）。それによれば、市民は現実の政治に直接触れることができないため、マスメディアの作り出す「**擬似環境**」の中で生活しています。政治エリートは、その擬似環境を自分たちに有利な形で操作するためにプロパガンダを行います。

　しかし、リップマンは市民が簡単に操作されてしまうと考えたわけではありません。その議論の特徴は、この疑似環境が人々の抱く「**ステレオタイプ**」の影響を受けると論じたことでした。つまり、人々は自分の見たいものだけを見ようとする傾向があるのです。だからこそ、市民を説得するには、そのステレオタイプを前提にした報道を行う必要があります。

　問題は、それがエリートのメディア戦略に及ぼす影響です。ステレオタイプに縛られた市民は、基本的に現状維持志向となります。したがって、政治エリートが従来とは異なる方向に世論を誘導したいと考えた場合、事実を誇張して伝え、危機を演出しなければなりません。逆説的ですが、市民の意見を簡単に動かせないからこそ、政治エリートの間では対立が先鋭化するのです。リップマンは、第2次世界大戦や冷戦といった国際政治の危機が、まさにそのような無責任なエリートの行動によって引き起こされたと考えました

（リップマン 2023）。

　ここには，民主主義を動かすのはエリートであり，世論が政策を決定することはないという冷徹な認識があります。民主主義の失敗は，世論の過激化ではなく，むしろマスメディアを使って世論を動かそうとするエリートの暴走によって起きるのです。

マスメディア報道の影響力

　しかし，こうしたリップマンの議論の妥当性を確かめる手段は，ある時期まで存在しませんでした。マスメディアの報道の受け手である一般市民の意見を知る機会が，選挙での投票結果に限られていたためです。この状況を劇的に変えたのが，**世論調査**という技術の登場でした。世論調査とは，人口（対象とする母集団）の中から無作為にサンプルを抽出し，調査対象者に対して政治に関するさまざまな問題についての意見を尋ねることで市民の意見を集計する手法です。このサンプルが適切に抽出されていれば，統計学の手法を用いてその母集団における意見の分布を正確に把握できるというのが，世論調査の基本的な考え方です。

　1940 年代以降，アメリカでは世論調査を用いたメディア研究が発達し，マスメディアの影響に関する当初のイメージが刷新されていきました。特に有名なのが，「コミュニケーションの二段階の流れ」と呼ばれる学説です。それは，選挙での投票先を決める際，多くの人はマスメディアよりも，顔見知りの人から得た情報を重視しており，とりわけオピニオン・リーダーと呼ばれるような，身近にいる政治ニュースに詳しい人物との会話を通じて意見を決めているという発見でした（**コラム 9**）。

　さらに重要なのが，マスメディアへの**選択的接触**です。多くの有権者は，自分の支持する政党の宣伝活動により多く接触し，耳を傾けていました。つまり，エリートのメディア戦略は既存の世論を強

コラム9 オピニオン・リーダー　「すべての点において，オピニオン・リーダーは政治面でかなり行き届いた態度を示した。『追従者』のわずか24％が，選挙に非常に高い関心があることを認めたのにたいして，オピニオン・リーダーのうち実に61％が，同様に高い関心をもっていると自己評価した。政治的コミュニケーションへの接触傾向にかんしても同じことがいえる。すなわち，関心の程度はどうであれ，オピニオン・リーダーは，他の人びとよりも選挙関係の材料にずっと多く接触していた」（ラザースフェルドほか1987：107頁）

羅：この発見は，要するに人々が直接マスメディアのいうことを鵜呑みにするわけではないということですね。

前田：だからこそ，この『ピープルズ・チョイス』という本が書かれた1944年という戦時中の文脈では，アメリカはドイツのようなファシズム体制にならないことを示す研究成果としての側面もあったわけです（**表9-2**）。

羅：でも，オピニオン・リーダーって，日本だと何に当たるのでしょうか。そもそも，政治に関する話をあまりしませんし。

前田：うーん。そうすると日本だとあまり当てはまりませんかね。

羅：むしろ，オピニオン・リーダーというのは，今でいうインフルエンサーでしょうか。

前田：そのあたりは，よくわかりません。X（旧 Twitter）でインフルエンサーをフォローしていても，顔見知りだというわけではないですし。それに，別にインフルエンサーと個人的に議論できるわけではありませんからね。

羅：その場合，むしろインフルエンサーは民主主義の不安定化要因になるかもしれませんね。人々が自分の好きなインフルエンサーをフォローして，その意見を一方的に聞かされるだけになれば，世論は極端な方向へと分断されていく可能性もあるでしょうから。

表 9-2　オピニオン・リーダーとその他の人々のメディアへの接触頻度 ──────────

	選挙への関心が高い層		選挙への関心が低い層	
	オピニオン・リーダー	その他	オピニオン・リーダー	その他
新聞	15.8	12.3	14.8	6.6
ラジオ	14.6	12.3	13	7.6
雑誌	20.6	14.1	15.8	4.6

注：表の数値は，回答者が選挙に関する特定の新聞記事，ラジオ演説，雑誌記事に接した
　かどうかにもとづいて作成された指標。多くの選挙報道に接している回答者ほど数値
　が高くなる。
出典：ラザースフェルドほか（1987），107 頁より作成。

──────────────────────────────────

化するものであっても，転換するものではなかったのです（ラザースフェルドほか 1987）。

　このような議論は，大衆を扇動するマスメディアの影響力を強調してきた**強力効果論**と対比され，**限定効果論**として知られることになります。しかし，限定効果論の結論は，現代の日本社会においては多くの人の直感に反するものかもしれません。というのも，新聞が児童虐待を報じれば政府は児童虐待への対策を行いますし，テレビが増税に反対すれば政府は増税の撤回に追い込まれます。マスメディアの報道が市民の意見を変えることができないのに，これほどの力を持つというのは，にわかには信じがたい話です。

　この問題に対して，従来とは異なる観点から強力効果論を復活させたのが，**議題設定理論**です。それによれば，マスメディアの権力とは，世論の方向性ではなく，世論の対象を決定する権力です（竹下 2008）。マスメディアの報道は，政府の方針に反対する人を，賛成派に変えることはできません。しかし，ある争点に注意を引きつけることで，別の争点を隠蔽するという，二次元的権力を行使するための道具となるのです（☞第1章3節）。この戦略を用いた事例として有名なのが，2005 年の総選挙の際の小泉純一郎首相でしょう。

「郵政民営化に賛成か反対か」という一点に議題を設定することで，有権者の大きな支持を集め，自分に反対する与党内の勢力を一掃することに成功したのです。

ただ，歴史的に見れば，このようにメディア戦略が劇的に成功する事例は稀です。例えば，日本では政権党である自民党は，『読売新聞』などの保守系のメディアと共に，憲法9条の改正を長年にわたって訴え続けてきました。しかし，最近の研究によれば，憲法をめぐる世論は「現状保守主義」的であり，改正派が多少増えたとしても，その変化は国際環境の長期的な動向の中で生じているにすぎません（境家 2017）。この知見は，世論が現状維持を望むと考えるリップマンの議論に通じます。

▷ **世論と熟議**

これに対して，より根本的な意味で世論がマスメディアに操作されていると論じたのが，ユルゲン・ハーバーマスでした。その議論によれば，もともと世論という言葉は，人々が開かれた場で理性的に討論することを通じて生まれる公共性を備えた意見を指していました。それがいつの間にか，人々の討論を伴わない，私的な利害関心を集積したものに変わってしまったというのです。

この変化の背景には，メディアの変容があったというのが，ハーバーマスの考え方です。ハーバーマスの議論によれば，18世紀のヨーロッパで新聞や雑誌が発達した当初，こうしたメディアは教養のある市民たちが討論する「市民的公共圏」を生み出しました。ところが，19世紀以降の資本主義の発達に伴い，メディアが商業化して広告に依存するようになるなかで，経営上の理由から大衆受けする娯楽記事が報道の中心を占めるようになっていきました。その結果，市民が討論を通じて意見を形成するという営みは失われ，それに代わってマスメディアが政府や企業の宣伝機関として利用され

る「操作された公共圏」が出現したとハーバーマスは考えます（ハーバーマス 1994）。

この見方からすれば、マスメディアの報道が人々の意見を変えるかどうかという世論調査研究の問題設定自体が、市民の間の討論の欠如を表しています。世論調査で集計される市民の意見は私的な利益を表明したものであって、公共性を備えたものではありません。何らかの形での討論を経て初めて、人々の意見は、公共の利益のありかを指すようになるでしょう。

このように討論を重視する政治の理念は、政治理論の分野では**熟議民主主義**と呼ばれています。その議論は近代ヨーロッパの歴史を多分に理想化したものですが、規範理論としてはそれなりの説得力を持っています（田村ほか 2017）。日本でも、議論を経て吟味された責任ある意見である輿論（よろん）と、人々の情緒が生み出す世間の空気を意味する世論（せろん）が、戦前のある時期までは使い分けられていたといわれています（佐藤 2008）。

▷ 討論型世論調査

熟議民主主義を実践するために提唱された手法の1つに、**討論型世論調査**があります。このタイプの世論調査では、無作為に抽出された市民が同じ空間に集まり、数人ずつのグループに分かれて政治に関する問題について話し合いを行います。そのうえで、話し合ったトピックに関して世論調査を行うのです。一般的な世論調査と比べると、この調査手法は、時間をかけて他人と話し合った後に回答を行う点が異なります。この試みはアメリカで始まり、日本をはじめとする各国で試みられています。

これまで、討論型世論調査は、一般的な世論調査では発見されなかった現象を明らかにしてきました。とりわけ重要な知見とされたのは、社会的な対立を緩和する作用があるということです。例えば、

それまでは少数民族に対して偏見を抱いていた人が，討論型世論調査の後では寛容な意見を持つようになるのです。そのような理由から，討論型世論調査は民族や宗教で分断された社会における合意形成のための手法としても注目されています（フィシュキン 2011）。

しかし，現在のところ，日本では研究以外の目的でこの手法が用いられることはほとんどありません。その大きな理由は，討論型世論調査の手続きが，現実の政治においては用いられていないからです。選挙の際には，多くの人は特に他人と議論することなく，一票を投じます。このため，政治エリートにとっては，従来型の世論調査のほうがはるかに役立ちます。つまり，選挙で政治指導者を選ぶという現在の民主主義の仕組み自体が，話し合いを通じて意思決定を行うという熟議民主主義の発想とは相性が悪いのです。

むしろ，ハーバーマスの問題提起に正面から応えるのであれば，市民が自らの意見を直接表明し，互いに討論することを通じて世論を醸成できるような，新しい意思決定の仕組みが必要でしょう。それを生み出す可能性として期待されたのが，インターネットでした。

3　インターネットと公共圏

インターネットと政治権力

マスメディアに対する不信が強まるなかで，その代わりに世論を発信するメディアとして注目されているのがインターネットです。2000 年代以降，新聞の購読者数が落ち込むのと対照的に，インターネットが広く普及しました。マスメディアとは異なり，インターネットは受信者も情報を発信できるため，多方向のコミュニケーションが可能となります。その結果，既存のマスメディアをバイパスして，市民同士がコミュニケーションを行う**ソーシャルメ**

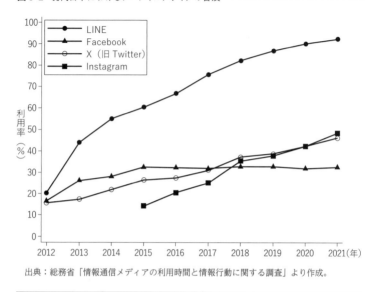

図 9-2 現代日本におけるソーシャルメディアの普及

出典：総務省「情報通信メディアの利用時間と情報行動に関する調査」より作成。

ディアが出現しました。2010 年代以降，日本でも LINE や Insta-
gram などのソーシャル・ネットワーキング・サービス（SNS）が大
きく普及しています（**図 9-2**）。また，アメリカにおける人種差別に
抗議するブラック・ライブズ・マター（BLM）運動や，性暴力を告
発する＃MeToo 運動など，SNS のハッシュタグから広がる社会運
動にも注目が集まりました。

　とはいえ，インターネットにおいても権力は作用します。その理
由は，ネットワークの中心と周辺が存在するからです。ネットワー
クの中心に位置する主体は，情報を発信することで多くの人に影響
力を行使することが可能です。例えば，SNS において多くのフォロ
ワーを誇る人は，**インフルエンサー**と呼ばれます。

　その意味で，インターネットの登場によってマスメディアとは異
なる情報発信の手段を得たのは，実は政治エリートのほうでした。

それまではマスメディアの取材を受け、番組に出演しなければ情報を発信できなかった政治家は、インターネットでは自ら国民に情報を発信できます。このため、今日ではあらゆる政治家が自身のウェブサイトを持ち、SNS を利用して有権者に対して情報発信を行っています。

しかし、こうしたソーシャルメディアの政治的な影響力は、マスメディアを凌駕するものではありません。なぜなら、SNS のフォロワー数の上位を占めているのは芸能人であり、そこでは政治的な議論はほとんど行われないからです。政治家の SNS も、新聞やテレビに比べると情報の量はもちろん、そのメッセージが届く範囲も狭いのが現状でしょう。さらに、一般市民がインターネットを介して政治情報を入手するには、結局のところマスメディアのニュースサイトを利用することになります。つまり、マスメディアがエリートによる情報発信の道具として重要な役割を果たしているという事実は、実はインターネットの時代においても変化していないのです。

▷ 世論の両極化

それでは、世論のほうはどうでしょうか。インターネットの本格的な利用が広がり始めた 1990 年代は、この技術が新たな公共圏を生み出すのではないかという期待がありました。しかし、インターネットの利用が広がるにつれて、話はそれほど単純ではないことがわかってきています。もともと、インターネットは軍事的な目的で作られたコミュニケーション手段としての特性を持っていました。その狙いは、核戦争の際に、司令部が壊滅しても下部組織の間で連絡が可能になるようにすることです。こうした技術的な特性上、そこには参加者の間での話し合いを促進するという性質があるわけではありません（アバテ 2002）。

むしろ、インターネットは世論の両極分解を加速させる働きを持

つというのが現在の通説でしょう。マスメディアに対する選択的接触が行われたように，インターネットにおいても人は自分の見たい情報だけを摂取することが可能です。このため，保守的な人は保守的な情報を探し，リベラルな人はリベラルな人と議論するようになり，意見がどんどん先鋭化していきます。このような現象は，**エコーチェンバー効果**と呼ばれます。

　他方で，インターネットの登場と，ソーシャルメディアの発達によって，一般市民の意見をこれまでになく詳細に観察することができるようになりました。そして，インターネット上で形成された「ネット世論」は，人種差別や女性蔑視など極端な意見が目立ち，討論型世論調査とは異なる傾向を示します。

　このような違いが生じる理由は，ネット世論と討論型世論調査の世論が，まったく異なるメカニズムで作られていることにあります。討論型世論調査の場合，一般的な世論調査と同じく，一般市民から無作為抽出を行ったうえで，議論を行います。これに対して，ネット世論には，厳密なサンプルの抽出手続きが伴っていません。それは，ごく少数の，インターネットで長時間を過ごす層が作り出しているものです。一般的には，約3％の投稿者が全体の半数の投稿を生み出しているとされています。そして，こうしたネット世論の発信元は，男性のユーザーに著しく偏っています（樋口ほか 2019）。

　今のところインターネット自体が人々の意見にどの程度の影響を及ぼしているかは，よくわかっていません。マスメディアの場合と同様，選択的接触が生じているにすぎないという議論もあります。ソーシャルメディアにはさまざまな陰謀論が流通していますが，陰謀論に影響を受けて同調するのは，もともと極端な政治的関心を持つ，ごく一部の政治的関心の高い層に限られているからです（秦 2022）。ソーシャルメディアを介して盛り上がった社会運動も，組織が作られないまま一時的に盛り上がるだけで，すぐに解体してし

まいます（トゥフェックチー 2018）。

▷ プラットフォームの権力

しかし，ここには疑問が湧いてきます。既存の SNS などが偏った意見の拡散を助長しているのだとすると，なぜ，それを正そうという動きが生じないのでしょうか。より広い意見を反映し，新たなネット世論を醸成するメディアが作られてもよさそうです。

それは，インターネット上のコミュニケーションの場を提供する**プラットフォーム**の経営方針に原因があります。プラットフォームには，Facebook や X（旧 Twitter）などの SNS はもとより，Google のような検索サイト，YouTube のような動画サイトなども含まれますが，利用は無料であり，広告収入によって運営されています。そして，これらの企業には商業的な動機がある以上，収益を上げるために，人の目に触れやすい情報を流すインセンティブがあるのです（Noble 2018）。

その結果，インターネットには人の注意を引きやすい情報が優先的に流通することになります。とりわけ重要なのは，インターネットによって偽情報が流され，拡散するリスクです。皮肉なことに，偽情報のほうがユーザーの関心を引きやすいため，本物のニュースに比べて拡散する速度が速いことが知られています。広告収入のためにプラットフォームを運営する場合，偽情報が流通するのを止める誘因はありません。それどころか，プラットフォームの用いる**アルゴリズム**が個人の検索履歴やクリック履歴を学習することで，それぞれの人が見たいものしか見えなくなる**フィルターバブル**が生じるともいわれています。こうしたプラットフォームの権力は，やがては一般市民の政治行動を左右し，民主主義が掘り崩されるのではないかと懸念されています（ズボフ 2021）。

このため，近年ではプラットフォームに対する規制が論じられる

ようになりました。インターネットを介して外国による選挙への介入が取り沙汰されるなかで，虚偽情報の拡散を防止することを義務化するべきだという議論も出ています。他方で，そのことは独裁体制がインターネットに対する監視を強化する口実としても使われるようになりました。例えば中国では，政府がソーシャルメディアを監視し，抗議行動を誘発しそうな事件については，その事件についての書き込みそのものを削除しているとされています（Roberts 2018）。

インターネットの民主化

興味深いことに，プラットフォームの運営の仕方によっては，その欠点が軽減されるという議論もあります。近年の日本では，オンラインのニュースサイトの中で，Yahoo! ニュースが圧倒的な存在感を持つようになりました（**表9-3**）。Yahoo! ニュースは，各種の新聞や雑誌の記事を集約して配信するニュースアグリゲーターの一種です。近年の研究によれば，このようなニュースアグリゲーターの利用者は，ソーシャルメディアや検索エンジンの利用者に比べて多様なメディアに接触することが知られています。その理由は，ニュースアグリゲーターがユーザーの好みに関わりなく幅広い情報源から多数の記事を配信していることにあります（稲増 2022）。さらに，Yahoo! ニュースの記事に対する一般市民の信頼度は，配信元が全国紙である場合と個人や週刊誌である場合とで変わらないという驚くべき研究結果もあります（大森 2023）。

これはきわめて逆説的な議論ですが，その論理構造はかつてのメディア多元主義論と似ています。強大な権力を持つマスメディアが社会的弱者の声を報じることで政策に多様な意見が反映されるように，独占的な地位を持つプラットフォームが意識的にさまざまなニュースを配信することが，フィルターバブルの発生を防ぎ，か

表 9-3 オンラインのニュースサイトの規模（2022 年）

メディア	ページビュー／月	ユニークブラウザ	会員数	記事数／日
Yahoo! ニュース	225 億			約 6000
読売新聞	1.3 億	3308 万		229
朝日新聞	2.3 億	6863 万	406 万	121
日経新聞	2 億	3909 万	599 万	200
毎日新聞	1.1 億	3600 万		123
産経新聞	0.6 億	2319 万		

出典：各社ウェブサイトおよび記事データベースより作成。

えって偏りのない世論を作り出すのです。しかし，市民をあくまで情報の受け手として考える点で，それは熟議民主主義とはまったく異なる発想に立っています。熟議民主主義における世論は，偏りがないということではなく，人々が自由な討論を通じて作り上げる，公共性を持つ世論だというところに特徴があるからです。

このように，インターネットの登場は，新聞やテレビといった伝統的なマスメディアの影響力を抑制するのと同時に，インターネットを基盤とする新たな権力主体を生み出しました。しかし，それは世論にもとづく政治を実現するものではありません。マスメディアのエリート主義が信頼できないからといって，インターネットに頼るのは，結局のところ，別の形でエリートの支配を生み出すことになるでしょう。インターネットをいかに民主化していくかは，今後の重要な課題です。

*** **Book guide** 読書案内 ***

- 逢坂巌『日本政治とメディア —— テレビの登場からネット時代まで』（中央公論新社，2014 年）
  政治家がどのようにマスメディアを利用し，マスメディアがどのように政治

家と向き合ってきたかを，戦後日本政治の歴史の中で解説する。新聞からテレビへ，テレビからインターネットへと，時代ごとに政治家のメディア戦略がどのように変わってきたかがわかる。

・林香里『メディア不信 —— 何が問われているのか』（岩波書店，2017年）
　　新聞やテレビなどのマスメディアに対する不信は，実は日本に限らず各国共通の現象だが，その現れ方は国ごとに異なることを明らかにしている。

・ゼイナップ・トゥフェックチー『ツイッターと催涙ガス —— ネット時代の政治運動における強さと脆さ』（毛利嘉孝監修，中林敦子訳，Ｐヴァイン，2018年）
　　2010年の「アラブの春」以降，ソーシャルメディアによって社会運動が盛り上がるという現象が注目されることになった。しかし，そうして盛り上がった運動は，すぐに失速してしまう。この現象を，さまざまな国の比較や，ソーシャルメディアの技術的な仕組みから解き明かす。

◢◢◢ *Bibliography* 参考文献 ◢◢◢

アバテ，ジャネット（2002）『インターネットをつくる —— 柔らかな技術の社会史』大森義行・吉田晴代訳，北海道大学出版会

稲増一憲（2022）『マスメディアとは何か —— 「影響力」の正体』中央公論新社

于海春（2023）『中国のメディア統制 —— 地域間の「不均等な自由」を生む政治と市場』勁草書房

逢坂巌（2014）『日本政治とメディア —— テレビの登場からネット時代まで』中央公論新社

大嶽秀夫（2003）『日本型ポピュリズム —— 政治への期待と幻滅』中央公論新社

大森翔子（2023）『メディア変革期の政治コミュニケーション —— ネット時代は何を変えるのか』勁草書房

金子智樹（2023）『現代日本の新聞と政治 —— 地方紙・全国紙と有権者・政治家』東京大学出版会

蒲島郁夫・竹下俊郎・芹川洋一（2007）『メディアと政治』有斐閣

境家史郎（2017）『憲法と世論 —— 戦後日本人は憲法とどう向き合ってきたのか』筑摩書房

佐々木隆（2013）『メディアと権力』中央公論新社

佐藤卓己（2008）『輿論と世論——日本的民意の系譜学』新潮社

ズボフ，ショシャナ（2021）『監視資本主義——人類の未来を賭けた闘い』野中香方子訳，東洋経済新報社

竹下俊郎（2008）『メディアの議題設定機能——マスコミ効果研究における理論と実証［増補版］』学文社

谷口将紀（2015）『政治とマスメディア』東京大学出版会

田村哲樹・松元雅和・乙部延剛・山崎望（2017）『ここから始める政治理論』有斐閣

トゥフェックチー，ゼイナップ（2018）『ツイッターと催涙ガス——ネット時代の政治運動における強さと脆さ』毛利嘉孝監修，中林敦子訳，Ｐヴァイン

秦正樹（2022）『陰謀論——民主主義を揺るがすメカニズム』中央公論新社

ハーバーマス，ユルゲン（1994）『公共性の構造転換——市民社会の一カテゴリーについての探究』細谷貞雄・山田正行訳，未來社

林香里（2017）『メディア不信——何が問われているのか』岩波書店

樋口直人・永吉希久子・松谷満・倉橋耕平・ファビアン・シェーファー・山口智美（2019）『ネット右翼とは何か』青弓社

フィシュキン，ジェイムズ・S（2011）『人々の声が響き合うとき——熟議空間と民主主義』岩木貴子訳，早川書房

ラザースフェルド，ポール・F，ヘーゼル・ゴーデット，バーナード・ベレルソン（1987）『ピープルズ・チョイス——アメリカ人と大統領選挙』有吉広介監訳，芦書房

リップマン，ウォルター（1987）『世論（上・下）』掛川トミ子訳，岩波書店

リップマン，ウォルター（2023）『リップマン　公共哲学』小林正弥監訳，勁草書房

Noble, Safiya Umoja（2018）*Algorithms of Oppression: How Search Engines Reinforce Racism*, NYU Press.

Roberts, Margaret E.（2018）*Censored: Distraction and Diversion inside China's Great Firewall*, Princeton University Press.

集団と政治

Question 考えてみましょう

出典：毎日新聞社，共同通信社。

　1982年7月，第二次臨時行政調査会（第二臨調）の土光敏夫会長が，日本国有鉄道（国鉄）の民営化を求める基本答申を鈴木善幸首相に提出しました。9月，鈴木内閣はこの答申に従い，国鉄を分割民営化する方針を閣議決定します。この方針に対して労働組合は激しく抵抗しましたが，民営化の流れを止めることはできず，中曽根康弘内閣の下，1987年にはJRが発足します。この第二臨調の会長を務めた土光は，日本経済団体連合会（経団連）の会長でした。このため，国鉄民営化は財界主導の行政改革として知られています。

　この事例に限らず，政府関係の会議には財界の代表者がしばしば出席しています。なぜ，財界関係者は政策決定に大きな影響力を行使できるのでしょうか。なぜ，労働者の代表は同じような影響力を持つことができないのでしょうか。

Answer 本章の考え方

　多くの国では，経営者団体と労働組合の代表者の政策決定過程への参加が制度化されています。これに対して日本では，かつて「労働なきコーポラティズム」といわれたように，特に経営者団体と国家が伝統的に強く結びついてきました。2001年の省庁再編後に設けられた経済財政諮問会議にも，財界からは2名の委員が参加しています。

　経営者が大きな影響力を持つ理由は，企業が政権与党に政治資金を提供しているためです。日本でも，財界は自民党に対して長らく多くの政治献金を行ってきました。さらに，経済政策を実施するうえでは企業の協力が必要になる場合も多いため，財界関係者は常に政府に重用されてきました。これに対して，日本の労働組合は組織率が低落傾向にあり，ストライキのような手段で影響力を行使する余地も限られています。労働組合に入っていない非正規労働者からは批判的な目を向けられることも少なくありません。

　また，日本では，安全保障問題が重要な政治争点だったため，労働運動は野党である旧日本社会党を支持し，自民党と対決する立場をとってきました。その結果，労働組合は政策決定からも閉め出される状態が長く続くことになりました。

　そして，資本主義社会では企業経営者は成功者として広く尊敬を集めます。土光敏夫の場合は，日本有数の企業人でありながら，質素な生活を好んだため，「メザシの土光さん」として人気を博しました。これに対して，労働組合の代表者はそのような社会的な威信を欠いています。

Chapter structure 本章の構成

1. 民主主義における集団の存在意義は何か？

集団は独裁者の出現を防ぐ働きをする。しかし，影響力を発揮できる集団は経済団体のような特権的な集団に限られる。

2. どのような集団が政策決定に参加できるのか？

労働組合のように組織力を生かして政策決定に参加してきた集団もあるが，日本の労働組合は組織力が弱い。

3. 社会運動が世の中を変えることは可能か？

1 利益集団政治の構造

集団による政治

政策を決定する際，政府は審議会などのさまざまな場面で，国民の意見を聞いて意思決定を行います。ただし，このような場面で意見を述べるのは，個々の一般市民ではなく，集団の代表です。政策決定に参加し，その選択に影響を及ぼす権力を持つ集団を，**利益集団**と呼びます。

例えば，国会や中央省庁では，多数の経済団体や専門家団体が活動しています。マクロ経済政策の方向性を決める経済財政諮問会議には経団連などの財界の代表者が出席し，医療費の水準を決める中央社会保険医療協議会には日本医師会の指定席が確保されています。農業政策に関しては農協の活動も見逃せませんし，労働政策に関しては労働組合が声を上げます（**表10−1**）。

民主主義が一人一票を原則としていることからすれば，一部の人々の組織する集団が影響力を持つのは不公平だと感じる人もいるかもしれません。また，利益集団が自分たちの既得権を守ろうとして変化に抵抗するため，必要な改革が妨げられているという批判もあります。だからこそ，利益集団とのしがらみを断ち切るべきだと

表 10-1　日本の主な利益集団

団体名	職員数	会員
日本経済団体連合会（経団連）	228 人	企業会員 1494・団体会員 155・特別会員 33
日本医師会	196 人	17 万人
全国農業協同組合中央会（JA 全中）	168 人	正組合員 410 万人・準組合員 632 万人
日本労働組合総連合会（連合）	約 140 人	695 万人

出典：内閣府「公益法人の概況及び公益認定等委員会の活動報告」および各団体ウェブサイトより作成。

主張する政治家には人気が集まりがちです。

しかし，日本における利益集団の活動は，本当に過剰なのでしょうか。同じ利益集団でも，経営者団体や専門家団体の代表が常に政策決定に参加しているのに比べて，労働組合の代表者が意見を言う機会はそれほど多くありません。また，家事や介護を担う女性や，日常生活でさまざまな不自由に直面する障がい者などを代弁する社会運動が大きな影響力を行使する事例は，滅多に見かけません。

そこで，この章では，一般的な考え方とは逆の視点から，集団の働きについて考えてみましょう。利益集団が政治に影響を及ぼす理由ではなく，むしろ多くの集団が政府の政策決定に加わることができない理由を考えながら，議論を進めます。

▷　民主主義と市民社会

民主主義以前の時代には，どの国でも集団の活動が厳しく規制されていました。支配者は，公共の利益を損ねるという論理で集団の活動を弾圧していたのです。日本でも，自由民権運動が盛り上がり，議会開設を求める声が強まると，政府は社会秩序の維持を口実に集会条例を制定し，封じ込めを図りました。その後，大正デモクラ

シーの時代にかけて民主化が進むなかで，社会主義運動も登場しましたが，治安維持法で厳しい弾圧を受けることになります（中澤2012）。労働組合も，戦前は最後まで合法化されませんでした。

その意味で，集団には，民主主義を支える基盤としての側面があります。集団を作ることは，人々が権力者に異議申し立てを行う手段だからです。近代以降の世界では，市民による非暴力的な抵抗運動が，数々の権威主義体制を打倒してきました（チェノウェス2022）。このような集団が活動する領域を，国家と区別して，**市民社会**と呼びます。

市民社会が民主主義を支える条件とは，集団が自発的に作られることです。逆に，国家によって動員された集団は，民主主義を掘り崩す力になりかねません。例えば，戦前の日本では退役軍人が各地で在郷軍人会に組織され，軍部と協力して大正デモクラシーを崩壊に追い込みました。戦後の日本国憲法が結社の自由を保障しているのは（21条1項），戦前の体制の復活を防ぐ意味があります。

▷ ソーシャル・キャピタル

かつて，市民社会の成長には資本主義の発展が必要だと考えられていた時期もありました。マルクス主義に従えば，ブルジョアジーによる資本の蓄積こそが，国家に対抗する集団を作る力を生み出します。だからこそ，ヨーロッパでは資本家の形成する市民社会の基礎の上に議会制が生まれたと考えられたのです。

しかし，今日では市民社会それ自体に意義があるという考え方が有力になりました。古くは，アレクシ・ド・トクヴィルが『アメリカのデモクラシー』（1835年）において，団体への参加が市民の公共精神を育むと論じたのが有名です（トクヴィル2008）。この議論をヒントに，社会関係資本（ソーシャル・キャピタル）の重要性が論じられています。その議論によれば，集団の活動に参加する市民が

図 10-1 イタリア各州の市民共同体の質

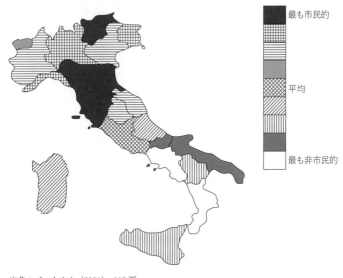

最も市民的

平均

最も非市民的

出典：パットナム（2001），118頁。

相互の信頼を育むなかで，社会関係資本が蓄積すると，政治制度のパフォーマンスが改善し，経済も発展することになります。マルクス主義とは逆に，市民社会こそが資本主義の発展をもたらすと考えられるのです（**コラム 10**）。

　こうした議論の影響を受けて，日本でも昔から数多くの市民団体が活動してきたことに注目が集まりました。第 2 次世界大戦後には，総力戦による組織化の経験を生かす形で，市民団体の参加者が急激に増加しています（Kage 2010）。また，1995 年の阪神・淡路大震災でボランティア団体の活動に光が当たり，1998 年には特定非営利活動推進法（NPO 法）が制定されました。そして，市民団体が情報公開請求などの形で行政を監視することが一定の成果を上げているという評価も行われています（坂本 2010）。市民社会を，国家

コラム 10　ソーシャル・キャピタルのメカニズム　　「イタリアの一部の州には，合唱団やサッカー・チーム，野鳥の会やロータリー・クラブが数多く存在している。これらの州の市民の大部分は，日刊紙で地域の諸問題に関する記事を熱心に読む。彼らは，公的争点に関心を寄せるが，人格的，あるいは恩顧＝庇護主義的な政治には関心がない。住民はお互いに信頼し合い，その結果，公正に行動し，法律にも従う」（パットナム　2001：137-138 頁）

羅：パットナムは，市民団体が多く活動する北部のほうが，南部に比べて市民共同体の質が高いと考えているわけですね（**図 10-1**）。しかし，ソーシャル・キャピタルの蓄積された社会で，政府のパフォーマンスが上がるのはなぜでしょう。合唱団が活動しても，政策決定に影響があるわけではないと思いますが。

前田：それは，1 つには政策が円滑に執行されるようになるからではないでしょうか。市民が政府を信頼していないと，規制に従ったり，税金を納めたりしないでしょう。パットナムの『哲学する民主主義』の後にも，市民の政府に対する信頼に関して多くの研究が出ました。

羅：市民の政府に対する信頼が重要なのはわかるのですが，逆に，政府のほうは市民を信頼しているのでしょうか。生活保護の受給要件を厳しくしたり，やたらと細かく書類を書かせたり……。むしろ，行政不信が深まりそうですが。

前田：言われてみれば，政府がどれくらい市民を信頼しているのかを調査した研究は見たことがありません。

羅：パットナムによれば，人が他人を信頼するには，相手も自分を信頼していると感じる必要があります。政府が市民を信頼していないのに，市民が政府を信頼するのを期待するというのも，変な話だと思いませんか。

のような公権力の主体でもなければ，企業のような営利主体でもない，多様な非営利集団の活動領域として捉えれば，日本にも豊かな市民社会は存在していると考えられるのです（後・坂本編 2019）。

ですが，そうだとすると新たな疑問が浮上します。日本の市民社会においてさまざまな集団が活動しているのだとすれば，なぜそのうちのごく一部の集団だけが政策決定に参加しているのでしょうか。

▷ エリート主義と多元主義

利益集団の中でも特に強い力を持つのが，経営者団体です。民主主義体制下でも，選挙で勝ち抜き，権力を握ろうとする政治家たちは，社会の有力者からの支援を必要とします。選挙運動には政治資金が必要となりますから，それを提供できる企業や富裕層への依存度は高くなります。同時に，経済政策を実施するうえでも経営者の協力が必要になるため，政府は常に経営者と深い関係を築く必要に迫られるのです。

ここから出てくるのが，**エリート主義**と呼ばれる考え方です。民主主義体制の下で結社の自由を認めても，結局はかつての身分制社会のように，社会的な特権を持つ人々が支配を行っているのではないか。この考え方は，米ソ冷戦下で反共主義が強まり，「赤狩り」が行われていた 1950 年代のアメリカで，近代社会を階級社会として批判するマルクス主義の分析を別の言葉で表現したものでした。その視点から見れば，利益集団とは階級に他なりません。利益集団という言葉は権力の分散を想定するのに対して，階級という言葉は権力の集中を問題にするものです。

このエリート主義論の対抗仮説として登場したのが，多元主義です（☞第1章2節）。その前提となるのは，権力資源の多様性でした。例えば，経済団体は経済力を用いて影響力を行使するのに対して，農業団体や労働団体は数の力で影響力を行使することができます。

そうなると，マルクス主義者のいうように，単一の権力資源が圧倒的な重要性を持つことはありません。すなわち，集団が自由に活動すれば社会の多様な利害関心が政策に反映され，公共の利益が実現されます。この見方によれば，建国当初は一部のエリートが支配していたアメリカ社会も，資本主義の発展と移民の流入を通じて多元化し，20世紀にはさまざまな集団が権力に参画する国になったと考えられるのです（ダール 1988）。

この議論を戦後日本に当てはめたのが，日本型多元主義論です。戦前の日本が天皇を中心とするエリートの支配する国であったとすれば，戦後は新憲法の下で結社の自由が保障され，利益集団が政策決定に影響を及ぼすようになったというのがその主張でした。そして，経済団体や農協といった利益集団の実態調査も進められます（辻中 1988）。その狙いは，軍部や官僚を中心とした戦前のエリート支配とは異なる，一般的な民主主義国として戦後日本を描くことでした（大嶽 1979）。

▷ 多元主義と集合行為論

しかし，多元主義論者の主張には疑問も浮かびます。果たして人々は，結社の自由が認められるだけで，集団を作るのでしょうか。こうした疑問を投げかけたのは，**集合行為論**という学説を唱えたマンサー・オルソンです。オルソンによれば，合理的選択を行う個人は，たとえ現状に対する不満があったとしても，普通は集団を作りません。その理由は，集団の活動が，その構成員以外にも便益を提供するからです。つまり，集団の活動に参加することが集団に参加しない人にも利益となる場合，他人の努力にただ乗りしようする人（**フリーライダー**）が出てきます。そうなると，わざわざ自分から集団を作る人はいなくなります。これが，**集合行為問題**です（オルソン 1996）。

このような場合，うまく集団を作ることができるのは，小規模な集団に限られます。経営者のように小規模な集団の場合，お互いがきちんと協力しているかを確認することが容易なので，フリーライダーの発生を防ぐことができるのです。逆に，労働者のように人数が多く，フリーライダーが発生しやすければ組織化は困難になります。労働組合が弱いのは，マルクス主義から見れば資本家による抑圧を受けた結果ですが，集合行為論から見れば，労働者の自発的な選択の結果なのです。

　このような非対称的な状況では，集団間の自由競争ではなく寡占競争が行われます。そして，市場では得られないような超過利潤を求める非効率的な**レント・シーキング**が蔓延することになります。多元主義に対するこうした批判は，少数の経営者が特権的な地位に立つことを批判した点でマルクス主義と似ていますが，その経済的な非効率性を批判した点に違いがあります。特に，1970年代以降のアメリカでは，補助金などの優遇措置を求める利益集団の活動が経済的な衰退を生んでいるという見方が有力になりました（ロウィ 1981）。

　同様の批判は，1990年代以降の日本でも盛んに行われます。かつて高く評価された日本型多元主義は，むしろ利益集団と政府の癒着として指弾されたのです。そして，政府の規制改革や財政改革に反対する集団を「抵抗勢力」，利益集団が守ろうとする規制を「岩盤規制」などと呼ぶ政治家も登場します。2011年の福島第一原子力発電所事故を契機に，電力産業と官僚制の間で作られた「原子力ムラ」も批判を受けました。

▷　利益集団と社会運動

　しかし，利益集団政治のあり方を集合行為論で説明するのは，必ずしも適切ではありません。なぜなら，集合行為論は，集団が作ら

れる論理を説明するものではあっても，その集団が政策決定に参加する資格を得る理由を説明するものではないからです。

　利益集団政治の外側では，そこに加わることのできない無数の集団が作られ，**社会運動**を展開しています。女性団体，環境保護団体，障がい者団体，人権団体，民族団体，平和運動など，その種類は実に多様です。利益集団が明示的に影響力を行使する場面にばかり目を奪われると，政策決定から排除されているこれらの集団が見えなくなってしまいます（☞第1章3節）。

　問題の核心は，集団が作られないことではなく，一部の集団だけが利益集団として政策決定にアクセスできる制度的な権力を与えられていることにあるのです。次の節では，この問題にどうアプローチしていくかを考えるため，社会運動の中でもそのような権力の獲得に成功した事例を見てみましょう。

2　労働運動の盛衰

⟶　コーポラティズムと多元主義

　数多くの社会運動の中でも，ヨーロッパの労働運動は利益集団として政策決定に加わることに成功した重要な事例です。19世紀のヨーロッパでは，資本主義の発展とともに各国で労働運動が誕生し，賃金や労働条件の向上を求めて闘争を開始しました。その武器となったのは，ストライキによって生産活動を停止する能力です。この力によって，ヨーロッパの労働運動は20世紀初頭にかけて参政権を獲得し，社会民主主義政党を通じて代表者を議会に送り込みました。

　その結果，国によっては労働組合が経営者団体と実質的に対等な地位を確保する制度が設けられました。特に，スウェーデンやオラ

ンダ，ドイツなどといった国々では，労働組合が産業別または全国規模で組織され，その**頂上団体**が経営者団体と賃金交渉を行うだけでなく，政策決定にも関与するようになりました。

このような利益集団政治の制度を，アメリカの多元主義と対比して，**コーポラティズム**と呼びます。コーポラティズムは，労働者の利益を政策に反映する民主的な仕組みとして，政治経済学の分野では高く評価されてきました（田中ほか 2020）。また，日本のように，労働組合が企業別に組織され，労使交渉も企業単位で行われている国から見ると，ヨーロッパでは労働者がはるかに強い交渉力を持っているように見えます。

問題は，コーポラティズムが他でもないヨーロッパで誕生した理由です。なぜ，この地域では，日本やアメリカとは異なり，労働者を代表する集団が政策決定に携わる力を持つようになったのでしょうか。ヨーロッパのほうが労働者の階級意識が強く，組織力に優れているからなのでしょうか。しかし，その事情を探ると，意外な理由が明らかになります。

▷ コーポラティズムの起源

コーポラティズムは，頂上団体による下部組織の統制によって成り立ちます。労働組合のストライキを抑える力を持っているからこそ，その頂上団体は経営者団体から譲歩を引き出すことができるのです。これは，自発的に形成された集団の競争を通じて政策決定を行うという多元主義の発想とは異なります。むしろ，それは国家が特定の集団の政策決定への参加を制度的に保障するというトップダウンの仕組みなのです（Berger ed. 1981）。

その成立の契機となったのは，第1次世界大戦でした。各国政府は軍需生産のための経済統制を強化し，その計画を実現するために労働者の代表との協力を模索しました。このときに作られた仕組

みが，第1次世界大戦後に制度化されます。その背景には，ロシア革命とソビエト連邦の成立を機に国際的な共産主義運動が拡大し，各国で労使対立が激化したという事情がありました。

　とりわけ労働者の統制を重視したのは，ファシズム体制です。ムッソリーニが権力を掌握したイタリアでは，既存の労働組合が抑圧される一方で，それに代わるファシスト系の労働組合が整備されました。こうしたファシズム体制による経営者と労働者の組織化の試みは，**国家コーポラティズム**と呼ばれることになります。それは，労働者の意見を吸い上げるための仕組みではなく，むしろ労働者に対して上から命令を伝達する仕組みでした（Maier 1975）。ドイツにおいても，世界大恐慌の際に似たような動きが生じました。1920年代のワイマール共和国では，不安定な政党システムの下で政権交代が頻繁に起きたものの，労使の代表が継続的に政策決定に参加することで，政策的には安定した状態が続きました。ところが，世界恐慌の下で政府が労使の団体の協力を失い，政治的に行き詰まると，ナチス政権が誕生して労働者に対する強力な統制を実施します（平島 1991）。

　一方，日本では，労働運動に始まるコーポラティズムの成立過程は見られませんでした。明治維新以降の日本では，政府が産業発展に対して強い役割を果たし，殖産興業政策などを通じて経営者との協力体制を築きます。それに対して，労働運動は一貫して抑圧されました。東アジアでは第1次世界大戦は総力戦としては戦われておらず，**日本労働総同盟**などの労働組合の組織率も低調なままにとどまります。このような経緯から，日本は「**労働なきコーポラティズム**」に向かったと考える研究者もいます（ペンペル・恒川 1984）。

　それにもかかわらず，1930年代に入ると，ヨーロッパのコーポラティズムが日本でも参照されることになりました。政党内閣が崩壊した後に権力を握った軍部が，総力戦体制を整える過程で労働者

の協力を必要としたのです。その結果，既存の労働組合が解散し，それに代わる労使協調を実現するための組織として**産業報国会**が結成されることとなりました。資本家に対抗する希望を持てない労働組合が，軍部との協力に転じたことで，コーポラティズム化が進められたのです。

▷ 経済危機とネオ＝コーポラティズム

このようなコーポラティズムの起源からすれば，総力戦が行われなくなった第2次世界大戦後の世界では，コーポラティズムの存在意義が減退し，過去の歴史的な遺産として忘れられるのが自然だったかもしれません。ところが，1970年代に入ると，政治学者の間では，再びコーポラティズムが注目されることになります。多元主義の国であるアメリカが，インフレ率と失業率が同時に上昇する**スタグフレーション**に苦しむ一方で，ヨーロッパの国々の中には，労働組合と経営者団体がインフレの抑制のために協力し，良好な経済パフォーマンスを持続する国が多かったからです。

ここで注目されたのが，ファシズムを経由しない，もう1つのコーポラティズムでした。それが，北欧諸国の事例です。ここでは，国家が上から労働者を統制するのではなく，むしろ労働運動が団結し，経営者と賃金や労働条件に関する協定を結ぶという形でコーポラティズムが成立しました。北欧諸国でそれが可能だった理由に関しては，人口規模を重視する見方があります（Katzenstein 1985）。人口規模が小さい国では，産業の集約度が高く，労働者が全国規模で団結しやすくなります。現在でも，北欧諸国では労働者の6割以上が労働組合に加入しています。

こうした事例に注目が集まると，コーポラティズムをファシズムと結びつけた逸脱現象と見るのではなく，むしろ多元主義よりも一段階進んだ仕組みとして捉える見解も登場しました。つまり，コー

ポラティズムとは資本主義の発展した国において，経済危機を未然に防ぐ仕組みだと考えられたのです（シュミッター 1984）。資本主義の発達が資本家への権力を集中させるのだとしたら，資本主義の危機が労働者の包摂をもたらすというのが，その考え方でした。ファシズム体制下のコーポラティズムと対比して，これを**ネオ＝コーポラティズム**と呼ぶこともあります。

▷ 戦後日本の労働政治

　これに対して，戦後日本では，やはりヨーロッパとは異なる形で労働政治が展開することになります。そこには，戦前とは異なる形であるにせよ，東アジアにおける国際的な軍事対立の影響を強く受けて発展してきた日本政治の条件がありました。

　戦後日本で自由化された労働運動が直面したのは，安全保障問題をめぐる路線対立でした。終戦直後の日本の労働運動は，戦前の労働運動の流れを汲む穏健派の日本労働組合総同盟（総同盟）と，共産党の影響下にある急進派の全日本産業別労働組合会議（産別会議）に分かれていましたが，米ソ冷戦が本格化すると，占領軍（GHQ）は共産党を排除するべく，新たな労働運動のナショナルセンターとして，**日本労働組合総評議会**（**総評**）の結成を支援します。

　ところが，この総評は GHQ の予定に反してアメリカとの講和条約を批判し，ソ連も含めた全面講和を主張しました。それ以後，日本の労働運動は総評系と，総同盟を継承する全日本労働総同盟（**同盟**）の2つの系統に分裂します。そして，総評は旧日本社会党の支持基盤となり，憲法改正や日米同盟を批判し，自民党政権と対決することになりました。そのなかで，終戦直後には50％を超えた労働組合の組織率は，1970年代までは30％程度で安定しました。そして，賃金交渉は企業レベルの「**春闘**」という形で行われてきました。

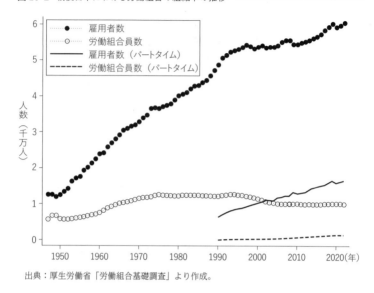

図 10-2 戦後日本における労働組合の組織率の推移

凡例：
- 雇用者数
- 労働組合員数
- 雇用者数（パートタイム）
- 労働組合員数（パートタイム）

縦軸：人数（千万人）

出典：厚生労働省「労働組合基礎調査」より作成。

　こうした日本の状況は，コーポラティズム論にとっては１つの謎でした。労働運動が政策決定過程の中では周辺化されていたにもかかわらず，日本では労使対立は少なく，経済パフォーマンスも1980年代までは良好だったからです。そこで，日本の経営者は欧米の経営者とは異なり，労働者との協力を通じて労使双方が利益を得ることを目指す存在なのだという，日本の産業組織の制度的な特徴に着目した議論も登場しました（久米 1998）。

　日本経済の国際的な地位が低下した今日，この論争は下火になりましたが，日本の労働組合が政治的に弱いという基本的な構図は変わっていません。1989年には総評と同盟が合流して**日本労働組合総連合会（連合）**となり，日本の労働組合員の約７割を占めるナショナルセンターとなりましたが，むしろ組織力は低下の一途をたどり

ました。その大きな原因は，女性を中心に急増したパートタイム労働者が，十分に組織されなかったことです（**図 10-2**）。その結果，組合員の総数は大きく落ち込んでいないのに対して，労働組合の組織率は 20% を下回っています。

▷ 労働運動の体制化

今日では，かつてのようにコーポラティズムと多元主義を対比することは少なくなりました。その背景にあるのは，経済のグローバル化です。もともとコーポラティズムは，単に労働者の経済的な利益を図るのではなく，産業部門別の賃金や労働条件の格差を平準化するものでした。ところが，グローバル化が進むと，国際競争に晒される輸出産業と，公共部門をはじめとする国内部門との間で，利害の対立が生じてきたのです。

このため，現在ではコーポラティズムそのものよりも，市場競争とは異なる形で労使関係を調整する手法のほうに議論の焦点が移行しています（Thelen 2014）。例えば，コーポラティズムの典型例とされることも多いドイツでは，スウェーデンのようなマクロ経済政策のための政労使の審議会の設置を目指す労働組合の試みは戦後の早い段階で挫折し，その後は企業レベルでの労働者代表の参加を意味する「共同決定」という手法によって労使関係の調整が行われてきたことが近年では指摘されています（網谷 2021）。ここには，コーポラティズムの衰退した時代に，その利点を改めて考え直す態度が表れています。

その点で問題となるのが，労働組合に包摂されない労働者（アウトサイダー）の存在です。近年，各国では程度の差こそあれ経済格差が拡大し，不安定な雇用と低賃金に苦しむ労働市場のアウトサイダーが増加してきました。日本でも，正社員の雇用は依然として守られていますが，増加する非正規労働者との格差が大きな社会問題

表 10-2　労働組合の組織率（2022 年）

内訳	雇用者数	労働組合員数	組織率
全体	6048 万人	999 万人	17%
女性	2768 万人	347 万人	13%
パートタイム	1653 万人	140 万人	9%
事業所規模別			
1000 人以上	1464 万人	580 万人	40%
100〜999 人	1594 万人	168 万人	11%
99 人以下	2401 万人	19 万人	1%

出典：厚生労働省「労働組合基礎調査」より作成。

となっています。労働組合の内訳を見ても，女性，パートタイム労働者，そして労働条件の悪い中小企業における組織率は，はるかに低い傾向があります（**表 10-2**）。

　その結果，既存の労働組合は大企業正社員のみの利益を守る存在だとする冷ややかな見方も出てきました。かつては反体制運動であった労働組合は，ここではむしろ，体制のインサイダーであり，特権的な集団だと見なされているのです。そのことは，既存の労働運動には包摂されない利益を代弁する，新たな社会運動の挑戦を生み出しています。

3　国家権力と社会運動

▷　社会運動の多様化

　近代の産業社会の中から生まれてきた労働運動は，ある限界を常に内包してきました。それは，男性の産業労働者という，特定のアイデンティティを持つ人々の運動だったことです。たとえ労働運動の要求が実現されたとしても，それだけでは実現できない価値をど

のようにして実現するかという問題が残るのです。

　特に1960年代以降，先進諸国では社会運動の多様化が進んできました。人種差別の解消を目指したアメリカの公民権運動を皮切りに，フェミニズム運動や環境保護運動など，従来の労働運動が取り組んでこなかった問題への取り組みを掲げる社会運動が，数多く出現しました。日本では，高度経済成長期の公害問題に対して，全国各地で住民運動が盛り上がりました。また，1970年代には既存の学生運動や労働運動における男性支配を批判する形で，ウーマン・リブ運動も登場しています（☞第3章4節）。

　こうした動きは，欧米諸国では「**新しい社会運動**」と呼ばれています。資本主義の発展に伴って，社会運動のアジェンダも変化するというのが，その基本的な発想です。経済の中心が製造業からサービス業へと移行し，脱工業化が進むと，人々は従来の物質的な利害とは異なる脱物質的な価値を追求するようになります。その結果として，「古い社会運動」である労働運動とは異なる目標を掲げる社会運動が発生すると考えるのです。

　この新しい社会運動には，労働運動とは異なり，生産活動を直接止める力はありません。むしろ，その武器は思想的な権力です。環境保護運動やフェミニズム運動は，政策的な主張を行うだけでなく，社会問題を告発し，人々の考え方に訴えることを通じて，人々の生き方を変えることを目指してきたのです。

政治的機会構造の重要性

　ただ，こうした運動は，日本ではさほど大きなインパクトを残していません。例えば，2011年の東日本大震災の後には**反原発デモ**が盛り上がり，一時的には原子力政策の転換に期待が集まりましたが，現在は原子力発電所の再稼働に向けた動きが進んでいます。2014年には，集団的自衛権の行使を容認し，自衛隊の海外活動の

範囲を拡大するという安倍晋三政権の方針に反対するデモ隊が国会を包囲しましたが，政府の方針を変えることはできませんでした。2017年以降，女性に対する性暴力を批判し，国際的に流行した＃MeToo運動も，日本での盛り上がりは今ひとつだといわれています。

　一体，なぜ日本では社会運動が弱いのでしょうか。社会運動が成功する条件をめぐっては，社会運動論の分野でさまざまな議論が行われてきました。現状に対する不満が社会で広く共有されていること，運動に必要な資源を調達するリーダーと組織が存在すること，多くの人を説得するような言説（フレーム）が用いられることなど，いくつかの条件が指摘されています。とりわけ重要なのは，社会運動による影響力の行使を容易にするような政治的環境，すなわち**政治的機会構造**です（タロー 2006）。

　この政治的機会構造という観点から見た場合，多様な主体に開かれた政治制度を持つ国では，社会運動の声が反映される可能性が高くなります。その有名な事例としては，1980年代後半のチェルノブイリ原発事故をきっかけに広がった反原発運動が挙げられます。このとき，多党制のスウェーデンや，政党規律の弱いアメリカでは，反原発勢力の声が議会に反映され，原発の建設にブレーキがかかったのです（Kitschelt 1986）。逆にいえば，自民党政権の下で政権交代の見込みも少ない日本の政治的な環境の下では，社会運動の付け入る隙が少ないということになります。

反動としての社会運動

　しかし，日本でも一部の社会運動は大きな成功を収めています。それは，保守的な価値を掲げる社会運動です。とりわけ，1997年に結成された**日本会議**は，日本の保守主義者や民族主義者の集う政治団体として政界と財界に多くのメンバーを持ち，大きな存在感を

示しています。そして，日本会議は首相の靖国神社参拝支持，歴史教科書改正，外国人参政権への反対，選択的夫婦別氏への反対など，「新しい社会運動」とは真逆の価値を掲げて運動を行ってきました（具 2022）。2000 年代には，ジェンダー平等の「行きすぎ」を批判する「**バックラッシュ**」と呼ばれる運動が広がり，政策的にも大きな影響を及ぼしました（山口・斉藤・荻上 2012）。自民党という保守政党が一党優位支配を敷く日本には，保守的な社会運動にとっては豊富な政治的機会構造が存在するのです。

　従来の社会運動論は，アメリカの公民権運動から生まれたという事情もあり，こうした運動を視野に入れてきませんでした。政治学の教科書でも，進歩的な価値観を掲げ，民主化を進める運動を取り上げるのが一般的です（久保・末近・高橋 2016）。しかし，歴史的に見れば，第 1 次世界大戦後にヨーロッパで隆盛したファシズム運動こそ，労働運動に代わる新しい**大衆運動**の形態でした。かつては，この運動は組織されない大衆を扇動する大衆社会の現象だと考えられていましたが，現在ではむしろ既存の自発的結社に浸透することを通じて広がった，まさに市民社会に根ざした運動だったとされています（Berman 1997）。

　この種の近代化への反動とでもいうべき社会運動は，脱工業化とグローバル化が進むなかで勢いを増してきました。特に 1980 年代以降に隆盛したのは，伝統的な宗教的価値の復興を目指す運動です。アメリカを中心とする**キリスト教原理主義**や，中東を震源地とする**イスラム原理主義**の隆盛は，近代化とともに宗教が衰退するという従来の考え方の限界を如実に示しました。また，先進国では移民の増加に対する反発から，民族ナショナリズムを前面に押し出した**排外主義的運動**も活発になってきています。ヨーロッパでは，キリスト教圏へのイスラム系移民の流入による宗教対立が起きる一方，アメリカでは白人と黒人やヒスパニックの間の人種・民族対立が目立

つようになっています。

社会運動と国際政治

社会運動論のもう1つの偏りは，社会のほうから湧き上がってくる運動の力学にばかり目を向けることによって生じます。現実には，社会運動論のモデルケースであるアメリカの公民権運動についてさえ，社会運動と政府の利害の一致がある程度存在していました。つまり，公民権運動を単なる人種的なマイノリティの社会運動と国家の対決として見るのは単純すぎる考え方なのです。

その利害関心とは，安全保障です。もともと，アメリカで公民権運動が始まる以前，白人による支配を揺るがしていた最大の社会運動は，脱植民地化運動でした。これは戦前のインドにおけるマハトマ・ガンディーの非暴力不服従運動に影響を受ける形で，アジアやアフリカで活性化していた運動です（竹中 2018）。公民権運動の非暴力主義は，その運動の戦略を米ソ冷戦下のアメリカで再現したものに他なりません。当時，ソビエト連邦は多民族主義を掲げて，アメリカを人種差別の国として攻撃していました。このため，第三世界で同盟国を固める必要に迫られていたアメリカ政府は，脱植民地化を支持しながら，一方で国内の公民権運動を無視することができなかったのです（Skrentny 2002）。

こうした視点から見ると，日本政府が直面する東アジアの国際環境は大きく異なっています。とりわけ重要なのは，米ソ冷戦終結後も，東アジアでは平和が訪れるどころか，むしろ近隣諸国との間で歴史認識問題が外交問題として浮上したことでした。そのことも関連して，日本では，国内に定住している在日外国人をターゲットとした排外主義運動が起きることがあります（樋口 2014）。

　以上のような知見は，社会運動に対してシニカルな見方を提起しています。社会運動の成否は，権力者の利害と一致するかどうかに大きく依存しているという見方です。それでは，支配的な政治エリートたちの利害に反する形で，社会運動が影響力を発揮する道はあるのでしょうか。

　この問題について考えるうえで重要なのが，国際社会からの規範的な圧力です。これまで，多くの社会運動が国際連合などの国際組織を舞台に自らの主張を訴える戦略を採用してきました。たとえ自国のエリートを説得できなかったとしても，国際世論を形成することで，外から圧力を加えることができるのです。これを，社会運動の影響力が外国を経由して戻ってくることを指して，**ブーメラン・モデル**と呼ぶこともあります（Keck and Sikkink 1998）。

　例えば，第2次世界大戦後の世界では，国内の人権侵害を批判された権威主義体制が，国際人権規約や女子差別撤廃条約といった人権に関する国際条約を批准することで，批判をかわす傾向が見られました。当初，国際的な人権条約には，それを批准した政府を監視するための仕組みがなかったためです。ところが，やがて人権侵害を監視するための国際的な仕組みが整っていくと，従来は弾圧されていた国内の社会運動が権威主義体制を批判することが可能となっていきます（筒井 2022）。

　ジェンダー平等に向けた各国における制度改革の広がりも，国際社会の規範を背景としています。1970年代以降，女性運動が国際連合を舞台に活動し，男女差別の撤廃をはじめとするジェンダー平等に向けた取り組みが進んだことは，日本政府に対しても圧力を加えました。1985年の**男女雇用機会均等法**や，1999年の**男女共同参画基本法**の成立は，国際的な女性運動の広がりの成果です。2021年の東京オリンピックの開催も，日本国内でダイバーシティへの取り

組みを進めさせる圧力となりました。

　ただし，人権，環境，ジェンダーといった価値は，国や地域で方向性の違いがあります。「文明」の名の下に欧米諸国の価値観を国際的な規範として正当化してきた過去の歴史は，今日でも消え去っていません（Towns 2010）。そのような違いを乗り越え，社会運動の国際的な連帯を実現するには，多様な背景を持つ社会運動が対等な立場で話し合うことこそが必要となるでしょう。それこそが，普遍的な価値を生み出し，国家権力に対抗する力を育むのです。

⚡ *Book guide*　読書案内 ⚡

・樋口直人『日本型排外主義 —— 在特会・外国人参政権・東アジア地政学』（名古屋大学出版会，2014 年）

　　近年の日本で広がる排外主義運動を，当事者への調査にもとづいて，日本の置かれた国際政治の文脈の中で読み解く。

・筒井清輝『人権と国家 —— 理念の力と国際政治の現実』（岩波書店，2022 年）

　　どうすれば国家は人権侵害を行わなくなるのか。人権 NGO のような国際的な社会運動が，国際組織への働きかけを通じて，各国の政府に外圧を加えてきた歴史を明らかにする。

・マンサー・オルソン『集合行為論 —— 公共財と集団理論』（依田博・森脇俊雅訳，ミネルヴァ書房，1996 年）

　　なぜ人は，他人に任せておけばいいのに，わざわざ業界団体を作ったり，労働組合に参加したりするのか。それは，実は冷徹な自己利益の計算にもとづいているのだと言い切る。

⚡ *Bibliography*　参考文献 ⚡

　　網谷龍介（2021）『計画なき調整——戦後西ドイツ政治経済体制と経済民主化構想』東京大学出版会

　　後房雄・坂本治也編（2019）『現代日本の市民社会——サードセクター調査

による実証分析』法律文化社

大嶽秀夫（1979）『現代日本の政治権力経済権力』三一書房

オルソン，マンサー（1996）『集合行為論——公共財と集団理論』依田博・森脇俊雅訳，ミネルヴァ書房

具裕珍（2022）『保守市民社会と日本政治——日本会議の動員とアドボカシー：1990-2012』青弓社

久保慶一・末近浩太・髙橋百合子（2016）『比較政治学の考え方』有斐閣

久米郁男（1998）『日本型労使関係の成功——戦後和解の政治経済学』有斐閣

坂本治也（2010）『ソーシャル・キャピタルと活動する市民——新時代日本の市民政治』有斐閣

シュミッター，Ph. C.（1984）「いまもなおコーポラティズムの世紀なのか」Ph. C. シュミッター＆ G. レームブルッフ編『現代コーポラティズム I ——団体統合主義の政治とその理論』山口定監訳，髙橋進ほか訳，木鐸社

竹中千春（2018）『ガンディー——平和を紡ぐ人』岩波書店

田中拓道・近藤正基・矢内勇生・上川龍之進（2020）『政治経済学——グローバル化時代の国家と市場』有斐閣

タロー，シドニー（2006）『社会運動の力——集合行為の比較社会学』大畑裕嗣監訳，彩流社

ダール，ロバート A.（1988）『統治するのはだれか——アメリカの一都市における民主主義と権力』河村望・髙橋和宏監訳，行人社

チェノウェス，エリカ（2022）『市民的抵抗 —— 非暴力が社会を変える』小林綾子訳，白水社

辻中豊（1988）『利益集団』東京大学出版会

筒井清輝（2022）『人権と国家——理念の力と国際政治の現実』岩波書店

トクヴィル（2008）『アメリカのデモクラシー 第二巻（上）』松本礼二訳，岩波書店

中澤俊輔（2012）『治安維持法——なぜ政党政治は「悪法」を生んだか』中央公論新社

パットナム，ロバート・D.（2001）『哲学する民主主義——伝統と改革の市民的構造』河田潤一訳，NTT出版

樋口直人（2014）『日本型排外主義——在特会・外国人参政権・東アジア地政学』名古屋大学出版会

平島健司（1991）『ワイマール共和国の崩壊』東京大学出版会

ペンペル，T. J. & 恒川惠一（1984）「労働なきコーポラティズムか」Ph. C. シュミッター & G. レームブルッフ編『現代コーポラティズム I ——団体統合主義の政治とその理論』山口定監訳，高橋進ほか訳，木鐸社

山口智美・斉藤正美・荻上チキ（2012）『社会運動の戸惑い——フェミニズムの「失われた時代」と草の根保守運動』勁草書房

ロウィ，セオドア（1981）『自由主義の終焉——現代政府の問題性』村松岐夫監訳，木鐸社

Berger, Suzanne, ed. (1981) *Organizing Interests in Western Europe: Pluralism, Corporatism, and the Transformation of Politics*, Cambridge University Press.

Berman, Sheri (1997) "Civil Society and the Collapse of the Weimar Republic," *World Politics*, 49 (3)：401-429.

Kage, Rieko (2010) *Civic Engagement in Postwar Japan: The Revival of a Defeated Society*, Cambridge University Press.

Katzenstein, Peter J. (1985) *Small States in World Markets: Industrial Policy in Europe*, Cornell University Press.

Keck, Margaret E., and Kathryn Sikkink (1998) *Activists beyond Borders: Advocacy Networks in International Politics*, Cornell University Press.

Kitschelt, Herbert P. (1986) "Political Opportunity Structures and Political Protest: Anti-Nuclear Movements in Four Democracies," *British Journal of Political Science* 16 (1)：57-85.

Maier, Charles S. (1975) *Recasting Bourgeois Europe: Stabilization in France, Germany, and Italy in the Decade after World War I*, Princeton University Press.

Skrentny, John D. (2002) *The Minority Rights Revolution*, Harvard University Press.

Thelen, Kathleen (2014) *Varieties of Liberalization and the New Politics of Social Solidarity*, Cambridge University Press.

Towns, Ann E. (2010) *Women and States: Norms and Hierarchies in International Society*, Cambridge University Press.

選挙の戦略

Question 考えてみましょう

1983 年 10 月，東京地方裁判所は田中角栄元首相にロッキード事件で懲役 4 年の有罪判決を下しました。その罪状は，全日空の航空機の選定に絡んで，当時の首相だった田中がアメリカの航空

出典：共同通信社。

機メーカーから多額の金銭を受け取ったことでした。この事件は「総理の犯罪」とも呼ばれ，日本の政治史に残る汚職事件として知られています。

ところが，この判決の 2 カ月後に行われた総選挙で，田中は当時の新潟 3 区から約 22 万票を獲得してトップ当選します。この定数 5 の選挙区で，田中の得票率は 47% に達していました。田中はそれまでも新潟 3 区で勝ち続けてきましたが，これだけの圧倒的な票を得たことはありません。なぜ，有権者たちは，汚職事件で有罪判決を受けた政治家に票を投じたのでしょうか。

Answer 本章の考え方

　田中角栄は有名な「どぶ板」政治家でした。選挙区をくまなく回り，有権者に会い，新潟を「第三世界」（今日の「グローバル・サウス」）に見立て，その開発こそが自分の使命であると訴えたのです。この姿に，多くの有権者が共感したといわれています。逮捕された後も，地元での田中の人気が衰えることはありませんでした。

　しかし，より重要なのは，田中が自民党の実力者であり，公共事業の配分を掌握していたことです。このことから，田中を支持することで新幹線などの大規模な工事が誘致され，その結果として地元の経済が潤うという構図が出来上がりました。特に新潟3区は，全国的に見ても1人当たりの政府からの補助金がトップレベルにあったことが知られています。

　ここには，制度的な背景もあります。戦後日本で用いられていた中選挙区制という選挙制度の下では，同じ自民党の政治家同士が争うため，政党に頼るのではなく，個人後援会を組織して自分の支持基盤を作るのが合理的な選択でした。田中の後援会である「越山会」はそのなかでも最も成功した後援会の1つです。

　このような日本の選挙のあり方は，政治腐敗の温床であるとして長く批判の対象となってきました。しかし，選挙の現場では，選挙区を歩いて回り，有権者と接触するという方法の重要性は変わっていません。今日でも，田中が行ったように後援会を作ることは自民党の選挙戦略の基礎となっています。

Chapter structure 本章の構成

○ 1. どうすれば選挙で当選できるのか？

よい公約を掲げるだけでは当選できない。有権者との接触の機会を増やすことのほうが重要だ。

○ 2. 有権者の支持を集めるのに有効な戦略は何か？

組織票を固めることを優先し，そのうえで，残りの浮動票を取りにいく。そこでは候補者の知名度とイメージが重要となる。

○ 3. どうすれば支持者を投票に行かせることができるか？

---

1 選挙という制度

▷ 誰も立候補しない選挙

　どの国でも，数年に一度，選挙の季節がめぐってきます。民主主義を，選挙で指導者を選抜する仕組みとして捉える考え方からすれば，この選挙の日こそが有権者の晴れの舞台です。有権者は，選挙権を行使して，立候補した人の中から，自分が最も政治家にふさわしいと思う人を選ぶことができるのです。

　しかし，この選挙のイメージには，ある重要な要素が欠けています。それは，被選挙権の行使です。たとえ政治に関心があっても，自分が選挙に立候補して政治家になろうと考える有権者はほとんどいません。国会議員を選ぶ衆議院議員選挙や参議院議員選挙でも，候補者の競争倍率は2倍から3倍程度です。

　このように，ほとんどの市民が選挙で立候補しない理由としてまず考えられるのは，当選する見込みがないということです。本気で当選しようと思えば，候補者は有権者の支持を獲得するために選挙運動を行わなければなりません。あまりにも得票数が少なく，法定得票数に達しなかった場合，何百万円もの供託金が没収されてしまいます。

選挙で当選するには，圧倒的な資金力と組織力が必要です。そのような資源を持つ人はごく一部に限られるため，選挙ではいつも同じような顔ぶれの人々が当選します。最近の日本の総選挙では，当選者の約8割が現職の議員です。どれほど熱心に政治のことを考えて，よい公約を掲げても，ほとんどの一般市民にとっては，立候補して当選できる見込みはないといってよいでしょう。

民主国家では，一部の特権階級だけが統治に携わるのではなく，有権者が誰でも自由に投票先を選べるはずです。そうだとすると，なぜ，よい公約を掲げるだけでは，選挙に勝てないのでしょうか。この問題に関しては，有権者の投票行動に注目した研究がこれまで数多く行われてきました（飯田・松林・大村 2015）。しかし本章では，有権者よりも政治家のほうに焦点を絞ります。すなわち，有権者の投票行動に影響を及ぼすために政治家が用いる権力手段に注目し，その選挙戦略を読み解いていきます。この視点から見ると，選挙は単に有権者が政治家を選抜する過程ではありません。それは，政治家が有権者を動員する過程でもあるのです。

▷ 選挙は公約で決まるか

選挙は，市民が指導者を選抜する方法だというイメージがあります。しかし，このイメージは必ずしも正しくありません。これまで世界各国で行われてきた選挙のうち，選挙の結果として政権交代が起きた事例はきわめて少ないからです。意外に思えるかもしれませんが，独裁体制と呼ばれる国でも，議会は存在し，選挙も行われています。そこでの選挙は，民意を反映するのではなく，権力者の支配を正当化するために行われるのです（コラム 11）。

日本のような民主国家の選挙でも，政治家は常に選挙結果を自分に有利な形に導き，権力の座にとどまり続ける方法を考えています。とりわけ政治家の関心を引くのは，有権者を自分に投票させるため

コラム11　選挙と政権交代　「現職が選挙で勝利する頻度は非常に高い。現職が選挙を実施した場合，1788年から2008年の期間の2949回の選挙のうち2315回，つまり79％（4対1のオッズ比）の確率で現職側が勝利していた。……選挙による政権交代は，現職が選挙で敗北するよりも稀である。入手可能なデータである2583回の選挙のうち，政権交代が起こったのは544回で，これは4.75回の選挙につき1回という頻度である」（プシェヴォスキ2021，69-70頁）

羅：これは世界中の国の選挙結果を集計した数字ですが，選挙で与党側が勝つというのは，東アジアでも最近までは普通でしたね。

前田：戦前の日本でも1890年から選挙を実施していましたが，勝つのはおおむね与党側でした。軍国主義体制下で政党が解散した後の1942年にも選挙を実施していますが，当選者の8割は翼賛政治会の推薦候補者です。

羅：韓国でも，軍事独裁体制の時代から選挙が行われていました。朴正熙も独裁者というイメージがありますが，1971年までは選挙で野党の候補者を退けています。

前田：逆に戦後日本の場合，そういう独裁体制ではないはずなのに，まったく政権交代が起きないので，選挙研究者が選挙運動の仕組みを研究してきたわけですね。

羅：でも，政権交代が起きたとして，どれくらい政治家の顔ぶれが変わるのでしょうか。与党も野党も，いつも同じような人たちが立候補しているような気がしますが。

前田：そこは大きな問題ですね。新たな人が参入しようにも，よほどお金がないと独自の選挙戦は難しいでしょう。また，与党も野党も候補者が男性であることが日本では最近まで当たり前でした。政権交代を目指すだけでなく，より多様な候補者が参入する必要があるということでしょう。

図 11-1 選挙を通じた与党の敗北と政権交代

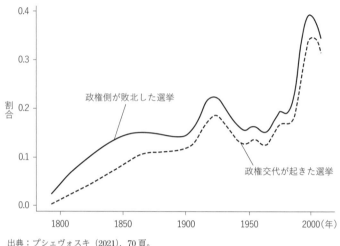

政権側が敗北した選挙

政権交代が起きた選挙

縦軸: 割合

横軸: 1800　1850　1900　1950　2000（年）

出典：プシェヴォスキ（2021），70 頁。

の方策です。

　その最も模範的な手法は，公約を訴えることです。選挙研究の分野では，候補者は有権者に対して公約を伝える際に，**イデオロギー**を用いると考えます。このイデオロギーという言葉は，現実を隠蔽する思想を批判するためにマルクス主義者が用いてきましたが（☞第9章1節），選挙研究ではさまざまな政策争点に関する政治的な立場を単純化して分類するラベルとして用いられています。候補者は，自分のイデオロギーを伝えることで，有権者に自分への投票を促すと考えるのです。

　イデオロギーは，左派と右派に分けるのが一般的です。この呼称は，1789年のフランス革命で国民議会が成立した際，国王の支持者が右側，革命派が左側に着席したことに由来しますが，その後は政策的な立場を分類する際に用いられるようになりました。例えば，

アメリカでは左派を「リベラル」，右派を「保守」と呼びます。経済的には，左派が富の再分配を目指す一方，右派は市場競争を唱え，文化的には，左派が多様性の推進を目指すのに対して，右派は伝統文化の保持を重視します。日本では経済や文化よりも安全保障をめぐる対立がより重視されています。米ソ冷戦期には左派が「革新」の立場から憲法9条の護持と軍備の縮小を唱えたのに対して，右派は「保守」の立場から憲法改正と軍備の拡大を主張しました。

しかし，有権者にとっては，イデオロギーは必ずしもわかりやすいものではありません。特に日本の場合，明治維新によって以前の体制が完全に断絶したため，「保守」がいかなる伝統を守っているのかは必ずしも明確ではないという指摘もあります（宇野 2016）。また，革新陣営が衰退した冷戦終結後に育った世代には，「保守」や「革新」というラベル自体があまり意味を持たないでしょう（遠藤＆ジョウ 2019）。そして，日本では有権者のイデオロギーと，実際に選挙で当選する政治家のイデオロギーとの間には，あまり関係がないということも明らかになっています（谷口 2020）。

▷ 有権者への働きかけ

候補者は選挙運動に際して，イデオロギーの他にもさまざまな権力資源を用いて，有権者の投票行動をコントロールしようと試みます。有権者に現金を渡したり，飲食物を提供したりする経済的な影響力の行使は，幅広く使われてきました。また，金銭的な買収だけでなく，特定の候補者に投票しなければ村八分にすると脅すといった暴力的な手段も，日本の農村部ではしばしば用いられてきました（高畠 2013）。

こうして候補者が有権者に影響力を行使していることに注目すれば，選挙に対する見方は大きく変わります。選挙とは，政治家に審判が下る日ではなく，むしろ有権者が自らの忠誠心を試される機会

となってしまうのです（斉藤 2010）。そこで，政治家が有権者に対して公約以外の手段で影響力を行使することを防ぐために，さまざまな選挙規制が作られてきました。日本の場合，その規制は公職選挙法で定められています。そこには個別訪問，買収，飲食物の提供，気勢を張る行為などはできないとするなど，多数の禁止事項が定められています。

しかし，まだ問題は残ります。選挙規制は果たして公平に行われるのかという問題です。戦前の日本では，内務省が選挙管理事務を行っており，政権党の意向に応じて選挙干渉を行っていました。そこでは，野党の候補者に対してだけ選挙規制を厳格に執行し，与党を有利にする工作が行われていたのです。戦後の日本では，自民党政権が自らに有利な形で選挙規制をたびたび変更しました。個別訪問の禁止のような厳格な規制は，共産党や公明党といった強力な組織を持つ政党の進出を防ぐために作られたものだといわれています（マッケルウェイン 2022）。

選挙規制を執行する仕組みを，**選挙管理制度**と呼びます。それがどのように運営されるかは，国によって大きく異なっています。例えば，民主化後の韓国のように選挙管理機関が高い独立性を持つ国では，現職の政治家がルールを操作して自分に有利な選挙戦を戦うことは困難であるのに対して，日本は選挙管理委員会の役割が小さい，消極的選挙管理の国だといわれています（大西編 2013）。

▷ 秘密投票制

政治家がどのような権力手段を用いるにせよ，それが有効に機能するためには，誰が自分に投票し，誰が相手陣営に投票したかを知る必要があります。それがわかれば，自分に投票した人に利益を誘導する一方で，投票しなかった人に対して，何らかの形で制裁を加えることができるのです。そのために，選挙ブローカーが常に選挙

区を巡回して有権者を監視している国もあります（Stokes et al. 2013）。

このような事態を防ぎ，有権者が自由に投票できるようにするためには，**秘密投票**の原則が必要です。もし有権者がどの候補者に投票したかがわかってしまうと，政治家が有権者に対して買収を行ったり，脅迫をしたりすることができるようになってしまうからです。このため，日本国憲法にも，15条に秘密投票の原則が書き込まれています。

秘密投票の原則が守られるようになったのは，欧米諸国でも20世紀に入ってからです。アメリカのように，競争的な選挙が早い時期から行われていた国でも，秘密投票の原則は長らく導入されていませんでした。このため，選挙の時期になると，いかにして有権者を買収するかが候補者の腕の見せ所となりました。アメリカに秘密投票制が導入されたのは，世紀転換期の革新主義時代に，政治腐敗への取り組みが行われたためです。

近年では，より一般的に秘密投票制が広がった理由として，経済発展の影響が指摘されています。もともと，政権与党に対抗する野党の側の政治エリートは，有権者が自分たちに安心して票を投じることができるようにと秘密投票の導入を求めるのが一般的でした。これに対して，政権側は経済発展が進むほど，有権者を買収するための費用が高くつくようになり，それによって秘密投票の導入に合意するようになったというのです（Mares 2015）。

▷ 選挙戦略の立案

選挙規制や秘密投票という制約の下で，選挙の候補者たちは**選挙対策組織（選対）**を作り，有権者からの支持を求めて選挙運動を行います。その内容は，大きく分けて3つあります。

第1は，支持基盤を拡大する選挙戦略の立案です。これには，

街頭で有権者の前で演説し，握手をするといった**地上戦**と，テレビや新聞の広告を通じて有権者に意見を伝える**空中戦**という2つの手段があります。このうち，どの手段がより多く使われるかは，選挙規制のあり方に応じて，各国で状況がまったく異なります。アメリカでは選挙区が広く，広告に対する規制が緩いために空中戦が中心です。これに対して，日本の選挙では広告が厳しく規制されているため，地上戦の果たす役割が大きくなります。地上戦は，大量の人手が必要になるだけでなく，候補者自身も選挙区を歩き回らなければなりません。こうした日本の選挙運動のあり方は，高度経済成長期以前から変わっていないといわれています（カーティス 2009）。

　第2は，選挙活動を支える**政治資金**の確保です。選挙運動には莫大な費用がかかるため，常に汚職事件と隣り合わせです。国からは各政党に国会議員1人当たり約1000万円の政党交付金が支給されていますが，それだけでは事務所を運営する経常経費すら賄うことができません（**表11-1**）。そこで，各候補者はホテルで政治資金パーティーを開いたり，企業・団体・個人からの寄付を集めたりして，不足分を賄います。制度的には，政治資金規正法によって候補者に対する寄付に上限が設けられていますが，不透明な部分も残っています。

　第3は，有権者に関する情報収集です。集めるべき情報には，自分の選挙区で当選に必要な票数はどの程度なのか，自分に確実に投票する有権者の数はどの程度なのか，態度を決めていない有権者の数はどの程度なのか，その有権者の中ではどの層が自分に投票する可能性があるのか，といった事柄が含まれます。これらの情報を集めたうえで，**票読み**と呼ばれる予測のための作業が行われるのです。票読みの手段は，歴史的に変化してきました。世論調査技術が確立していなかった時代は，選挙区を熟知した選挙参謀が情報収集を担っていましたが，近年では世論調査を活用する選挙コンサルタ

表 11-1 国会議員の政治資金の支出の平均値（2015 年）

経常経費（円）		政治活動費（円）	
人件費	12,774,560	組織活動費	6,567,200
光熱水費	382,377	選挙関係費	246,632
備品・消耗品	3,106,529	事業機関紙誌	982,900
事務所費	6,205,749	事業宣伝費	2,142,194
		事業パーティー費	3,646,681
		事業費その他	869,853
		調査研究費	263,479
		寄付・交付金	7,717,185
		その他	1,101,979
合計		46,007,318	

出典：濱本（2022），216 頁より作成。

ントも増えてきています。

　選挙戦略の変容を歴史の中で眺めると，そこには権力の働きが見えてきます。選挙規制と秘密投票制によって，候補者たちは有権者に対して権力を行使する余地を削がれましたが，今度は有権者に関する情報収集能力を向上させることで，その権力を取り戻そうとしているのです。

2　支持者の確保

▷　有権者の投票行動

　民主主義の理念に忠実に選挙活動を行うのであれば，選挙運動とは有権者に対して公約を提示し，それに対する支持を訴える活動でなければなりません。それでは，どのような公約を掲げる候補者が有利になるのでしょうか。この問題については，アンソニー・ダウンズが定式化した説明が有名です。ダウンズは，有権者を自らの利

益のために最も適した手段を選択する合理的な存在だと仮定し，そのような有権者が投票先を選択する際の行動原理を考えました（ダウンズ 1980）。

その最も基本的な原理は，**期待投票**です。合理的選択を行う有権者は，どのような政策が自分の利益になるかを知っているので，選挙公約を比較して，そのような政策を掲げている候補者を支持します。すると，最も多くの有権者の利益になる中道寄りの公約を掲げる政治家が選挙では有利になります。逆に，左派や右派に極端に寄った公約を掲げる候補者は，有権者の間で好き嫌いが分かれてしまい，支持を広げることはできないでしょう。つまり，候補者の思想が有権者を説得するのではなく，有権者の思想に合わせて候補者が公約を選択するのです。

しかし，このモデルは政治学の教科書には載っていますが，実際の選挙ではほとんど使われていません。そもそも，選挙広報に載っている候補者の公約を読む人はほとんどいないでしょう。政党の掲げるマニフェストも，多くの人の目には触れないのが普通です。むしろ，政治家の選挙活動の大半は，選挙区を隅々まで回って，演説をしたり，握手をしたりすることに費やされています。

なぜ，このような手段が用いられているのでしょうか。それは有権者が，政策とは必ずしも関係のない理由で，支持する候補者を決めているからです。

組織票

選挙を戦ううえで，候補者にとって最も重要な事実は，一定数の有権者が最初から投票先を決めているということです。この種の有権者は，候補者がどのような政策を掲げているかに関係なく，最初から特定の候補者を支持します。選挙戦略においては，これらの有権者が投じる票を**組織票**と呼びます。

組織票を投じる人々として最初に思い浮かぶのは，政党の固定的な支持層です。それを明らかにしたのが，1950年代のアメリカにおける意識調査にもとづいて作られた**ミシガン・モデル**と呼ばれる学説でした。それによれば，有権者の多くは自らの**政党帰属意識**（特定の政党に心理的・感情的愛着を持つこと）に従って投票先を選びます。民主党支持者と共和党支持者は，それぞれ有権者の3割程度を占めており，最初から投票先を決めていたのです。その一方で，民主党と共和党のどちらがリベラルでどちらが保守か，というイデオロギーについては，多くの有権者は正しく理解しておらず，何らかの政策を持続的に支持しているわけでもないことが明らかになりました。ここに浮かび上がったのは，政治への関心が低く，習慣的に特定の政党に投票し続ける有権者の姿でした。日本では，政党帰属意識の代わりに，**政党支持**という概念が使われています。

　しかし，日本の選挙制度の下では，政党よりも候補者個人の選挙運動が長らく重要な役割を果たしてきました。1993年以前の衆議院議員選挙で用いられていた中選挙区制は，同じ政党の候補者同士が選挙区内で競争するため，個人的な支持基盤を固めることが不可欠だったのです。選挙制度改革後は小選挙区比例代表並立制が導入されましたが，小選挙区で勝ち抜くためにも個人的な支持基盤はきわめて重要です（☞**第12章2節**）。

　問題は，候補者個人の支持基盤を確立するうえで政党の組織が必ずしも頼りにならないことです。日本では，支持政党に固定的に投票するのは，強力な政党組織を持つ共産党と公明党の支持者に限られます。これに対して，そのような組織を持たない自民党の候補者は，**個人後援会**を作るのが一般的です。個人的な人脈をたどって中核的な支持者を集め，各種の業界団体を回って，票のとりまとめを依頼するのです（朴2000）。労働組合は一般的には立憲民主党や国民民主党の票田ですが，場合によってはそこにも接近します。ここ

に，連立を組む公明党の支持者も加わります。こうして支持基盤を固めたうえで，候補者は残りの浮動票を取りにいくことになります。

▷ 候補者の支持基盤

このような自民党の選挙戦略を前提とすると，政党が公認候補者を決めるうえでは，候補者が個人的に築いた支持基盤が決定的に重要な意味を持ちます。このため，政党の指導部のほうで勝手に候補者を決めることはできません。むしろ，それぞれの選挙区にある政党支部が，その選挙区で勝てそうな候補者を探し，それに従って政党の本部が候補者を公認していくのです。

問題は，この方法では特定の候補者が最初から有利になることです。

第1は，**世襲議員**です。政治家の息子や娘は，親の代から続く後援会の地盤を継承することができるため，選挙戦をきわめて有利に戦うことができるのです。1980年代以降，世襲議員の割合は，日本の国会議員の3割程度にまで達するようになりました。

第2は，地方議員出身者です。国政選挙において選挙運動の実働部隊となるのは，都道府県議会や市町村議会の地方議員です。そして，世襲議員のいない選挙区では，その選挙区で活動してきた都道府県議会議員や，その下で働いてきた市区町村議会議員が有力な候補となります。この地方組織が，自民党の強さを支えているのです。

以上のような支持基盤の重要性は，地方選挙と国政選挙の結果を照らし合わせることで確認できます（**表11-2**）。2012年の総選挙の際，ある東京都の選挙区で自民党の新人候補者が立候補し，勝利しました。この自民党候補者の得票数（A）の内訳を見ると，選挙区に含まれる3つの自治体での得票数（B）が，1年前に行われた地方議会選挙での自民党と公明党の候補者の得票数の合計（C）にほ

表 11-2　ある自民党候補者の 2012 年総選挙での得票分布（東京都第 2 区）————

東京都第2区		自民党候補の 得票内訳		区議会議員選挙 （2011年）		
候補者の所属政党	得票数 （A）	自治体	得票数 （B）	自民党 得票数	公明党 得票数	合計 （C）
自民党（公明党推薦）	84,663 ◀──	中央区	22,630 ◀──	15,996	6,079	22,075
民主党	64,676	文京区	33,189 ◀──	18,771	9,855	28,626
みんなの党	48,704	台東区	28,844 ◀──	19,530	10,099	29,629
日本維新の会	38,564					
日本共産党	23,035					
無所属	2,045					

出典：各区選挙管理委員会ウェブサイトより作成。

ぼ一致しています。総選挙の 1 年前の段階で，翌年の総選挙での自民党の候補者の得票がおおむね予想できるのがわかります。

▷ 浮動票とイメージ戦略

　候補者が支持者を固めた後，浮動票を取りにいく局面になると，政策をアピールすることが重要になります。しかし，政策だけで浮動票が動くかといえば，それほど単純な話ではありません。きわめて重要なのは，候補者の個人的な人気です。有権者は，政策は何であれ，自分が好感を持った候補者に投票するためです。

　このような有権者を前提とすると，選挙に強いのは，有権者からの知名度の高い候補者です。駅前で辻立ちをしたり，握手をしたりすることは，有権者に強い印象を残します。選挙に向いている政治家とは，選挙区をこまめに回って，知名度を上げることのできる政治家なのです。また，テレビの広告でイメージ戦略を行ったり，SNS でメッセージを発信したりすることで，候補者の知名度はさらに高まります。このため，テレビに出演するアナウンサーやタレント，スポーツ選手などは，抜群の知名度を誇ります。

それに加えて，候補者のイメージ戦略にとって非常に重要なのは，有権者の持つ偏見です。代表的なのが，性別にもとづく偏見でしょう。これまで長らく，政治は男性の仕事であるというイメージがあり，女性は政治家に向かないといわれてきました。こうした差別意識によって，女性候補者は，男性候補者にはない**ダブル・バインド**に直面します。つまり，「政治家らしく」振る舞うか，「女性らしく」振る舞うかという選択を迫られるのです。前者であれば，自分のリーダーシップを強調するスタイルを採用し，後者であれば「台所からの政治」や「主婦」などといったシンボルを前面に出すことになります。ただ，どちらを選択しても，前者であれば「女性らしくない」，後者であれば「政治家らしくない」という批判を受け，厳しい選挙戦を戦うことになります。

　以上のような不利な状況もあって，日本の女性議員の中には，タレントの占める割合が顕著に高い状態が続いていました。ただし，近年では，政治エリートが考えているほどには有権者は差別的ではないという議論も有力です。その場合，問題は女性を差別する有権者ではなく，むしろ女性を擁立しない政党の側にあるということになるでしょう（Brooks 2013）。

▷　選挙と政策の操作

　ここまでの議論を踏まえると，どうやら政策は選挙戦略とはそれほど関係がないようにも思えます。しかし，実は政策も選挙戦略のきわめて重要な部分を占めてきました。ダウンズに従えば，有権者は期待投票を行わない場合でも，もう1つの手段を用いて候補者を評価するからです。それが，**業績評価投票**です。

　業績評価投票の原理に従えば，合理的選択を行う有権者は，現職の候補者が任期中に上げた実績と，それ以外の候補者が当選していたら実現していたと予想される実績とを比較します。そして，現職

の業績が不十分であると考えた場合には，それ以外の候補者に投票するのです。先進国では一般的に，景気が悪いときには野党が選挙で有利になるという傾向が見られます。有権者は，失政の責任を問う手段として業績評価投票を行っているのです。

ただし，その業績評価投票は，常に正確に行われるわけではありません。業績評価投票の理論からすると，有権者が評価の対象とするのは，その前の選挙からの全期間にわたる経済実績であるはずです。ところが，実際には直近の景気動向のほうが，はるかに強い影響を与えています。たとえ選挙の 1 年前まで好況であっても，選挙の年が不況であれば，与党は敗北してしまうのです。1930 年代の世界恐慌や 2000 年代の世界金融危機など，大規模な恐慌のたびに世界各国で一様に政権が交代しました。日本でも，リーマン・ショックの翌年に行われた 2009 年の総選挙で，自民党が大敗を喫しています。このように，有権者が直近の出来事にもとづいて投票先を決める行動を，**近視眼的投票**と呼びます（Achen and Bartels 2016）。

重要なのは，その政治的な帰結です。直近の景気動向で選挙が左右されるのであれば，政権与党も選挙の直前に景気対策を行うほうが有利になります。有権者が近視眼的に行動すれば，政治家たちも近視眼的に行動するようになるのです。

3 支持者の動員

▷ 政治参加の意味

ここまで見てきたように，候補者はさまざまな形で支持者の輪を拡大し，その過程で政治参加を促します。選挙に立候補しない市民も，候補者を支援するという形で政治に参加し，選挙運動に加わら

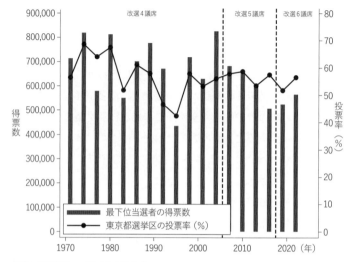

図 11-2 投票率と当選ラインの変化（参議院東京都選挙区）

出典：東京都ウェブサイトより作成。

ない市民も，演説会に参加するなどの形で候補者と接触することになります。そして，こうしたさまざまな形の政治参加を行わない人も，投票という形で政治に参加することになります。その意味で，投票は最も多くの市民が参加する政治の場面です。

しかし，この投票にすら参加せず，棄権する市民も少なくありません。日本の国政選挙では投票率が 70％ を上回ることはほとんどなく，他の先進国の投票率も長期的に低落傾向です。このような投票率の低下の原因については複数の説がありますが，それが民主主義の正統性を脅かす現象だということについては幅広い合意があります（松林 2023）。棄権する市民が増えていけば，政府の意思決定が果たして民主的なのか，疑いを持つ市民も出てくるでしょう。

ところが，この問題は候補者からはまったく違って見えています。

投票率によって，当選ラインが変わってくるからです。例えば，日本の国政選挙の中でも多くの候補者が立候補する参議院の東京都選挙区を例にとれば，最下位当選者の得票数は投票率とほぼ常に連動しながら変化してきました。投票率によっては当選ラインが何十万票も変動するのです（**図11-2**）。だからこそ，組織票を多く抱える自民党の候補者は，投票率が低いほど有利になります。アメリカの中間選挙や日本の補欠選挙のように，主要な選挙日から外れた選挙では，投票率が低くなるため，特に組織票の力が強くなります（Anzia 2013）。

社会経済的地位（SES）モデル

　そうなると，次に浮上するのは市民を投票に参加させる要因は何かという問題です。政治参加の規定要因に関する最も一般的な仮説は，**社会経済的地位（SES）モデル**と呼ばれるものです。このモデルによれば，所得水準と教育水準が高く，社会的地位の高い職業に就いている人ほど，政治に積極的に参加する傾向があります。その理由は，社会的・経済的に地位が高い人ほど，政治参加に適した心理的な態度を示すからです。すなわち，政治に関心を持って参加することには実際の効果があるという信念を抱くのです。そのため，政治に参加する人の多くは，社会経済的地位の高い人によって占められることになります。

　このSESモデルは，一見すると富裕層の優位を強調するマルクス主義の論理にもとづいているように見えますが，そうではありません。むしろ貧困層が政治に参加しないのは，何も富裕層によって参加を妨げられているからではないということを示したのが，このモデルの意義でした。SESモデルによれば，貧困層はあくまで心理的な理由から政治に無関心になり，自発的に政治から退場したのだと考えられるのです。

その観点からすると，幅広い政治参加を実現するうえで重要なのは政治的関心を高めることです。そのためには，マルクス主義者のいうように経済システムを変更する必要はありません。むしろ重要なのは，学校教育です。市民の教育水準を高めることを通じて政治的な態度を変えることができれば，資本主義というシステムの枠内でも，平等な政治参加が可能となるというのが，SES モデルの含意でした（Verba, Schlozman and Brady 1995）。

そして，政策の設計の仕方によっては，SES の低い貧困層も，政治に積極的に参加する傾向が出てきます。例えばアメリカの場合，高齢者は所得階層が低いほど政治に参加する度合いが高いという知見があります。このような現象が生じるのは，所得階層が低いほど，年金制度に深く依存しているため，受給者として組織されやすいからです（Campbell 2003）。ここには，福祉国家が政治参加の不平等を抑制する可能性が示唆されています（☞第8章2節）。それは，権力資源の多様性を重視する多元主義の発想を反映したものだといえるでしょう。

動員の機能

しかし，社会的な不平等を是正することで社会的弱者の参加を促進する戦略は，自分の支持者だけが投票所に足を運ぶことを期待する候補者にとっては，魅力に乏しいものです。むしろ，候補者が重視するのは，自分の支持者を動員することです。選挙区を回って自分の実績をアピールし，選挙期間中は選挙前日まで支援者に電話をかけて，投票を促すのです。

この選挙動員は，さまざまな手段で行われます。日本では法律で禁じられていますが，個別訪問は，政治参加を促すうえで特に効果の高い手段だといわれています。外国ではしばしば行われる買収も，支持者を動員する代表的な手段です。そして，候補者が動員をかけ

る範囲が広ければ広いほど，自発的には選挙に行かない層が投票に参加することになります。

逆にいえば，投票率の低下は，有権者の政治的関心の後退ではなく，政治家による動員の後退，すなわち**脱動員化**として見ることもできます。例えば，国際的に見ても労働運動の衰退が組織力の低下をもたらし，政党の党員数も昔に比べて少なくなっています。そうすると問題は，それによって社会全体としていかなる帰結が生じるかです。

この問題に関して，アメリカでは脱動員化の結果として政治的な不平等が悪化しました。政治家は，選挙に参加する確率の低い低所得階層に対する動員を行わなくなり，選挙に参加する確率の高い中産階級と富裕層にターゲットを絞って選挙動員を行うようになったのです。その結果，富裕層と貧困層の格差が増幅されることになりました。アメリカでは貧困層はあまり選挙に行かず，結果として選挙運動を行う候補者からも切り捨てられやすい存在となっています（Rosenstone and Hansen 1993）。

▷ 日本における選挙と動員

ところが日本では，このような政治参加と動員の関係は，アメリカと大きく異なる形で論じられてきました。その理由は，日本にSES モデルが当てはまらなかったからです。日本では，ある時期まで教育水準と政治参加の間にはほとんど相関関係が見られませんでした。

それは，都市部に比べて SES の低い農村部を基盤とする自民党が，選挙の際に強力な選挙動員を行っていたためでした。それによって，農村部は都市部に比べて高い投票率を誇っていたのです。特に，日本の農村部では，選挙とは長らく，集落単位で行われる祭りに類する行事でした（杉本 2007）。そこでは，支持者は村単位で

あらかじめ一本化され，村が総出でその候補者を応援するというのが通例でした。つまり，SESモデルが日本に当てはまらないのは，日本が平等な社会だったからではなく，政治エリートの動員を通じて，政治参加の格差が是正されていたからです。

逆に，1990年代以降は，自民党の支持基盤が農村部から都市部へと移動したことで，農村部における有権者の動員が行われなくなりました。その結果，今では教育水準と投票参加の間に強い相関関係が見られる「普通の国」になったといわれています（蒲島・境家 2020）。

これは，実に皮肉な結果です。というのは，本来，農村部における自民党の選挙動員は，日本の民主主義を妨げるものとして，否定的に評価されてきました。ところが，そうした動員が行われなくなり，より民主的な選挙が行われるようになった結果，かえって政治参加の不平等が深刻化する結果がもたらされたのです。

▷ 動員のための選挙戦略

投票率が低下することで，組織票の存在感が増してくると，選挙のスタイルも変わってきます。それは，選挙戦略の焦点が，浮動票の獲得から支持者の動員へと変化するからです。もし，浮動票の獲得を目指すならば，極端な政策を避け，なるべく誰にでも受け入れられる政策を掲げるのが無難でしょう。ところが，既に自分を支持している有権者に投票を促す場合は，事情が違います。その際には，むしろ，その支持者にだけ語りかける極端な公約を掲げるほうが有利になるのです。

候補者が自分の支持者向けに極端な公約を掲げるようになると，民主主義の分断が生じます。とりわけ近年のアメリカでは，人種やジェンダーといったアイデンティティに関わる問題が大きな社会争点として浮上するなかで，共和党と民主党の候補者がはっきりと異

なる政策を掲げ，互いを激しく攻撃することが常態となりました。ここには，自分に投票するかわからない無党派層よりも，確実な支持を見込める自らの党派の支持者を動員するほうが，選挙戦略上も有利だという候補者たちの判断があります。

　このような事態から見れば，日本の選挙は相対的に穏健だと感じられるかもしれません。候補者が融通無碍に有権者の支持獲得を目指す日本の選挙では，政策的な論争が乏しいことがしばしば批判の対象となってきましたが，まさにそのような選挙だからこそ，日本では激しい政治的な分極化が今のところ生じていないと見ることもできるのです。

　問題は，日本で主流となっている選挙戦略を，誰もが使えるわけではないということです。支持者を動員するために挨拶回りを繰り返し，夜の会合で親睦を深めるという日本の選挙のスタイルは，家事や育児といったケア労働の負担がなく，妻のサポートを期待することのできる，男性の候補者を前提に作られたものです。そこでは男尊女卑のジェンダー規範がいまだに支配的であり，女性候補者に対するセクシュアル・ハラスメントも日常的に行われています。日本の選挙の立候補者のほとんどがいまだに男性であり続けていることの大きな原因も，実はそこにあります。

　その意味で，やはり日本の選挙には改善の余地があると考えられます。候補者が可能な限り多くの支持者の獲得を目指すことは，それ自体としては否定するべきものではありません。一方的に相手陣営を糾弾し，自分の支持者だけに向けて語りかける手法に比べれば，敵味方を問わず多くの人々を巻き込んでいく選挙運動の手法には，大きな魅力があります。重要なのは，そこに参加できる候補者の範囲を広げるような選挙戦略のあり方を考えることでしょう。

/// Book guide　読書案内 ///

・高畠通敏『地方の王国』（講談社，2013 年）

　　1980 年代に日本各地で行われていた選挙が，いかに民主主義の理念からかけ離れていたかを，政治学者が現場への取材を通して明らかにしている。

・蒲島郁夫・境家史郎『政治参加論』（東京大学出版会，2020 年）

　　日本の投票率の不平等を，自民党の動員戦略の変化によって説明する。社会階層に関わりなく誰もが選挙に行っていたのは，実は政治家が有権者を動員していたからだと論じる。

・ジェラルド・カーティス『代議士の誕生』（山岡清二・大野一訳，日経BP，2009 年）

　　「どぶ板」と呼ばれる日本の選挙運動の驚くべき論理を，1970 年代に実際に日本の選挙運動に参加した外国人の研究者が明らかにする。

/// Bibliography　参考文献 ///

　　飯田健・松林哲也・大村華子（2015）『政治行動論——有権者は政治を変えられるのか』有斐閣

　　宇野重規（2016）『保守主義とは何か——反フランス革命から現代日本まで』中央公論新社

　　遠藤晶久＆ウィリー・ジョウ（2019）『イデオロギーと日本政治——世代で異なる「保守」と「革新」』新泉社

　　大西裕編（2013）『選挙管理の政治学——日本の選挙管理と「韓国モデル」の比較研究』有斐閣

　　カーティス，ジェラルド（2009）『代議士の誕生』山岡清二・大野一訳，日経BP社

　　蒲島郁夫・境家史郎（2020）『政治参加論』東京大学出版会

　　斉藤淳（2010）『自民党長期政権の政治経済学——利益誘導政治の自己矛盾』勁草書房

　　杉本仁（2007）『選挙の民俗誌——日本的政治風土の基層』梟社

　　ダウンズ，アンソニー（1980）『民主主義の経済理論』古田精司監訳，成文堂

　　高畠通敏（2013）『地方の王国』講談社

　　谷口将紀（2020）『現代日本の代表制民主政治——有権者と政治家』東京大

学出版会

朴喆熙（2000）『代議士のつくられ方——小選挙区の選挙戦略』文藝春秋

濱本真輔（2022）『日本の国会議員——政治改革後の限界と可能性』中央公論新社

プシェヴォスキ，アダム（2021）『それでも選挙に行く理由』粕谷祐子・山田安珠訳，白水社

マッケルウェイン，ケネス・盛（2022）『日本国憲法の普遍と特異——その軌跡と定量的考察』千倉書房

松林哲也（2023）『何が投票率を高めるのか』有斐閣

Achen, Christopher H., and Larry M. Bartels (2016) *Democracy for Realists: Why Elections Do Not Produce Responsive Government*, Princeton University Press.

Anzia, Sarah F. (2013) *Timing and Turnout: How Off-Cycle Elections Favor Organized Groups*, University of Chicago Press.

Brooks, Deborah Jordan (2013) *He runs, She Runs: Why Gender Stereotypes Do Not Harm Women Candidates*, Princeton University Press.

Campbell, Andrea Louise (2003) *How Policies Make Citizens: Senior Political Activism and the American Welfare State*, Princeton University Press.

Mares, Isabela (2015) *From Open Secrets to Secret Voting: Democratic Electoral Reforms and Voter Autonomy*, Cambridge University Press.

Rosenstone, Steven J., and John Mark Hansen (1993) *Mobilization, Participation, and Democracy in America*, Macmillan Publishing Company.

Stokes, Susan C., et al. (2013) *Brokers, Voters, and Clientelism: The Puzzle of Distributive Politics*, Cambridge University Press.

Verba, Sidney, Kay Lehman Schlozman, and Henry E. Brady (1995) *Voice and Equality: Civic Voluntarism in American Politics*, Harvard University Press.

政党と
政党システム

Question　考えてみましょう

　1928 年 2 月，日本で初めての
男子普通選挙が実施されました。
この写真は，当時の二大政党で
ある立憲民政党と立憲政友会の
選挙ポスターです。民政党は，政
友会の放漫財政を批判し，民政
党の堅実路線を宣伝しました。政

出典：法政大学大原社会問題研究所。

友会は，中央集権の民政党と地方分権の政友会を対比し，政友
会のほうが市町村の財源を充実できることを謳っています。
　このような政党の競争は，戦前の日本の民主化の一端を示す
ものです。しかし，不思議だとは思いませんか。いずれの政党
も，人口の大部分を占める，農民や労働者のような貧しい人々の
存在を考慮しているようには見えません。男性に限られていたと
はいえ，成人の誰もが選挙権を持つのであれば，有権者の多数
を占める貧しい人々に向けて，貧困の削減や財閥の打倒を掲げ
てもよさそうに思えます。なぜ，この時代の二大政党は貧困層の
利益を代弁しようとしなかったのでしょうか。

Answer 本章の考え方

　立憲政友会は板垣退助らの自由民権運動の流れを汲み，1900 年に第 4 次伊藤博文内閣の与党として結党された後，1918 年に原敬が首相となって本格的な政党内閣を樹立した政党です。これに対して，1927 年に成立した立憲民政党は桂太郎首相が政友会に対抗するために作った政党の系譜を引いています。2 つの政党は経済政策と安全保障政策をめぐって対立していましたが，どちらも財閥に政治資金を頼っており，富裕層を支持基盤としていました。

　多くの欧米諸国では，男子普通選挙が導入されて貧困層が選挙権を獲得すると，労働組合を基盤とする社会民主主義政党が台頭しました。それを防ぐことができたのは，大政党に有利な小選挙区制を持つアメリカなど，ごく少数の国々です。

　これに対して，日本では，小政党に有利な中選挙区制が採用されていました。それにもかかわらず二大政党制が成立したのは，左派政党が制度的に排除されていたためです。労働組合が合法化されていなかった日本では，無産政党がヨーロッパの社会民主主義政党のような組織力を持ちませんでした。さらに，共産党は治安維持法によって弾圧されていたため，選挙への参加自体が不可能でした。

　このことは政党政治を安定させた面もあります。戦間期のドイツやイタリアでは共産主義政党の進出に対抗してファシズム政党も勢力を拡大しましたが，日本では，そのような事態は生じなかったのです。しかし，それは政党政治そのものに対する不信をもたらしました。1930 年代になると軍部が台頭し，政党は一時的に政治の表舞台から退場することになりました。政党政治が再び始まるのは，戦後になってからです。

Chapter structure 本章の構成

1. 政党は有権者の意見を政治に反映するのか？

政党の意思決定を行うのは少数の幹部だ。有権者の意見を汲み上げるには政党の競争が必要となる。

2. 選挙制度は政党にどのような影響を及ぼすのか？

選挙制度は，政党間の力関係だけでなく政党内の幹部と候補者の力関係も変える。日本では政党の指導部が強くなってきた。

3. なぜ近年の政党は女性の候補者を増やしているのか？

1　政党という組織

▷　寡頭制の鉄則

　国会は，市民の代表者が集まる場所です。しかし，国会議員たちは自由に議論し，意思決定を行っているわけではありません。ほぼすべての議員は何らかの政党に所属し，その方針に従って行動しています。国会で審議される法案の成否は，その内容はどうあれ，政党の勢力図に従って決まるのです。このため，日本政治の歴史を語るときには，この政党の勢力図の変遷を描くのが一般的でした（石川・山口 2021）。

　それではなぜ，政党という組織が存在するのでしょうか。政党の存在理由として挙げられることが多いのは，国民の意見を集約し，政治に反映する機能です。歴史的に見れば，日本では政党こそが民主化勢力でした。1881 年，明治政府内の権力闘争に敗れて自由民権運動に乗り出していた板垣退助が，国会開設に向けて，日本初の政党である自由党を結成します。その後，政府内の新たな権力闘争で追放された大隈重信が立憲改進党を作りました。1890 年に開設された帝国議会では，こうした政党が議席の過半数を占め，政府と対決することを通じて政党内閣への道を切り開いていきました。

表 12-1　日本の主な政党（2022 年）

政党名	衆議院議員数	参議院議員数	党員数
与党			
自由民主党	260 人	118 人	113 万人
公明党	32 人	27 人	43 万人
野党			
立憲民主党	97 人	39 人	10 万人
国民民主党	10 人	10 人	8 万人
日本維新の会	40 人	21 人	2 万人
日本共産党	10 人	11 人	27 万人

　しかし，政党は実際のところ，人々の意見を政治にどの程度反映しているのでしょうか。今日の日本では，政党の党員やサポーターとして党費を支払う人の割合は全人口の 2% 程度です（**表 12-1**）。さらに，党員になったとしても，多くの場合は実際に党の運営に参画する機会を与えられません。例えば，日本最大の政党である自由民主党（自民党）の総裁は党内の選挙を通じて選ばれますが，総裁選の票の半分は国会議員に与えられています。幹事長，総務会長，政務調査会長といった役職に誰が就任するかも，党の有力議員たちの間の駆け引き次第です。公明党や日本共産党のように党首選が行われていない党では，同じ政治家が長期にわたって党のトップを務めてきました。

　このため，政党とは少数のエリートが権力を握るための道具だという見方もあります。例えば，20 世紀初頭にドイツ社会民主党を内部から観察し，そのエリート支配に失望したロベルト・ミヘルスは，この現象を「寡頭制の鉄則」と呼びました。民主主義の理念を第一に掲げる政党であっても，結局は非民主的に運営されることになるというのです（ミヘルス 1975）。このような立場からすると，政党の幹部とは，身分制の時代の貴族に代わる近代社会の支配階級

に他なりません。

　そこで，この章では，政党の成り立ちを考えます。これまで政治学では，どのような政党が選挙で勝ち残り，**政党システム**を構成するのかという問題と，政党の構成員の所属する**政党組織**がいかなる構造になっているのかという問題が論じられてきました（待鳥 2015）。このうち，本章では政党組織に力点を置き，市民の意見を議会に反映するはずの政党において，幹部に権力が集まる理由を考えます。

▷ 政党組織の発展

　モーリス・デュヴェルジェの有名な整理によれば，政党は民主主義以前の時代に，議会の内部で誕生しました（デュヴェルジェ 1970）。特にヨーロッパにおいて，その背景にあったのは国王と議会の対立です。例えば，イギリスのホイッグとトーリーの対立や，フランスの王党派と共和主義者の対立は，国王に近い議員と，それに反対する議員の対立にもとづくものでした。こうして生まれた政党は，一部の政治エリートのクラブ的な組織であるという意味で，**幹部政党**と呼ばれます。幹部政党は緩い連合体であり，特定の理念を掲げることもありません。その運営を担ったのは財産に恵まれた貴族などの名望家層であり，19 世紀までは選挙権の範囲も限られていたため，組織を拡大する必要も生じませんでした。議員から見れば，政党の存在意義は議会の多数派形成を行い，意思決定を円滑にすることに尽きます。

　このような政党の役割は，資本主義の発展によって大きく変わりました。産業化とともに労働運動が組織化されると，社会民主主義政党が誕生し，議会に進出したためです（☞第 10 章 2 節）。このように議会外で誕生した政党の特徴は，数多くの一般党員が支払う党費で運営され，巨大な組織を持っていたことでした。各地にある政党の支部が，本部で決定した綱領に従って候補者の擁立と選挙運動

を担い，議員を議会に送り込むのです。政党には明確な活動方針があり，選ばれた議員は自由に議論したり投票したりするのではなく，政党の方針に従属することになります。

このような性格を持つ政党を，**大衆政党**と呼びます。ミヘルスの「寡頭制の鉄則」とは，この大衆政党が，現実には少数のリーダーによって支配されていることを告発するものでした。この議論が重要なのは，やがて大衆政党が政党の主流になっていくためです。社会民主主義政党の台頭に対応して，キリスト教民主主義政党など既存の政党も大衆の組織化を進めていきました。今や，政党は選挙で勝ち抜くために不可欠の組織となったのです。

ここに，政党と民主主義の緊張関係が生じます。大衆政党の集権的な組織は旧来のエリートの支配を打破し，政治体制の民主化を可能にしました。しかし，それは同時に，政党のリーダーへの権力の集中をもたらします。問題は，この寡頭制の鉄則が，政党の内部にとどまらず，政党システム全体に影響を及ぼすようになったことです。

▷ 政党システム

複数の政党が存在すれば，そこには政党システムが形成されます。デュヴェルジェは，政党システムの中でも**二大政党制**こそが最も自然な形だと論じました。その理由は，政府に対する賛成と反対の選択肢をめぐって，必ず2つの集団が形成されるからです。この見方からすれば，**多党制**とは，政党の制度化が十分に進んでいない発展途上国や，さまざまな政策対立によって混乱している国に出現する，中途半端な政党システムにすぎません。表面的には多党制に見える国でも，実際には二大政党化へ向かう傾向があるのだとデュヴェルジェは論じました。

問題は，議会制の打倒と社会主義革命を目指す**共産主義政党**や，

自国の民族と人種の優越を目指して軍事的な拡張を目指す**ファシズム政党**のような，**全体主義政党**の存在です。その代表例が，ソ連の共産党や，戦間期ドイツの国民社会主義労働者党（ナチス）です。これらの政党は「寡頭制の鉄則」の到達点であり，各地の支部から中央の本部へと要求を伝達するのではなく，中央の指導部から末端の細胞や民兵へと命令を伝達するという形で，きわめて集権的に運営されていました。こうした勢力が二大政党制の下で権力を握ると，野党の存在は許されなくなり，政党システムは**一党制**に変わります。デュヴェルジェは戦後のフランスやイタリアの政党システムが二大政党化を経て，共産党による一党支配へと進むことを懸念していました。

　しかし，このデュヴェルジェの分析には問題がありました。それは，歴史的に見れば二大政党制ではなく多党制のほうが一党独裁体制の出現の土壌となったという事実です。戦間期のイタリアやドイツでは，小規模な政党が乱立する多党制となり，どの勢力も多数派を握ることができない状態に陥りました。そのなかで共産主義政党が進出すると，それに対抗する形でファシズム政党が勢力を拡大し，政権を掌握します。むしろ，アメリカとイギリスのような二大政党制の下でこそ，安定的な政権運営が行われていました。

　このような歴史の流れをどう理解するべきか，1つの答えを提示したのが，ジョヴァンニ・サルトーリです。サルトーリの議論によれば，二大政党制は決して自然な政党システムではありません。むしろ，政党システムが多党化することを通じて，政治的対立の激化する力学が作用します。多党制の国で，戦間期のドイツのように，政党システムを破壊することを目指す左翼の共産主義政党や右翼のファシズム政党のような「反システム政党」が政党システムの両端で勢力を拡大すると，中道政党が没落し，議会の多数派形成が困難になります。こうして政党政治が機能不全に陥ることで，ファシズ

表 12-2　1932 年の選挙結果

アメリカ（9 月）		ドイツ（11 月）		日本（2 月）	
政党	議席（下院）	政党	議席	政党	議席
民主党	313	ナチス	196	立憲政友会	301
共和党	117	社会民主党	121	立憲民政党	146
その他	5	共産党	100	その他	19
		中央党	51		
		国家人民党	20		
		バイエルン人民党	11		
		その他	14		

注：太字は反システム政党。
出典：Nohlen ed. (2005), p. 699; Nohlen and Stöver eds. (2010), p. 790; 川人 (1992), 269
頁より作成。

ム政党が権力を奪取する道が開けたのです（**表 12-2**）。

　このような政党システムを，サルトーリは**分極的多党制**と呼びました。デュヴェルジェが一党制の出現を懸念した戦後のフランスやイタリアも，まさに分極的多党制の事例でした（サルトーリ 2000）。逆にいえば，多党制の国でも，穏健な政党が中道の支持者の獲得をめぐって競争する**穏健型多党制**の下では，民主主義が不安定になることはありません。その代表例が，オランダやベルギーのような，アレンド・レイプハルトが多極共存型民主主義と呼んだ国々です（☞第 7 章 2 節）。

☞第 7 章 2 節

▭ 戦前日本の二大政党制

　しかし，このサルトーリの議論から日本を見た場合，そこにはヨーロッパとは大きく異なる政党システムの展開が現れます。1920 年代の大正デモクラシー期以降，日本では立憲政友会と立憲民政党による二大政党制が成立する一方，ドイツやイタリアのようなファシズム政党は登場しませんでした。この時代の日本の政党シ

ステムは，むしろ民主主義を維持し続けたイギリスやアメリカと似ていたのです。

　その大きな理由は，日本ではヨーロッパとは異なり，労働運動と社会主義運動が封じ込められていたことにありました。明治政府は，天皇制を否定する勢力を弾圧する方針を貫き，1910年の大逆事件では明治天皇の暗殺を計画したという理由で社会主義者を処刑しました。こうした方針は既成政党にも共有されており，政党内閣制の成立後には1925年の治安維持法で共産党も事実上禁止されて警察の厳しい監視下に置かれます。このため，男子普通選挙が導入された後も，政友会と民政党による二大政党制の下，急進的な左派政党が勢力を伸ばすことはなく，ファシズム政党が発展することもありませんでした。

　その結果，政党組織もヨーロッパとは大きく異なる展開をたどります。政友会と民政党では，政党の指導者が政治資金を集める役割を担い，三井や三菱といった財閥と強く結びつきました。その一方で，労働運動は厳しく規制されていたため，ヨーロッパにおける社会民主主義政党に当たる無産政党は低調にとどまりました（☞第10章2節）。そして，共産党は治安維持法で弾圧されていたため，支配的な政党組織の型になることもありませんでした。デュヴェルジェの分類でいえば，日本では幹部政党が大衆政党の挑戦を受けなかったのです（升味 2011）。

　このような日本のやり方は，暴力を用いて政党を排除したという点で，禁じ手を使っているようにも見えるでしょう。実際，共産主義政党を排除する手法は，短期的には二大政党に有利に働きましたが，最終的には政党勢力の没落を招きます。急進的な政党を弾圧することは，より一般的に政党そのものが弾圧されることにつながっていくからです。二大政党制の下，1932年の五・一五事件を境に，軍部による政治への介入が始まりました。

しかし，急進的な左派政党の進出が封じ込められていたのは，実は日本だけではありません。以下で見るように，欧米諸国においても，権力の座にある政党は常に制度を用いて左派政党を排除し，自らの権力を維持することを試みてきたからです。その手段となったのは，軍や警察ではなく，選挙制度でした。

2 選挙制度の改革

▷ 小選挙区制とデュヴェルジェの法則

イギリスやアメリカが日本のように左派政党の弾圧に頼らなかったとすれば，なぜこれらの国では二大政党制が成立したのでしょうか。この問いについて考えるうえで出発点となるのは，小選挙区制が二大政党制を生むという「**デュヴェルジェの法則**」です（Cox 1997）。

デュヴェルジェは，二大政党制を論じる際，イギリスやアメリカといった国がいずれも**小選挙区制**という選挙制度を採用していることに触れています。この選挙制度の下では，各選挙区で1人の候補者しか当選できないため，支持者の多い大規模な政党が有利になります。こうした選挙制度の「機械的効果」を前提に，有権者は小政党を見捨て，大政党に投票します。この「心理的効果」を通じて小規模な政党が淘汰されると，二大政党制に至るのです。

これに対して，多党制の多い大陸ヨーロッパの国々では，**比例代表制**が用いられていました。この選挙制度の下では，政党の議席は得票率に比例するため，小政党が不利になるような働きは生じません。その結果，多党制が維持されやすくなります。デュヴェルジェは，この比例代表制が，二大政党制へと向かう圧力を妨げていると考えました。

この観点から見れば，民主主義の崩壊した戦間期のイタリアやド

イツも，比例代表制を採用していました。だからこそ，政党システムが多党制となり，急進的な勢力が参入できたのです。しかし，そうだとすれば，比例代表制はどこから来たのかという疑問が浮かびます。この問題を歴史的に探っていくと，興味深い事実に行き当たります。実は，比例代表制のほうが，本来は急進的な勢力を封じ込めるための制度だったのです。

▷ 社会的亀裂と比例代表制

　各国の政党システムは，どのように成立したのか。それを考えるのが，**社会的亀裂**の理論です。これは，政治システムが内部に亀裂を抱えると，それを修復する作用が働いて，政党が形成されるという考え方です。ヨーロッパの場合，16世紀の宗教改革によってカトリックとプロテスタントが各国内で対立し，市民革命によって中央集権化が進むと，国家と教会の対立が生じます（☞第3章2節）。さらに，19世紀には産業化が始まり，地主と資本家の対立が生じ，20世紀初頭から資本家と労働者の対立が激化しました。こうした対立に応じて政党が作られた結果，男子普通選挙で社会民主主義政党の参入が始まる前の段階で，既に各国には多様な政党が存在していたのです（リプセット＆ロッカン 2013）。

　問題は，選挙権が拡大し，社会民主主義政党が参入した際の，既存のエリートの対応です。男子普通選挙の導入に際して，旧来のエリートが直面した選択は，各国の社会的亀裂を反映して，大きく異なるものとなりました。イギリスのように二大政党が安定的な地位を築いていた国では，労働者階級も穏健化しており，既存の政党を脅かすような存在にはならなかったため，男子普通選挙の導入後も小選挙区制が維持されました。逆に，旧来のエリートがさまざまな社会的亀裂によって分断されていた国では，社会民主主義政党の脅威が大きかったため，その進出を封じるべく，比例代表制が導入さ

れたのです（Ahmed 2012）。

そうだとすれば，選挙制度は各国の歴史に根ざした政党システムの構造を反映したものにすぎません。実際，戦間期にファシズム政党と共産主義政党が台頭した国々でも，第2次世界大戦後になると以前の政党の対立の構造が再び姿を現すことになりました。その意味において，男子普通選挙が導入された1920年代の段階で，ヨーロッパの政党システムは「凍結」したとされています。1970年代以後は環境意識の高まりを反映して，緑の党のような環境政党が政党システムに参入しますが，既存の政党システムを刷新することはありませんでした。

▷ 中選挙区制と戦後日本の政党システム

選挙権の拡大に合わせて選挙制度改革が行われるという現象は日本でも見られましたが，その帰結は比例代表制の導入ではありませんでした。1925年の男子普通選挙の導入に際して選択されたのは，1つの選挙区で数名の候補者を選出するという**中選挙区制**です。この制度は，政党ではなく候補者を選出する点で比例代表制とは異なりますが，相対的に低い得票率でも当選が可能であり，小規模な政党に有利だという点は似ています。

その背景にあったのは，ヨーロッパとはまったく異なる日本の社会的亀裂です。中選挙区制が導入された目的は，選挙法改正を行った加藤高明首相の護憲三派内閣で連立を組んだ立憲政友会・憲政会・革新倶楽部の各党が勢力を分け合うことでした。この制度の下で多党化が進まず，むしろ政友会と民政党の二大政党制が成立し得たのは，既に左派政党が封じ込められていたからに他なりません。

その意味で，戦後には政党が復活し，労働運動が自由化されたため，多党化が進む可能性もありました。実際，占領下では戦前の二大政党の流れを汲む保守勢力が複数の政党に分かれ，社会党，共産

図 12-1 55 年体制下での各党の衆議院における議席占有率

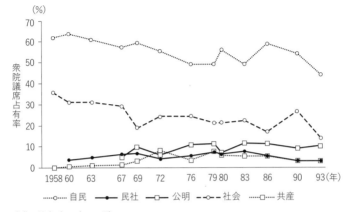

出典：境家（2023），75 頁。

党が選挙に参入するなど，多党制の様相を一時的に呈します。戦前
のヨーロッパで労働運動が激化し，政党システムが大きく分極化し
たように，戦後日本でも経済復興をめぐって政党システムの分極化
が進行したのです（樋渡 1991）。

　ここで局面を決定的に変える新たな社会的亀裂を生み出したのが，
東アジア冷戦でした。1950 年に朝鮮戦争が始まると，政党システ
ムが憲法 9 条と安全保障問題を軸に再編されることになります（大
嶽 1999）。やがて朝鮮戦争が休戦となり，講和条約をめぐって分裂
していた社会党が 1955 年に再統合すると，それに対抗して保守系
の自由党と民主党による保守合同が行われ，自民党が成立しました。

　こうして安全保障をめぐる社会的亀裂が生まれた結果，戦前の二
大政党の流れを汲む保守勢力が合流したことで，日本では自民党が
他の政党を圧倒する**一党優位政党制**が成立します（**コラム 12**）。その
後，自民党は利益誘導政治に力点を移す一方，社会党はさらに分裂
して野党の多党化が進みます。その結果，自民党は長期にわたって

コラム 12　一党優位政党制　「先ず最初に説明しておかなければならないことは，日本の社会党がヨーロッパの社会主義政党に比べてはるかに過激な立場をとっていること，その一方で，民社党が実際上，自民党に近い政党であること，である。公明党は，仏教政党であり，〈左 – 右〉次元には多少ともなじまない政党である――もっとも，一般的には，中間に位置を占める政党と認識される傾向があるのだが。こうしたことを考慮に入れて，自民党が一党優位政党システムの地位を滑り落ちた場合の事態を想定してみよう。その場合，政権レヴェルでは，日本は，半・分極的システム，もしくは分極的システム〔分極的多党制〕の連合政治に付随する困難に直面し始めるであろう」（サルトーリ　2000：335–336 頁）

前田：サルトーリは，日本の一党優位政党制にも触れています。この部分は，1970 年代の保革伯仲に関する考察ですね。

羅：**第 7 章**で出てきたレイプハルトの『民主主義対民主主義』は，日本が多党制の国だといっていますが。

前田：これは政党の数え方の違いでしょう。レイプハルトは，自民党を派閥の存在を考慮して 2 つの政党としてカウントしています。これに対して，サルトーリは特定の政党が 4 回連続で選挙に勝ち，議席の過半数を占めることを一党優位の条件としています。議席数だけでなく支配している期間の長さが重要になるのです（**表12-3**）。

羅：日本の読者にはサルトーリの数え方のほうが直感的に理解しやすいかもしれません。それにしても，日本では一党優位政党制に隣接しているのは二大政党制ではなく分極的多党制だという分析は面白いですね。

前田：今も野党はいくつにも分裂していますから，状況はそんなに変わっていません。

羅：私たちは何となく，自民党政権が終わるのは二大政党制が実現するときだと思っていますが，単に自民党の人気がなくなって，政党システムが分極化するだけかもしれませんね。

表 12-3　優位政党と一党優位政党制

国名（選挙年）	第 1 党の 議席（%）	第 2 党の 議席（%）	一党優位の 期間
インド（1971）	55	8	1952–
日本（1969）	59	19	1955–
ウルグアイ（1966）	51	42	1868–1959
トルコ（1969）	56	32	1950–60, 1965–73
ノルウェー（1969）	49	19	1935–65
スウェーデン（1970）	47	20	1932–
アイルランド（1965）	50	32	1932–73

出典：サルトーリ（2000），331 頁の表の一部を抜粋。

政権の座を維持することになりました。この政党システムは，与党自民党と社会党を中心とする野党の対立構図が 1955 年に成立したという意味で，**55 年体制**と呼ばれています（**図 12-1**）。

　問題は，中選挙区制がこのような政党システムを予定して設計されたわけではなかったことです。低い得票率でも当選できる中選挙区制という制度は，本来は単独政権を維持するのには向いていません。それにもかかわらず自民党が支配政党として君臨し続けたことは，自民党という政党の内部の組織にも影響を与えることになりました。

▷　自民党と中選挙区制

　自民党の一党優位政党制は，一党独裁体制とは大きく異なる性格を持っていました。なぜなら，自民党は**派閥**の対立で動く，権力の分散した政党だったからです。戦前の二大政党と比較した自民党の大きな特徴は，複数の政党の合同によって成立したという経緯から，党総裁の公選制が導入されたことでした（小宮 2010）。選挙の候補者は党の組織ではなく個人後援会に依存し，派閥の領袖は政治資金

の分配や選挙運動の支援を通じて候補者を囲い込みました。その結果，総裁選では派閥の動向がカギを握るようになり，首相も派閥の顔色をうかがいながら内閣や党のポストを配分することになります。さらに，自民党はイデオロギー的な色彩の弱い政党でした。結党当初こそ，憲法改正を目標に掲げていたものの，日米安保問題を経た1960年代にはこの目標を棚上げしていきます（北岡 2008）。

　当初，こうした自民党の性格は，前近代的なものとして批判され，党の近代化が主張されました。「後援会連合体」としての分権的な党の体質を払拭し，ヨーロッパの大衆政党をモデルに，党中央による地方組織の統制を図ったのです。しかし，やがて改革の動きは頓挫し，むしろ既存の地方組織を前提にして各選挙区に利益分配を行う方向へと転じました。そして，日本の経済大国化が進むと，分権的な組織を持つ自民党を，社会からの要求を柔軟に吸い上げる働きを持つ政党として高く評価する議論も出てきます（佐藤・松崎 1986）。

　この自民党の組織のあり方を規定していると目されたのが，中選挙区制でした。1つの選挙区に同じ政党の候補者が複数人立候補すると，候補者は党内で競争することを強いられます。そのような条件に直面する候補者が選挙区の中で後援会を作り，自分の地盤とする地域や業界に利益誘導を行うのは，この制度に適合的な戦略なのです。そして，各業界は利益誘導を受けるために競って政治献金を行うようになりました。1976年のロッキード事件や1988年のリクルート事件は，そのことを象徴する出来事です。政治腐敗が深刻化していくなかで，自民党内でも選挙制度改革を求める声が高まりました（中北 2014）。そして，1993年には東京佐川急便事件を契機とする派閥抗争によって自民党そのものが分裂し，結党以降初めて下野したのでした。

選挙制度改革と二大政党制の挫折

自民党と共産党以外の8政党の連立によって成立した細川護熙内閣の下，1994年には選挙制度改革が行われます。ここで衆議院に導入されたのが，**小選挙区比例代表並立制**でした。これは，議席の約6割を小選挙区制，残りを比例代表制で選ぶ仕組みです。この選挙制度改革の1つの目的は，「デュヴェルジェの法則」を実践することでした。小選挙区制を導入することで，政権交代可能な二大政党制が生まれることを期待したのです。

この期待は途中までは実現しそうにも見えました。自民党は公明党と連立を組むのが常態となる一方，2000年代まで野党の離合集散が進んで新進党や民主党が台頭し，2009年にはリーマン・ショックを契機に民主党政権が誕生したのです。しかし，民主党政権は短期間で崩壊し，2012年以降は再び自民党の一党優位へと逆戻りしています。自民党と公明党の連立政権は盤石となる一方で，野党は分裂と多党化を繰り返して今日に至ります（**図12-2**）。

なぜ，二大政党制を創出する試みは挫折したのでしょうか。代表的な説は，比例代表制によって小政党が生き残り，野党の結集を妨げたというものですが，たとえ野党が分裂していたとしても，小選挙区で候補者を一本化すれば自民党に対抗することもできたはずです。むしろ問題は，憲法と安全保障をめぐる対立軸が，55年体制下と同様に野党の分断を生んでいることにあるのかもしれません（境家 2023）。国際的な視点から見れば，朝鮮戦争の休戦によって形成された東アジアの社会的亀裂が，日本政治を依然として規定し続けているのです。

選挙制度改革と政党組織

この1994年の選挙制度改革のもう1つの目的は，政党の指導部を強化することでした。同じ党の候補者が争う中選挙区制とは異な

図 12-2　55 年体制以後の政党システム

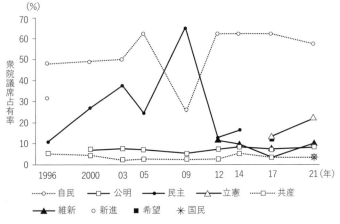

出典：境家（2023），241 頁。

り，小選挙区制の下では党の公認を得た候補者が有利になります。これに併せて政治資金改革も行われ，政治献金が制限されるとともに，**政党助成制度**が作られました。今日，この制度にもとづく**政党交付金**は共産党以外の主要政党の本部の収入の大部分を占めています（**図 12-3**）。こうして公認権と政治資金を握る政党指導部の力を強めることで，候補者本位ではなく政党本位の選挙を実現し，政治腐敗を抑制するというのが，この改革の狙いでした。実際，2000年代以降の自民党では，小泉純一郎や安倍晋三といった，かつてに比べて強いリーダーシップを発揮する総裁が出現することになります（中北 2017）。

　しかし，選挙区のレベルで見ると，それほど劇的な変化が生じたわけではありません。というのも，小選挙区制の下でも候補者は有権者の個人的な支持を集める必要があるという意味で，候補者中心の選挙制度は健在だったからです。だからこそ，現在の日本でも国

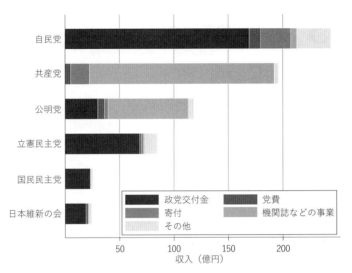

図 12-3 日本の政党の収入源（2021 年）

凡例：
- 政党交付金
- 党費
- 寄付
- 機関誌などの事業
- その他

収入（億円）

出典：政治資金収支報告書より作成。

会議員は自ら政治資金を集め，選挙区をこまめに回り，街頭で辻立ちを行い，祭りに参加して有権者との接触を図り続けているのです（☞第11章2節）。そして，公認候補者の選定に関しても，自民党では依然として地方組織が強い役割を果たし続けています（笹部 2017）。

　どのような政治指導者も，この日本の選挙の現実を無視することはできません。民主党政権が短期間で崩壊した原因の1つは，党内での合意形成を行う仕組みを十分に整備しないまま，党指導部が意思決定を行ったことでした。それが党内対立を生み，最終的には党の分裂に至ったのです（前田・堤編著 2015）。その意味で，自民党の強さの源は，指導者のリーダーシップそれ自体ではなく，党内で多様な意見を集約できる力にあるといえるでしょう。

3　少数派とクオータ制

▷　既成政党への不満

　以上の日本の選挙制度改革を国際比較の視点から見ると，その政党政治のたどった独自の歴史的な経験が浮かび上がります。

　20世紀後半のヨーロッパでは，ファシズム政党が退場した後も政党組織が民主主義を空洞化する形で発展しているのではないかという懸念が，繰り返し提示されることになりました。例えば，ナチスの去った戦後の西ドイツでは，社会民主党（SPD）とキリスト教民主同盟（CDU）の間で幅広い合意が成立しました。そこから，政党はもはやイデオロギー的な目標もなく，ただ有権者の支持の獲得を目指すだけの**包括政党**となり，政治エリートの権力争いの道具となったという議論が出てきます。

　さらに時代が下ると，政党組織が弱体化し，政党は国家の金銭的な資源を自分たちで独占的に分け合う**カルテル政党**と化したという議論も登場しました（カッツ＆メア 2023）。この既成政党のカルテル化への反動として，そのエリート主義を批判するポピュリスト政党が誕生します。特に，1990年代になると，従来は新自由主義を唱えていた極右政党が福祉ショーヴィニズムに戦略を切り替えた結果（☞第8章3節），各国で党勢を大きく拡大しました（古賀 2014）。

　これに対して，日本ではむしろ政党を集権化することが重視されています。自民党における候補者と派閥による分権的な党運営が「前近代的」とされ，政党本位の選挙というスローガンの下，党の指導部への権力集中が何度も試みられてきました。これは，ヨーロッパにおいて「寡頭制の鉄則」を批判するところから政党組織論が始まり，ファシズム政党や共産主義政党のような集権的な政党の

出現を経て，少数のエリートによる支配を警戒する方向へと議論が展開したのとは，大きく異なる流れです。

　それだけに，日本の改革論からは見えにくくなる問題があります。それは，既存の政党では包摂できないマイノリティの意見を，どのように政治に反映するかという問題です。

▷ 比例代表制からクオータ制へ

　政治学では，伝統的に比例代表制こそが少数派の意見を取り入れるための選挙制度だとされてきました。しかし，既存の政党では十分に代表されない集団の意見を反映する方法は，それだけではありません。なかでも注目を集めているのが，クオータ制です。クオータ制とは，候補者あるいは議席の一部を，特定の属性を持つ人に限定する仕組みです。今日，少数民族を代表するための**民族クオータ**は約 30 カ国，女性を代表するための**ジェンダー・クオータ**は約 130 カ国で用いられています。

　議会の中に特定の集団のための枠を設ける制度は，本来，民主主義の原理とは対極にありました。議会の歴史を遡れば，ヨーロッパの身分制議会は，まさに特定の少数者に特権を与える仕組みだったからです。このような事例として有名なのが，1789 年にフランスで招集された**三部会**です。この議会の議題は貴族と聖職者の免税特権を廃止するかどうかでしたが，第一身分（聖職者），第二身分（貴族），第三身分（平民）にはそれぞれ 200 議席ずつの枠が与えられており，第三身分は決して多数決に勝てない仕組みでした。これに抗議する平民と改革派貴族が集結し，新憲法の制定を求める「テニスコートの誓い」を採択しました。その結果，国王が譲歩して三部会は消滅し，第三身分を中心とする国民議会の下でフランス革命が始まります。

　そうだとすると，なぜ今日の世界で，クオータ制が広がっている

のでしょうか。その論理を考えるうえでは，比例代表制では有権者の多様性を十分に代表できない理由を考える必要があります。ここでは，ジェンダー・クオータについて考えてみましょう。

▷ ジェンダー・クオータの拡大

　政党は，男性によって作られました。日本でも，政党の幹部は基本的に男性であり，女性に関する事柄は，政党内に「婦人部」や「女性部」が設けられ，そこで議論されることになりました。それは，政治家が男性であることを前提に，その例外として女性を位置づけるものです。こうした政党組織の下では女性の利益が十分に反映されないということは，時代が下るにつれて明らかになってきています（Lovenduski and Norris eds. 1993）。

　このため，1990年代以降，女性を代表するためのジェンダー・クオータを導入する動きが広がりました（三浦 2023）。多くの国で採用されているのは，政党が候補者の30%から50%程度を女性と男性に割り当てる**候補者クオータ**です。女性のために10%程度の議席を割り当てる**リザーブ議席**を用いている国もありますが，さほど多くはありません（**図12-5**）。

　このような制度設計の特徴は，民族クオータと比較することで明らかになります。少数民族の場合，自らの文化的な独自性を守ることが目的であるため，多数派と分離する形で，新たな政党を作ることがあります。その際，小選挙区制の国では，こうした政党は議席を獲得しにくいため，リザーブ議席が設けられてきました（Bird 2014）。これに対して，女性たちの多くは，男性からの分離ではなく，男女の不平等の解消を目的としてきました（☞第3章4節）。このため，女性だけを代表する新たな政党を作るのではなく，イデオロギーの左右を問わず，候補者クオータで既存の政党の内部の権力構造を変える道を選択してきたのです（Htun 2004）。

図12-5 世界各国におけるジェンダー・クオータの導入

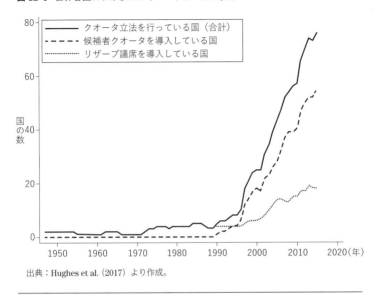

出典：Hughes et al.（2017）より作成。

　ジェンダー・クオータは，政党が自発的に導入する場合もあります。ヨーロッパでは，政党が自発的に候補者クオータを導入してきたため，クオータ立法が行われていない国も少なくありません。とりわけ，スウェーデンなどの比例代表制の選挙制度を用いる国では，選挙で敗北した政党の内部で，比例区の候補者の一定割合を女性とするように要求する声が強まり，候補者の男女比を均衡させる仕組みが広がっています。

　これに対して，立法を通じて候補者クオータを政党に義務付けているのは，ラテンアメリカの国々です。これらの国では，軍事政権からの民政移管が進むなかで，女性を男性と同様に代表するべきだという声が強まった結果，すべての政党に候補者の一定割合を女性とすることを義務付ける法改正が行われました（Krook 2010）。

　ジェンダー・クオータは，女性議員の割合を増やすための特効薬

表 12-4 クオータの有無と議会下院における女性議員の比率（2023 年）

	候補者クオータ	リザーブ議席	クオータ立法なし
政党クオータあり	33.9%（25 カ国）	25.8%（6 カ国）	31.4%（30 カ国）
政党クオータなし	31.1%（45 カ国）	32%（23 カ国）	11.6%（58 カ国）

出典：International IDEA（2023）より作成。

だといわれてきました。今日，何らかの種類のクオータを導入している国の議会では，平均して 30% 程度を女性議員が占めています。これに対して，日本のようにクオータを導入していない国の女性議員の割合は，10% 程度にすぎません（**表 12-4**）。

　小選挙区制の国で民族クオータが導入されるのとは対照的に，ジェンダー・クオータは多くの場合に比例代表制の国で採用されています。あらかじめ政党が提出する名簿の上位から当選者が決まる**拘束名簿式**の比例代表制の国では，名簿の順位を作成する際に男性と女性を交互に記載することで，政党本部の意向に従ってクオータを導入することが可能です。これに対して，小選挙区制の場合には選挙区の候補者が強い発言権を持っているため，政党本部の意向で女性候補者を増やすのは難しいのです。

▷ クオータ制の未来

　このように，クオータ制は，それまでの選挙制度では代表されにくかった人々を代表することを促す役割を期待されています。その一方で，ジェンダー・クオータでは性的少数者は代表できないという問題もあります。人間の性は実に多様であり，性的少数者を示すカテゴリーも，LGBT という伝統的な呼称にとどまらない形で多様化しています。そのなかで，クオータを用いて男性と女性に人間の集団を二分することは，そのどちらにも当てはまらない人々の声を伝えることを難しくさせます。

その意味で，クオータ制はあくまで，一過性の制度としての性格を持っています。この制度が機能するためには，明確な境界線を持つ集団の存在が前提とされなければなりませんが，人間の多様なアイデンティティは，こうした想定を簡単に突き崩してしまいます。今日の世界で顕在化している集団の自明性は，やがて再び問い直されていくでしょう。そのときには，新たな制度改革の発想が必要とされるであろうことは，間違いありません。

長期の視点から見れば，以上のようなクオータ制をめぐる議論は，政党の幹部に権力を集中する「寡頭制の鉄則」と奇妙な形でつながっています。今日の政党は，選挙で候補者を選抜するという現代の民主主義の仕組みに適応するために作られました。それは必ずしも，市民の意見を集約し，伝達するという機能を十分に果たしてきたわけではありません。だからこそ，政党組織のエリート主義が批判され，急進的な政党が政党システムを揺るがす時代になったのです。ところが今日，ジェンダー・クオータが広がる局面では，政党の指導部が重要な役割を果たしてきました。逆説的ですが，指導部に権力が集中していることが，党内の男性優位を覆し，女性の代表性の向上を進めることを可能としてきたのです。

◢◢◢ *Book guide* 読書案内 ◢◢◢

- 中北浩爾『自民党 ── 「一強」の実像』（中央公論新社，2017 年）
  日本で長く政権党の座にあり続けてきた自民党の組織とはいかなるものかを探る。1990 年代の政治改革を経て，党の性格が大きく変わってきたことを示す。
- 三浦まり『さらば，男性政治』（岩波書店，2023 年）
  日本の政党政治が女性を長く閉め出してきたことを指摘し，その状況を転換する手段としてのジェンダー・クオータの導入を論じる。
- ジョヴァンニ・サルトーリ『現代政党学 ── 政党システム論の分析枠組

み〔普及版〕』（岡沢憲芙・川野秀之訳，早稲田大学出版部，2000 年）

　政党システム論の古典。「分極的多党制」と「一党優位政党制」という概念を提示したことで知られる。政党政治の分極化傾向に警鐘を鳴らした点で驚くべき先見性を持つ。

⁗ *Bibliography* 参考文献 ⁗

石川真澄・山口二郎（2021）『戦後政治史　第四版』岩波書店

大嶽秀夫（1999）『日本政治の対立軸——93 年以降の政界再編の中で』中央公論新社

カッツ，リチャード＆ピーター・メア（2023）『カルテル化する政党』岩崎正洋・浅井直哉訳，勁草書房

川人貞史（1992）『日本の政党政治 1980-1937 年——議会分析と選挙の数量分析』東京大学出版会

北岡伸一（2008）『自民党——政権党の 38 年』中央公論新社

古賀光生（2014）「新自由主義から福祉排外主義へ——西欧の右翼ポピュリスト政党における政策転換」『選挙研究』第 30 巻 1 号，143-158 頁

小宮京（2010）『自由民主党の誕生——総裁公選と組織政党論』木鐸社

境家史郎（2023）『戦後日本政治史——占領期から「ネオ 55 年体制」まで』中央公論新社

笹部真理子（2017）『「自民党型政治」の形成・確立・展開——分権的組織と県連の多様性』木鐸社

佐藤誠三郎・松崎哲久（1986）『自民党政権』中央公論社

サルトーリ，ジョヴァンニ（2000）『現代政党学——政党システム論の分析枠組み［普及版］』岡沢憲芙・川野秀之訳，早稲田大学出版部

デュヴェルジェ，モーリス（1970）『現代政党学——現代政党の組織と活動』岡野加穂留訳，潮出版社

中北浩爾（2014）『自民党政治の変容』NHK 出版

中北浩爾（2017）『自民党——「一強」の実像』中央公論新社

樋渡展洋（1991）『戦後日本の市場と政治』東京大学出版会

前田幸男・堤英敬編著（2015）『統治の条件——民主党に見る政権運営と党内統治』千倉書房

升味準之輔（2011）『［新装版］日本政党史論 5——西園寺と政党政治』東京大学出版会

待鳥聡史（2015）『政党システムと政党組織』東京大学出版会

三浦まり（2023）『さらば，男性政治』岩波書店

ミヘルス，ロベルト（1975）『政党政治の社会学』広瀬英彦訳，ダイヤモンド社

リプセット，S. M. & S. ロッカン（2013）「クリヴィジ構造，政党制，有権者の連携関係」白鳥浩・加藤秀治郎訳，加藤秀治郎・岩渕美克編『政治社会学』一藝社

Ahmed, Amel（2012）*Democracy and the Politics of Electoral System Choice: Engineering Electoral Dominance*, Cambridge University Press.

Bird, Karen（2014）"Ethnic Quotas and Ethnic Representation Worldwide," *International Political Science Review*, 35（1）：12-26.

Cox, Gary W.（1997）*Making Votes Count: Strategic Coordination in the World's Electoral Systems*, Cambridge University Press.

Htun, Mala（2004）"Is Gender like Ethnicity? The Political Representation of Identity Groups," *Perspectives on Politics*, 2（3）：439-458.

Hughes, Melanie M., Pamela Paxton, Amanda Clayton, and Pär Zetterberg（2017）"Quota Adoption and Reform over Time（QAROT）, 1947-2015," Inter-university Consortium for Political and Social Research.

International IDEA（2023）"Gender Quotas Database." https://www.idea.int/data-tools/data/gender-quotas

Krook, Mona Lena（2010）*Quotas for Women in Politics: Gender and Candidate Selection Reform Worldwide*, Oxford University Press.

Lovenduski, Joni, and Pippa Norris, eds.（1993）*Gender and Party Politics*, Sage.

Nohlen, Dieter, ed.（2005）*Elections in the Americas: A Data Handbook*, Oxford University Press.

Nohlen, Dieter, and Philip Stöver, eds.（2010）*Elections in Europe: A Data Handbook*, Nomos.

政策決定

Question 考えてみましょう

この写真は，東京都千代田区の霞が関地区を空から撮影したものです。中央に見えている巨大なビル群が，日本の中央省庁です。財務省や農林水産省といった行政組織に，何万人もの国家公務員が勤務しています。霞が関

出典：国土交通省ウェブサイト。

のビル群に比べると，写真の右端に写っている永田町の国会議事堂の周辺の建物は規模も小さく，少し寂しく見えるかもしれません。

これほど巨大な建物と，数多くの職員が，1カ所に集まって仕事をしているのは，この官僚たちが果たす政治的な役割の大きさを示しています。日本が民主主義の国であるとするならば，国民の代表が集まる国会こそが，日本政治の中心であるはずでしょう。一体なぜ，霞が関がこれほど大きな存在感を持っているのでしょうか。

Answer 本章の考え方

　霞が関は，日本官僚制の拠点です。ある時期までの日本では，官僚は特権的な身分だという意識が残っていたといわれます。これは，日本が議会制の歴史の浅い国であることと表裏一体であるとされてきました。今日でも，往時ほどではありませんが，国家公務員の勤務する中央省庁は有力大学の卒業生の間で人気の就職先としての地位を維持し続けています。

　官僚は，政策形成の主役です。議院内閣制の下では，国会の多数派を占める政府与党の政治家たちにとって，国会で法案を議論することは重要ではありません。むしろ，政策形成を官僚に委任し，その過程で与党の意見を反映することを目指します。その結果，大部分の法案は内閣の手で議会に提出され，最低限の質疑応答を経て可決される仕組みになっているのです。

　官僚制の役割の大きさを考えるうえで重要なのは，現代の政策形成に必要な専門性の高さです。昔に比べて，政府はさまざまな形で市民の生活に介入する傾向が強まってきました。経済政策や社会保障政策は高い専門性を要するため，それらの分野の政策形成を政治家が官僚に委任するのは合理的な選択だと考える人もいます。

　官僚制の役割の大きさは，かつては首相のリーダーシップを阻害するものだといわれてきました。こうした主張の影響を受ける形で，1990 年代には「政治主導」を目指す改革が進みます。その結果，首相の権限は強まりましたが，それは霞が関の内部における権力の中心が内閣官房に移動したということであって，国会の地位はむしろ低下したともいわれます。

Chapter structure 本章の構成

1. 国会の役割は何か？	国会は立法の場であるはずだが，そこで可決される法案の多くは官僚が作成している。議員が法案を作ることは少ない。	2. 法案はどのように作られているのか？

官僚の作った法案を与党が事前に審査する。最近は首相の権限が強まっているが，国会の役割は依然として小さい。	3. 地方自治体のほうが市民の意見を反映できるのか？

1 空洞化した国会

▷ **立法を行うのは誰か**

　国家権力が法律にもとづいて行使されるとすれば，その法律を作るのは国会議員の仕事です。日本国憲法には，国会は「国権の最高機関」であり，法律は国会の衆参両院の議決を通じて成立する（41条，59条）と書かれています。そうだとすると，国民が国会議員を選び，その国会議員が作った法律に従って国家権力が行使されることになります。

　憲法の条文だけを素直に読めば，次のような手続きが想定されるでしょう。まず，ある国会議員が選挙での公約を果たすべく，法律案を作成し，国会に提出します。その他の国会議員たちは，この法案についての審議を行い，最後に法案を議決します。ここで法案が成立すれば，それを実行するのは内閣の仕事です。内閣総理大臣が，各大臣を通じて厚生労働省や国土交通省といった中央省庁に法律を執行するように命令し，それに従って各省庁の行政職員が行政活動を行います。

　戦前の日本では，政府の重要方針を東京近郊にある有力者の別荘で決めることも多く，その意思決定の場は不明確でした（佐藤

2020)。これに対して，永田町の国会に始まって霞が関の中央省庁で終わるという手続きの流れは，有権者の選んだ政治家が政策決定を行うという民主主義の理念とも合致しており，とても明確に図式化することができます。それだけに，実際に法律が作られる過程を学ぶ人は，きっと驚くに違いありません。現実には，それとはまったく異なる手続きを通じて法律が作られているからです。この章では，国家の活動方針の決め方，すなわち政策決定の仕組みについて考えます。日本における政策決定の実態については，行政学の分野を中心に研究が行われてきました（伊藤・出雲・手塚 2022）。ここでは，その実態がなぜ制度上の建前と乖離しているのかを重視しながら議論を進めます。

▷ **内閣による立法**

　日本は，国会に提出される法案の数がきわめて少ない国です。もし，国会議員が1人当たり毎年1本ずつ法案を作成すれば，700本以上は法案が提出されるでしょう。ところが現実には，毎年国会に提出される法案は，通常国会と臨時国会を合わせて多いときでも200本程度にすぎません。アメリカの連邦議会には年間約5000本，韓国の国会には約1000本の法律が提出されることを思えば，小さな数字に見えます。

　しかも，国会で成立する法案の大半は，国会議員ではなく，内閣が提出しています。こうした**内閣提出法案**は，与党が国会の多数を占めている場合，そのほとんどが可決します。他方，国会議員の提出する**議員立法**は，2割ほどしか成立しません（**図13-1**）。その理由は，議員立法の提案者のほとんどが野党議員だからです。後で述べるように，与党の議員の意見は内閣提出法案に取り入れられるため，議員立法を行う必要がありません。これに対して，野党議員の議員立法は与党が反対すれば成立させるのが困難になります。

図 13-1 法案の提出数と成立数（通常国会）————————————

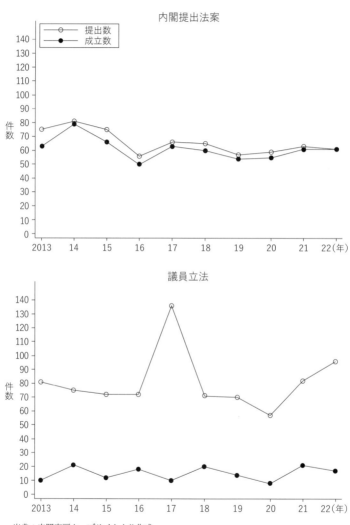

出典：内閣官房ウェブサイトより作成。

内閣提出法案が多数を占めるのは，日本だけでなく，議院内閣制の国に共通する傾向です。アメリカのような大統領制の国で議員立法が多いのは，大統領に法案を提出する権限がないためです。一方，議院内閣制の国では，国会は立法活動が始まる場所ではなく，それが終わる場所です。初めて日本の立法過程を見る人の目には，国会が作った法律に内閣が従っているのではなく，内閣が作った法律に国会が同意しているように見えるでしょう。

▷ 本会議での法案審議の欠如

　しかも，国会の本会議では，法案の審議が行われることなく，ただ次々と法案が議決されていきます。衆議院本会議で法案審議が行われるのは，年間でわずか60時間程度であり，イギリスやフランスの議会が年間で1000時間程度の法案審議を行っているのに比べて，かなり短い水準にあります（大山 2011）。その代わりに法案の実質的な審議が行われているのが，予算委員会や環境委員会といった委員会です。国会に提出された法案は，関連する委員会に付託され，そこでの審議の後に可決されたものだけが，本会議に上程されるのです。こうした日本のような議会の運営方式を，**委員会中心主義**と呼びます。

　委員会中心主義は，戦後改革の過程でアメリカの制度を移植したものです。その1つの利点は，効率的に法案審議を行うことだといわれます。すなわち，本会議で法案を審議する**本会議中心主義**の場合，議論が混乱し，収拾がつかなくなるおそれがあります。そこで，専門的な知見を持つ議員を各委員会に配置し，そこで議論をあらかじめすませたうえで，本会議に上程するのです。そうすることで，本会議に割く労力を節約することができるというわけです。

　ですが，歴史的に見れば，このような審議の方式は戦前の帝国議会の延長線上にあります。もともと，帝国議会の開設当初は，政府

が法案の趣旨説明を行った後，議員が討論を行い，それに続いて採決を行うという仕組みが想定されていました。それが次第に変質し，委員会において政府に対する質疑応答を行い，そして政府の提出する法案に対して賛成と反対を述べるという方式となっていったのです。

　このような変化の背景にあったのは，政党政治の発展です。当初，明治政府は超然内閣だったため，政府の提出する議案に対しては政党の側でも熱心に討論を行う雰囲気がありました。ところが，政府が政党の協力を得て議会を運営するようになり，やがて政党内閣の時代になると，議会の多数党は最初から政府の方針に賛成する立場にあります。その結果，議事の効率化のほうが重視され，議会の討論を省略して採決を行うようになったのです（白井 2021）。

▷　**官僚が作る内閣提出法案**

　テレビなどで国会の各委員会での審議風景を見ていると，不思議なことに気づきます。政治家以外にも，**政府参考人**と呼ばれる人々が出席しているのです。これらの人々は，内閣府や総務省といった中央省庁の官僚であり，局長や審議官などといった肩書を持っています。なぜ，政治家が議論する場である国会に，官僚が出席しているのでしょうか。

　それは，内閣提出法案を作っているのが，官僚たちだからです。首相や大臣の役割は，閣議に上がってきた法案を閣議決定することであって，実際の条文を作ることではありません。官僚が法律を作るのは，立法活動に高度な専門知識が必要とされているからだといわれています。現在，日本にはおよそ約2000本の法令があり，そのなかでも重要な法律を集めた『六法全書』は6000頁以上にのぼります。これに対して，政治家の多くは法律を学んだ経験自体がなく，有権者に対する選挙活動に多くの時間を割かなければなりませ

ん。このため，実際に法律を書く作業は，国家公務員試験に合格した官僚に委ねられることになります。

大臣や副大臣などが野党の質問に**答弁**するときにも，その答弁の内容は官僚たちが書いています。ある時期までは，大臣ではなく官僚自身が**政府委員**として答弁を行っていましたが，この慣行は国会審議を空洞化するということで，1990年代に**国会改革**が行われ，現在では副大臣や大臣政務官が答弁に立っています。ですが，法案を作っているのが官僚だという事実は変わりません。政治家が答えられない質問については，政府参考人が答弁を行います。

その意味で，官僚制は単に政治家の作った法律を執行する主体ではありません。むしろ，官僚制こそが立法過程の始点に位置していることになります。

▷ 野党の抵抗

これが内閣の側の姿だとすると，それに対抗する野党の政治家たちの行動も，日本では一風変わっています。委員会の場で，法案の審議とは関係のなさそうな質問をしたり，政権のスキャンダルを攻撃したりするのです。挙げ句の果てには，採決に反対して議長席を取り囲んだり，投票に際して長時間の演説をしたり，牛歩戦術をしたりしています。なぜ，野党は対案も出さずに，ただ**議事妨害**をしているのでしょうか。

この戦術が有効なのは，国会に**会期制**が設けられているからです。日本では，通常国会の会期は年間に150日間と定められており，1月に国会を開会すれば，6月には終わってしまいます。そして，法案が会期中に委員会を通過しないと，国会の会期を延長しない限り，継続審査や廃案になってしまうのです。もともと，会期制は政府が野党の抵抗を封じるために設けられた手段でした。戦前の帝国議会の会期が90日間だったように，民主化以前の時代には，国会の会

期を短く設定して野党の抵抗を封じ，それ以外の期間は勅令などを使って統治をするのが一般的でした。ところが，今日の日本の内閣は，そうした手段を持っていません。だからこそ，戦前には政党の発言力を封じるために設けられた国会の会期制が，戦後には与党の権力行使を食い止める手段となったのです。

このような局面になると，与野党の**国会対策委員長**の会談が行われます。そして，そこでの合意によって，会期が延長されたり，野党が法案の審議に応じたりします。ですが，実はこの国会対策委員長というポストは，法的には規定がありません。本来，議院の運営をめぐる合意形成を行うための場としては**議院運営委員会**が置かれており，ここに各党が集まって法案の審議の順番などを決定する制度になっています。しかし，この場で議論を行うと，収拾がつきません。そこで，各政党で国会対策委員会を作り，そのトップに意見を集約することで，与野党の妥協点を探るのです。こうした国会における不透明な意思決定のあり方は，国対政治と呼ばれてきました。

しかし，制度的に見た場合，議事妨害などの野党の抵抗が効果的であるかはわかりません。そもそも**委員会中心主義**の典型例とされ，多数の委員会に権限が分散しているとされるアメリカにおいても，多数派を握る政党が，議事運営のためのポストを押さえることで，自らに有利な議会運営を行ってきたといわれます（Cox and McCubbins 1993）。そして，国際比較で見た場合，日本の国会制度は与党に議事運営の権限を比較的多く与えているのです。このため，たとえ野党が抵抗しても，実質的には与党優位の決着になることが多いともいわれています（増山 2003）。

議員立法の可能性

このように与党優位になりがちな国会審議を活性化する方法として期待されてきたのは，議員立法です。内閣だけでなく，野党議員

も含むさまざまな議員が法律を提出すれば，より広い意見にもとづいて政治が行われると考えられます。実際，議員立法はしばしば，社会的なマイノリティの意見を反映するために用いられてきました。特に，ジェンダーに関わる立法については，議員立法が重要な入り口です。1990年代以降，児童虐待防止法，DV防止法，ストーカー防止法，そして候補者男女均等法など，さまざまな法律が議員立法として提案され，可決されてきました。こうした法案は，男性支配の傾向が強い自民党や中央省庁からは，出てきにくい性格を持っています（岩本 1997）。

　議員立法を活性化させる最も直接的な方法は，法案を提出するためのハードルを下げることです。法案を提出するためには，衆議院で20人，参議院で10人以上の賛成者が必要です。もし，その法案が予算の支出を必要とする場合には，衆議院で50人，参議院で20人以上の賛成者が必要です。この規定を緩和すれば，議員立法は行いやすくなります。

　その一方で，議員立法による法案の提出を制限する制度は，立法過程を効率化するという考え方もあります。議員が好きなように法案を提出すれば，私的な利益を追求する立法が増えるかもしれません。実際，戦後の早い時期には，議員が自分の選挙区に利益誘導を行うような法案が毎年，数多く提出されていました。それを防ぐため，**国会法**が改正され，議員立法に制限が設けられたのです（川人 2005）。

　しかし，議員立法を制限すると，議員による私的な利益の追求はなくなるのでしょうか。実は，この議論の意味は，与党から見るか，野党から見るかによって大きく異なります。議員立法の多くが野党から提出されている現状では，それに対する制限によって手を縛られるのも，野党の議員です。与党の議員には，内閣提出法案に自分の意見を反映するという方法があります。そして，そこでは政治家

の私的な利益の追求が露骨に行われているのです。

2 官僚主導と政治主導

日本官僚制の政策形成過程

　内閣法によれば，内閣の意思決定は**閣議**で行われます。では，閣議に上がってくる法案は，どこから来るのでしょうか。それは，それぞれの大臣が担当している中央省庁です。そして，中央省庁が法案を作る作業は，組織の末端の末端で行われています。各省の中には複数の局があり，その下には複数の課が配置され，特定の事務を所管しています。そして，各課の所管業務について新たに法律を作るときは，課の職員が法案を作成するのです（中島 2020）。

　こうした政府の意思決定の対象となる事柄を，**政策アジェンダ**と呼びます。特にアメリカ政治では，政策アイデアを売り込む**政策起業家**がシンクタンクなどを舞台に日常的に活動しており，社会問題の発生や政権交代といった偶然の機会に「政策の窓」が開くと，新たな政策アジェンダが劇的に出現することがあるといわれています（キングダン 2017）。これに対して，日本では官僚制の内部から政策アジェンダが生まれるため，アメリカのような政策起業家の姿は見えにくいのが現状です（**コラム13**）。

　もちろん，首相や大臣の強い思い入れがある案件については，その指示によって政策の検討が始まります。しかし，それ以外の政策案の多くは，政治家からの指示を受けることなく，官僚たちが自ら発案します。例えば，自分たちの担当している領域で新しい社会問題が起きたり，メディアで何かの事件が報道されたり，付き合いのある業界関係者から情報提供を受けたり，統計に表れる社会動向に大きな変化があったりしたときに，新たな政策を提唱するのです。

コラム 13　政策起業家とアジェンダ設定　「お気に入りの提案や問題を推進するために喜んで自分の資源を投資する政策起業家と呼ばれる人々は，重要人物に注意を払うよう促すだけでなく，問題に解決策を結びつけたり，問題と解決策の双方を政治に結びつけたりもする」（キングダン　2017：37頁）

「われわれが行った23の事例研究では，15の事例で起業家が非常に重要ないしやや重要としてコード化され，重要でないとされたのはわずか3件だった。過去10年以上にわたって保健や運輸の領域でさまざまな出来事に遭遇してきた人々は，これらの政策起業家たちのことをよく知っている」（キングダン　2017：240頁）

羅：政策起業家って，日本だと何に当たるのでしょうか。政策を作ることに興味があるという学生は，シンクタンクやNPOに入るよりも，公務員になることを目指すでしょう。

前田：たしかに。そういう意味では，日本だと霞が関の中央省庁が最大のシンクタンクですからね。政策を外から売り込むというより，中で作るというイメージです。

羅：でも，最近はそれも変わってきているのではないですか。むしろ，官僚をやめて政策コンサルティングを始めている人もいますね。それに，NPOも重要になってきています。特に，社会問題の現場に直接アクセスしているという点においては，むしろNPOが実は政策形成の最前線にいるということもできるでしょう。

前田：でも，そういう人たちはアメリカの政策起業家と比較できるのでしょうか。

羅：いや，ちょっと違うと思います。キングダンは，議会での立法活動の話をしていますから。たとえば日本のNPOが何か政策に影響を与えたいと考える場合，その売り込み先は，国会ではないでしょう。むしろ，中央省庁にアクセスして，審議会に入るというパターンのほうが多いのではないでしょうか。

前田：その意味では，政治主導の時代だとはいっても，やはり日本では官僚制が鍵を握るということですね。

それに続いて，審議会を開いて有識者や，関係する業界団体の意見を聞いたりしながら，法律案を練り上げる過程が始まります。このような官僚制による定型化された政策形成の**標準業務手続き**（SOP）は，他の諸外国でも一般的に見られるものです（アリソン＆ゼリコウ2016）。日本の特徴は，それが政策形成過程において決定的な役割を果たすことにあります。

▷ 官　僚　主　導

そうなると，大臣は多くの場合，官僚から上がってきた案を，そのまま閣議で説明しているにすぎません。本来ならば，大臣は内閣の一員として省庁を統率するはずが，むしろ官僚の代理人になっているようにも見えます。こうしたことから，ある時期までの日本は，議院内閣制ではなく，**官僚内閣制**だという評価もありました。それは，政党内閣の力が弱く，官僚が実質的に国家を運営していた戦前の体制の名残りだともいわれます（飯尾 2007）。政治家が政府の意思決定を行うための一次元的権力を行使するのだとすれば，官僚は何を意思決定の対象とするかを決める二次元的権力を行使してきたのです（☞第1章3節）。

このため，日本ではしばしば，大きな政策転換が**官僚主導**で生じてきました。例えば，日本では 1990 年代に児童手当や保育サービスの拡充が始まりましたが，その発想自体は以前から旧厚生省の内部で存在していました。それが，1990 年の「1.57 ショック」で出生率の低下が露わになったことで，「少子化対策」というアジェンダが浮上し，政策転換に至ります（西岡 2021）。これは，欧米諸国における福祉国家の再編が労働者と資本家の階級対立によって説明されてきたのとは，大きく異なります（☞第8章1節）。

なぜ，日本では官僚が政策形成において，これほど大きな役割を担ってきたのでしょうか。この問題に対する古典的な回答は，近代

以前の文化的な伝統に答えを求めるものでした。すなわち，西洋社会では市民革命によって旧来の支配層が一掃されたのに対して，日本では明治維新後も武士身分の特権意識が官僚制に継承され，それが戦後改革を経ても残存したという考え方です（辻 1969）。この分析は，日本を儒教圏の一部だと考える西洋社会のステレオタイプとも相まって，アメリカ政治学における日本官僚制への見方を大きく規定することになりました。開発主義国家論は，まさにその典型的な事例です（☞第 5 章 2 節）。

▷ 政党優位論

しかし，そうだとすると，疑問が浮かびます。戦後の民主化とともに改めて表舞台に立った政党の政治家たちは，この仕組みに不満を持たなかったのでしょうか。選挙で選ばれた政治家ではなく，試験に通っただけの官僚が法案を作るというのは，民主主義の原理に反するようにも感じられるでしょう。

実はこの問題は，巨大な官僚制のある国であれば，どこにでも生じます。そこで，この官僚優位論に対して批判を行ううえで，アメリカの議会研究から導入されたのが，**プリンシパル＝エージェント論**という考え方でした。それは，議会と官僚の関係を，経営者と労働者の関係に見立て，本人（プリンシパル）である議会が代理人（エージェント）である官僚の裏切りを防ぐため，代理人を監視するためのさまざまな仕組みを設計すると考える理論です。アメリカの文脈では，議会の委員会が，人事や公聴会などを通じて官僚をコントロールしていると考えます。一見すると官僚が主導しているように見えるのは，合理的選択を行う政治家があえて面倒な事柄を官僚に委任しているからだというのが，ここでの発想です（Huber and Shipan 2002）。

こうした政治家の取り組みの一例を日本で挙げるならば，自民党

表 13-1　国会・中央省庁と自民党の政務調査会の部会

衆議院	中央省庁	自民党
内閣委員会	内閣府	内閣第一部会・内閣第二部会
総務委員会	総務省	総務部会
法務委員会	法務省	法務部会
外務委員会	外務省	外交部会
財務金融委員会	財務省	財務金融部会
文部科学委員会	文部科学省	文部科学部会
厚生労働委員会	厚生労働省	厚生労働部会
農林水産委員会	農林水産省	農林部会・水産部会
経済産業委員会	経済産業省	経済産業部会
国土交通委員会	国土交通省	国土交通部会
環境委員会	環境省	環境部会
安全保障委員会	防衛省	国防部会
国家基本政策委員会		
予算委員会		
決算行政監視委員会		
議院運営委員会		
懲罰委員会		

政権の成立に伴い，閣議決定に先立って与党内の政治家たちの同意を取り付ける**事前審査制**が制度化されたことです（奥・河野編 2015）。一般的には，審議会を経て，法案がある程度固まった段階で，与党，とりわけ自民党の**政務調査会**で，事前審査が行われるのです。政務調査会の各部会は，国会の委員会とその分野を所管する中央省庁に対応しており，それぞれの政策分野に関心を持つ政治家が所属しています（**表 13-1**）。

　この政務調査会の部会で少しでも反対が出ると，法案を閣議に回すことはできません。逆にいえば，ここで党内の合意を取り付けているからこそ，国会に提出された法案にはすべての与党議員が賛成するのです。ここには，日本の国会制度が関わっています。戦後日本では，議院内閣制を採用しながらも，国会については権力分立型の制度設計が行われた結果，内閣には国会で法案審議を促進する手

段が与えられませんでした。このため，あらかじめ与党の合意を得ておく必要が生じたのです（大山 2011）。

以上を踏まえて，日本の政治は官僚主導で行われているように見えても，実は政治家がきちんと統治しているのだという見方が提示されたこともありました。特に 1980 年代になると，自民党政権が長期化するなかで，特定の部会に属して政策分野に詳しくなり，官僚に対して強い影響力を行使する議員も出てきます。こうした議員は，「道路族」や「農林族」など，**族議員**と呼ばれました。そして，族議員の存在こそが，政党が官僚に対して優位に立っていることの証であるという**政党優位論**も唱えられます。

▷ セクショナリズム

ここで問題になるのが，首相の役割です。各省庁の官僚たちが法案を作り，与党の党内審査で所属議員の同意を取り付けたとしましょう。すると，閣議に出てくる法案は既に関係者の同意を得ていることになるので，首相としてはそれを追認するしかありません。逆に，首相が何かをしようとすると，壁に突き当たります。例えば，補助金を削減したり，規制を緩和したりしようとすれば，担当する官僚たちの反対を受けることになります。そして，官僚たちは族議員にも応援を求めるため，首相は難しい立場に立たされます。このように官僚が自分たちの縄張りを守ろうと行動する現象は，官僚制の**セクショナリズム**と呼ばれます。

実際，ある時期までの日本では，首相が権力を行使するための手段は限られていました。首相が独自に任用できる職員の幅はきわめて限られており，**人事権**を用いて官僚をコントロールすることは困難でした。また，首相が独自の政策形成を行うための内閣官房のスタッフの数も少なく，首相から指示を出して各省庁に政策を作らせる仕組みも備わっていませんでした。各省庁の法案は，あらかじめ

官僚たちが調整をすませ，閣議はその決定を追認する機関となりました。トップダウンの意思決定を行うというウェーバー型の近代官僚制の理念系とは異なり，日本ではむしろボトムアップで意思決定が行われてきたのです。

このようなセクショナリズムと首相の弱さは，明治維新以来の日本の政治体制の伝統だともいわれています（辻 1969）。明治政府は，天皇中心の政府だというイメージもありますが，実態としては薩摩と長州の連合政権であり，首相への権力の集中には抵抗がありました。そして，戦後に成立した自民党政権は，戦前の二大政党の出身者を含む保守勢力の派閥の連合でした（☞第12章2節）。このため，やはり首相への権力の集中を避け，党内の派閥間の力の均衡が重視されることになったのです。

▷ 政治主導

1990 年代になると，こうした政官関係を変えるべく，橋本龍太郎内閣の下で行政改革が行われました。その結果，2001 年の**中央省庁再編**によって省庁の数が半分に削減され，**内閣府**の設置と**内閣官房**の拡充によって内閣の機能が強化されました。その効果は，小泉純一郎内閣の下で，**経済財政諮問会議**を活用した規制緩和や郵政民営化に現れたといわれています。そして 2000 年代には，橋本行革をさらに一歩進める動きとして，**公務員制度改革**が行われます。その眼目は，公務員の幹部人事を官邸が掌握することで，首相に権力を集中することでした。2014 年に設置された内閣人事局の下で，局長級以上の人事は内閣が行うという制度が作られました（出雲 2014）。

この一連の改革を経て，今では**政治主導**の政策決定が行われるようになったといわれています。それは，「官邸主導」とも呼ばれます。首相直属の官邸，すなわち内閣官房の職員数が大幅に増員され

図 13-2　内閣官房の拡大

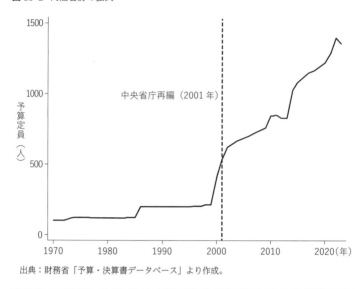

出典：財務省「予算・決算書データベース」より作成。

（**図 13-2**），そこに設置された各種の本部で政策目標が作られた後に，トップダウンで各省に伝達されるようになったのです。その役割を担うのが，各省から内閣官房に出向している「**官邸官僚**」たちです。これらの官僚が自らの出身の省庁に対して首相の意向を伝達することで，コントロールを行う仕組みです（牧原 2018）。

　このような日本における首相の権力の強化は，欧米諸国では「**大統領制化**」と呼ばれ，民主主義を掘り崩す病理現象の一種として論じられてきました（ポグントケ＆ウェブ編 2014）。日本の特徴は，それが意図的な制度改革の結果として出現したことにあります。その背景には，1980 年代の日米貿易摩擦や 1991 年の湾岸戦争に際して，迅速な意思決定が行えなかったという反省がありました。すなわち，安全保障や危機管理という観点から，政治主導の政策決定には大きな期待が寄せられたのです。

▷ 政治の行政化

　行政改革が進められていた頃，政治主導には大きな期待が集まっていました。従来は各省庁や族議員が私的な利益を追求し，特定の選挙区や業界のための非効率な公共事業や規制が行われやすかったのに対して，首相の手に権力を集中すれば，社会全体の利益を考えた政策が選ばれるのではないかと考えられたのです。これに対しては，権力が暴走するおそれがあるという指摘も行われてきました。

　ですが，こうした政治主導の是非をめぐる論争は，より根本的な問題を覆い隠しています。それは，法律を素直に読むと浮かび上がる立法過程のイメージと，実際の立法過程が遠く隔たっているという問題です。従来の自民党政治が抱えていた問題は，国会で行われるべき議論が自民党と官僚の間で不透明な形で行われていたということにありました。ところが，その問題を改善するはずの政治主導は，政策決定の過程を自民党からも見えにくいものにしているのです。内閣官房にはさまざまな会議体が設けられていますが，そこでも一般的な審議会と同様，官邸官僚による事前のインフォーマルな調整が行われています。その一方で，国会は相変わらず空洞化したままです（野中・青木 2016）。

　これは，果たして「政治主導」なのでしょうか。そもそも，リーダーがトップダウンで意思決定を行うというのは，本来，議会ではなく官僚制の発想でした（☞第6章1節）。その意味で，現在日本で生じているのは，「政治主導」とは程遠い，「政治の行政化」なのではないかという指摘もあります（野口 2018）。従来の自民党政治に，特定の選挙区や業界への利益誘導をもたらすという問題があったのだとすれば，権力を集中させるのではなく，むしろ一層分散させるという道もあったはずです。そこで，最後にその道を考えてみることにしましょう。

3　地方自治と市民参加

▷　**政治の現場としての地方自治体**

　もし，政治が身近に感じられないとすれば，その理由の1つは，政策決定の行われている場所が日常生活から遠く離れていることにあります。多くの人にとって，永田町の国会議事堂や霞が関の庁舎は，一生のうちで一度も訪れる機会がない場所です。中央の政府機関が東京に集中しているのに対して，この広大な日本列島では，どの地域に暮らしているのかによって，気候も違えば，産業構造も，文化も違います。そう考えると，中央政府が行う政策決定は，必ずしもそれぞれの地域の実情に即したものにはならないでしょう。

　逆にいえば，霞が関で働く官僚から見ても，市民の日常生活は決して身近ではありません。官僚の仕事は，政策を作ることであって，それを現場で実施することではないからです。政策の実施の大部分は，国家公務員ではなく，都道府県や市町村といった地方政府で働く地方公務員が行います。保育所への入所手続きも，環境規制の立ち入り検査も，ゴミ収集も，それを実施しているのは自治体の職員です。国家公務員が自衛隊員まで含めて約60万人であるのに対して，地方公務員の人数は約270万人に達します。

　そのように考えると，地域の実情に即した行政サービスを提供するには，かなりの部分を自治体の現場に委ねる必要が出てきます（平田 2017）。どのような人に生活保護費を支給するか，公園をどのように整備するか，交通違反をどのように取り締まるかといった事柄を厳格にルールで決めてしまうと，状況に応じて融通を利かせることができなくなってしまいます。つまり，きわめて逆説的ですが，行政活動を地域の実情を反映したものにするためには，民主主義に

よるルールの縛りを緩め，第一線職員（**ストリートレベル官僚**）の裁量を拡大せざるを得ないのです（リプスキー 1998）。

そうだとすれば，国が決めた政策を自治体が実施するのではなく，最初からなるべく多くの事柄を自治体が決めるようにするほうがよいかもしれません。これが，**地方自治**の発想です。国会が法律を作るように，自治体の議会は条例を作り，それに従って行政活動を行えばよいのです。そうすれば，より地域の実情に合わせた政策を作ることができるという意味で，効率的でしょうし，国家権力の暴走を防ぐこともできます。さらに，地方自治を進めれば，市民にとっても政治が身近になり，政治参加が進むことで公共精神が育まれることも期待できます。実際，これまでの日本でも，社会運動の中では住民運動が大きな役割を果たしてきました。特に，日本の特徴は，女性の政治参加が，国政ではなく地方政治に集中してきたことだという指摘もあります（ルブラン 2012）。

▷ 地方分権改革

ところが，日本の地方政府は，長らくそれとは大きく異なる原理にもとづいて運営されてきました。明治期以降の日本では，地方ができないことを国が行うのではなく，国の政策を地方が代行するという形で地方の役割が拡大してきたのです。まず義務教育が市町村によって行われるようになり，それに続いて公共事業や社会保障でも地方の役割が拡大してきました。その結果，既に戦前の段階でも，政策実施においては地方が大きな役割を担うようになっていきました（北山 2011）。

1945 年の敗戦に伴って，新憲法に地方自治の規定が加えられるとともに，アメリカの地方自治の原理を導入する試みが行われました（天川 2017）。その原理とは，まず地方自治体が自治を行い，そこでは扱えないことを国が行うというものです。移住植民地に起源

を持つアメリカでは，植民地総督府を継承した州政府が，連邦政府に対して強い自律性を持っていました。このため，中央と地方の事務は明確に区別され，地方が強い自律性を持つことになります。

しかし実際には，戦後日本でも，自治体が中央省庁の強力な統制下にある時代が長く続きました。まず，地方が実施する事務の大きな部分は，**機関委任事務**として国の監督下に入る一方，その事務を実施するのに必要な税源は乏しかったため，自治体は中央省庁の補助金と地方交付税に依存してきました。そして，中央から地方に職員が出向することで，人員の側面でも統制を効かせてきたのです。

この状況を変えることを期待されたのが，1990年代の**地方分権改革**でした。1995年の地方分権一括法により，機関委任事務は全廃され，自治体の自由度が高まりました。財源面では，小泉政権下の三位一体改革によって補助金が削減され，地方の自主財源が強化されることになりました。ただ，実際には委譲された事務に比べて財源の削減が大きかったため，地方の中央への依存は続いているという指摘もあります（金井 2007）。

▷ **首長のリーダーシップ**

問題は，この地方分権改革が，政治をより身近なものにしたかどうかです。まず，以前よりも市民が活発に政治に参加するようになったかというと，そういう事実はありません。投票率の低落傾向が続いていることなどを見る限り，多くの市民は以前と同じように，政治から距離をとって暮らしています。

むしろ，目立つようになったのが，自治体の首長によるリーダーシップの行使です。そのなかには，先進的な政策を掲げて実行に移し，「改革派首長」と呼ばれる人々も出現しました。一方で，突拍子もない政策を打ち出して市政を混乱させ，行政職員に対するバッシングを煽る首長も現れています。近年の地方自治論の教科書が，

住民ではなく首長を地方政府の主人公として位置づけているのも，こうした時代の流れを反映したものです（北村・青木・平野 2017）

　この背景にあるのは，**二元代表制**という政治制度です。戦後日本では，知事や市長といった首長を公選制とする，アメリカの大統領制にならった制度設計が行われました。このため，議院内閣制を採用する国政とは大きく異なる制度となっています（曽我・待鳥 2007）。二元代表制の下で，首長と議会が異なる党派から選出された場合には，両者の間に対立が生じる可能性が出てきます。近年の東京，名古屋，大阪のような大都市では，首長が議会と衝突し，自らの地域政党を設立する事例が相次いでいます。

　そして，地方分権改革の結果，首長の経歴も変化しました。かつては，国と自民党とのパイプの太い元官僚などが首長になることも多かったのですが，地方でできることが増えたため，国政では出世の道を絶たれた政治家が知事に転身する事例も増えました。つまり，地方分権改革は，権力を握りたい政治家にとって，魅力的なチャンスを提供するものとなったのです（砂原 2017）。

市民参加

　政治をより身近にするには，政策の決定過程に一般市民が参加する機会が増えることが不可欠です。中央政府と比較した場合，地方政府の特徴は，住民が政策決定に直接参加する**市民参加**の仕組みがより充実していることにあります。

　市民参加には，さまざまな種類があります。行政が説明会を開いて，住民に対して事業の内容を説明するだけの場合もあれば，審議会のメンバーとして一般市民の代表者を参加させることで，関心を持つ市民の声を政策に反映する試みもあります。その意味において，市民参加とは，地方議員と首長の選出を通じた地方自治への参画とは異なる形で，市民の声を政策に吸い上げる試みだといえるでしょ

う。近年では，そのための手段として情報技術を生かそうとする動きも生じています。**オープン・ガバメント**や**シビック・テック**といった取り組みが，各地の自治体で行われています。

問題は，こうした市民参加の新たな流れをどう説明するかです。もともと，戦後日本で市民参加のきっかけとなったのは，住民運動でした。高度経済成長期の公害問題をきっかけに，各地で住民運動が盛んに行われるようになったのです。そこで，行政としては，トラブルを避けるために，市民参加の機会を設けるというパターンが成立しました。ただ，今日の日本では住民運動にはかつてのような存在感は見られません。

▷ 市民のための政治の条件

これに対して，近年の市民参加の取り組みは，行政と市民が共に公共サービスの生産に携わるという意味で，「**協働**」や「**共創**」などと呼ばれることもあります。このような市民参加の試みは多くの場合，自治体の職員のイニシアティブによって生じています。ここには，明らかに以前の住民運動とは異なる力学が働いています。

それでは，なぜ行政職員は，市民を巻き込むようになってきているのでしょうか。実は，そこには，より良い政策を作りたいという行政職員の動機が少なからず作用しています。日本に限らず多くの国において，公務員の動機の大きな部分は，民間企業では実現できないような，公共的な価値を実現することにあります。そして，市民のためになるような政策を作るには，結局は行政サービスの受益者である市民の声を聞くのが一番だという考え方が強くなってきているのです（Bason 2018）。

これは，一見すると民主的なプロセスが実現したようにも思えますが，その力学は，これまでの市民参加とは大きく違います。かつての，住民運動に導かれた市民参加は，「人民による政治」という

観点から，市民の力が行政を動かすことを通じて実現したものでした。これに対して，近年の市民参加は，むしろ「人民のための政治」という観点から，行政職員が市民の力を借りる形で行われています。その推進力となっているのは，市民ではなく，行政職員の公共精神なのです。

Book guide　読書案内

・大山礼子『日本の国会 ―― 審議する立法府へ』（岩波書店，2011 年）

　　日本の国会の空洞化がなぜ生じるのかを，その制度から解説する。本会議でまったく審議を行わないという日本の政治慣行を諸外国の議会制度との比較の中で説明する。

・平田彩子『自治体現場の法適用 ―― あいまいな法はいかに実施されるか』（東京大学出版会，2017 年）

　　民間企業を相手に，自治体職員はいかにして法律を執行していくのか。法律の条文では明確な判断ができないとき，そこではさまざまな工夫が行われる。現場への綿密な取材と定量的なアンケート調査で複眼的に明らかにした研究書。

・グレアム・アリソン＆フィリップ・ゼリコウ『決定の本質 ―― キューバ・ミサイル危機の分析〔第 2 版〕』（漆嶋稔訳，日経 BP，2016 年）

　　1962 年のキューバ・ミサイル危機を題材に，政策決定のメカニズムを 3 つの視点から分析する。事例研究として価値があるだけでなく，異なる政策決定モデルの違いを綺麗に整理している。

Bibliography　参考文献

　天川晃（2017）『天川晃最終講義 戦後自治制度の形成』左右社

　アリソン，グレアム＆フィリップ・ゼリコウ（2016）『決定の本質 ―― キューバ・ミサイル危機の分析〔第 2 版〕』漆嶋稔訳，日経 BP

　飯尾潤（2007）『日本の統治構造 ―― 官僚内閣制から議院内閣制へ』中央公論新社

　出雲明子（2014）『公務員制度改革と政治主導 ―― 戦後日本の政治任用制』東海大学出版部

伊藤正次・出雲明子・手塚洋輔（2022）『はじめての行政学〔新版〕』有斐閣

岩本美砂子（1997）「女のいない政治過程——日本の 55 年体制における政策決定を中心に」『女性学』第 5 巻，8-39 頁

大山礼子（2011）『日本の国会——審議する立法府へ』岩波書店

奥健太郎・河野康子編（2015）『自民党政治の源流——事前審査制の史的検証』吉田書店

金井利之（2007）『自治制度』東京大学出版会

川人貞史（2005）『日本の国会制度と政党政治』東京大学出版会

北村亘・青木栄一・平野淳一（2017）『地方自治論——2 つの自律性のはざまで』有斐閣

北山俊哉（2011）『福祉国家の制度発展と地方政府——国民健康保険の政治学』有斐閣

キングダン，ジョン（2017）『アジェンダ・選択肢・公共政策——政策はどのように決まるのか』笠京子訳，勁草書房

佐藤信（2020）『近代日本の統治と空間——私邸・別荘・庁舎』東京大学出版会

白井誠（2021）『危機の時代と国会——前例主義の呪縛を問う』信山社

砂原庸介（2017）『分裂と統合の日本政治——統治機構改革と政党システムの変容』千倉書房

曽我謙悟・待鳥聡史（2007）『日本の地方政治——二元代表制政府の政策選択』名古屋大学出版会

辻清明（1969）『新版　日本官僚制の研究』東京大学出版会

中島誠（2020）『立法学〔第 4 版〕——序論・立法過程論』法律文化社

西岡晋（2021）『日本型福祉国家再編の言説政治と官僚制——家族政策の「少子化対策」化』ナカニシヤ出版

野口雅弘（2018）『忖度と官僚制の政治学』青土社

野中尚人・青木遥（2016）『政策会議と討論なき国会——官邸主導体制の成立と後退する熟議』朝日新聞出版

平田彩子（2017）『自治体現場の法適用——あいまいな法はいかに実施されるか』東京大学出版会

ポグントケ，T. & P. ウェブ編（2014）『民主政治はなぜ「大統領制化」するのか——現代民主主義国家の比較研究』岩崎正洋監訳，ミネルヴァ書房

牧原出（2018）『崩れる政治を立て直す——21 世紀の日本行政改革論』講談

社

増山幹高（2003）『議会制度と日本政治——議事運営の計量政治学』木鐸社

リプスキー，マイケル（1998）『行政サービスのディレンマ——ストリート・レベルの官僚制』田尾雅夫訳，木鐸社

ルブラン，ロビン（2012）『バイシクル・シティズン——「政治」を拒否する日本の主婦』尾内隆之訳，勁草書房

Bason, Christian（2018）*Leading Public Sector Innovation: Co-creating for a Better Society*, 2nd ed., Policy Press.

Cox, Gary W., and Mathew D. McCubbins（1993）*Legislative Leviathan: Party Government in the House*, Cambridge University Press.

Huber, John D., and Charles R. Shipan（2002）*Deliberate Discretion?: The Institutional Foundations of Bureaucratic Autonomy*, Cambridge University Press.

　政治学の教科書は，その時代を何らかの形で反映しています。それは，社会現象には自然現象のような法則性がないからです（☞**序章**）。政治学という学問分野が共有するのは，定式化された理論や法則ではなく，古代から現代へと至る長い歴史の中で書かれてきた，一群の古典です。政治学の教科書は，それらの古典を時代に合わせて読み替えながら，その学問的伝統を紡いできました。そこで最後に，この教科書がどのような時代を背景に書かれたのかを考えてみたいと思います。

日本型多元主義の終わり

　私たちが政治学の勉強を始めた頃，学部レベルの教科書の最高峰とされていたのが，佐々木毅『政治学講義』（初版1999年，第2版2012年）でした。1990年代の政治改革にも深く関与した政治思想史家によって書かれたこの教科書は，西洋古典を縦横に駆使して20世紀の政治学の意義について考察する一方，現代の日本政治に対する鋭い批判を行うものでした。

　そこに描かれたのは，自民党による長期政権の下で展開した日本型多元主義の最終局面です（☞第10章1節）。そこでは，官僚制の垣根に合わせて業界ごとに仕切られた利益集団がロビイングを行い，自らの既得権を主張する一方，それを乗り越えて統一的な政策のビジョンを示すべき政権党は，族議員に蹂躙されて官僚制と一体化し，公共の利益が損なわれていました（佐々木 1999 = 2012）。

　佐々木の議論の特徴は，シュンペーターの民主主義論に沿って政治エリートと市民の役割を明確に区別し，そのうえで前者に公共の利益を論じる「政治的意味空間」の再生を求めたことでした。これは，一見すると市民の間の討論を通じて公共の利益へと至る熟議民主主義の発想にも似ていますが（☞第9章2節），政治エリートがその担い手であるという点で決定的に異なっています。その構想は，政党の指導者に強大な権限を与えるとともに，政権交代可能な二大政党制を作ることを通じて，リーダー同士の活発な政策論争を生み出すことでした。

合理的選択と制度設計

　2000年代の日本では，政治の雰囲気が大きく変わります。小泉純一郎政権下では首相が強力なリーダーシップを発揮し，政治主導の時代を印象づけました。「構造改革」が実施され，利益集団政治にもメスが入ります。2009年には政権交代も実現し，二大政党制

への移行が現実味を増しました。

　1990年代の政治改革がもたらした変化は，おそらくは政治学の教科書にも影響を与えています。そのなかでも特に明快な立場を打ち出したのが，砂原庸介・稗田健志・多湖淳『政治学の第一歩』(初版2015年，新版2020年) でしょう。この教科書は，合理的な個人の戦略的な相互作用を通じて政治秩序を形成する道を探るという構想の下，そのような諸個人の利害を調整し，集合行為問題を解決する政治制度の働きを議論の中心に据えました。その性格を端的に示しているのが，「退出・発言・忠誠ゲーム」という数理モデルです。このモデルによれば，国家が市民の「発言」に対して応答するのは，決して市民が「忠誠」を誓うからではありません。むしろ，国家が市民の利益を考慮するのは，市民が統治への協力を打ち切って「退出」する選択肢を持っている場合なのです (砂原・稗田・多湖2015 = 2020)。

　この「退出」する能力は，市民を従来とは異なる角度から改めて政治の主役として位置づけるものでした。合理的選択を行う市民は，常に損得を考えながら選挙での投票先や居住する自治体を選びます。だからこそ，政権党は有権者に支持されることではなく，むしろその支持を失うことに敏感になり，自治体は住民の「足による投票」によって互いに競争するのです。そこには，市民の公共精神も，政策に関する詳細な知識も必要ありません。そのような高い基準を満たすことを市民に要求せずとも，政治エリートを競争させ，権力の独占を防ぐ制度が適切に設計されていれば，市民の「発言」に応答するような政治が行われ得るのです。この考え方は，市場競争を通じて政治秩序を創出する自由主義の政治思想の伝統を継承しています (☞第4章1節)。

しかし，2010年代以降の世界では，人間の合理性への期待を吹き飛ばしてしまうような非合理性が噴出します。とりわけ重要だったのは，民主主義のモデルとされたアメリカやイギリスなどの欧米諸国においてポピュリズムが台頭し，その政治体制が一気に輝きを失ってしまったことでした。そして欧米諸国が新型コロナウイルス感染症の流行に際して迷走するなか，強力な感染症対策を実施した中国のような権威主義体制のほうが民主主義体制よりも優れているのではないかという議論も登場します。

このような状況の下で書かれたのが，犬塚元・河野有理・森川輝一『政治学入門』(2023年) でした。この教科書は，民主主義が危機に瀕しているという現状認識の下，改めてその基礎に遡り，現在の政治体制の存立根拠を問い直しました。そこでは，「リベラル・デモクラシー」という意味での民主主義の意義が考察されています。今日の世界のリベラル・デモクラシーは，たとえ「みんなで決める」という意味での「ほんとうの」民主主義ではないとしても，個人の権利を守り，「決めすぎない」ようにする仕組みを備えた「まっとうな」民主主義だというのがこの教科書の立場でした (犬塚・河野・森川 2023)。

これは，民主主義への幻滅が蔓延するなかで，その価値を改めて確認するものです。戦後日本の政治学でかつて盛んだったような，「進んだ西洋」と「遅れた日本」を対比する図式は，そこにはありません。リベラル・デモクラシーに向かう歴史の流れは，日本においては既に明治維新から大正デモクラシーにかけて生じていたというのが，この教科書の認識です。たとえ不完全であっても，多様な人々の共存を可能にする点で，リベラル・デモクラシーは権威主義体制よりも明らかに望ましいと考えられているのです。この考え方は，共産主義とファシズムの台頭した時代に民主主義の本質と対峙

したシュンペーターの発想に通じます（☞第6章2節）。

権力にあらがう

　今回の私たちの教科書は，こうした従来の教科書への応答として書かれています。今日の民主主義に，さまざまな政治的な立場の違いを，暴力抜きに調停できるという重要な美徳があるのは確かでしょう（☞第6章3節）。しかし，そこには多くの人々の声が反映されていません。そうだとすれば，やはり民主主義の現状が孕む問題点を直視するべきではないでしょうか。そして，ポピュリズム現象も，既存の民主主義の閉鎖性への批判として見るべきではないでしょうか。これらの問題意識が，本書全体の導きの糸となってきました。

　この教科書が，民主主義ではなく国民国家を出発点として選択したのも，このような認識を反映しています。現代はグローバル化の時代であるといわれ，国境を越えて多くの人が行き来するようになりました。それにもかかわらず，民主主義は「国民」の存在を前提とし続けています。問題は，その枠組みが，民主主義が成立する段階で最初から埋め込まれていたことです。民主主義が市民の意見を反映する政治体制なのだとしたら，市民ではない人はどうすればよいのでしょうか。市民の中でも，十分な権利を持たない女性や民族的マイノリティなどの意見は，どうすれば政治に反映されるのでしょうか。こうした問いは，今日の民主主義が決して万能ではなく，かなりの改善の余地を残していることを明らかにしています。

　この問題に取り組むうえで重要なのは，多くの場合，当事者が個人的に「退出」したり「発言」したりする力を持っていないということです。むしろ，市民であるかどうかに関わりなく，市井の人々が権力にあらがい，その連帯が何らかの変化を生み出すようなシナリオを探るのが本書の課題でした。政党の競争ではなく多様な人々

の代表を，そして政治指導者のリーダーシップの行使ではなく社会運動による問題提起を重視しているのは，こうした考え方にもとづいています。

▷ 世界というテクスト

　以上のような立場の違いは，何らかの優劣を示すものではありません。むしろ重要なのは，同じ古典を読んで政治について考えたとしても，そのテクストから引き出される解釈が，それぞれの教科書の視点によってまったく異なるということです。その意味で，本書は私たちなりのテクストの読み方を示す試みでした。以前の教科書とは違う角度から政治学の古典を捉え直すことは，政治権力の働きを読み解く新たな視点を提供することを通じて，現状を変えるきっかけとなると私たちは信じます。

　そして，私たちの理解する限り，それこそが政治学の面白さです。権力を持たない人々が，それでも力を合わせて現状を打開してきたのは，世界の成り立ちを従来とは違う角度から考え直すことによってでした。マルクス主義であれ，フェミニズムであれ，アナキズムであれ，近代の国民国家に対する異議申し立てを行う思想の力は，軍事力を増強したり，富を生み出したりするなかで生まれてきたわけではありません。その力は，誰も考えたことがない世界の読み方を明らかにすることによって生まれてきました。

　国家権力を握る政治エリートや社会の主流派が提示してきた世界の読み方に，いかに対抗し，自分なりの読み方を作り出していくか。それは，単に先人の残したテクストを読むという営みにはとどまりません。私たちが暮らすこの世界こそが，1つの読み解くべきテクストであり，政治学とは，その読み解き方について考える学問なのです。

Bibliography 参考文献

犬塚元・河野有理・森川輝一（2023）『政治学入門——歴史と思想から学ぶ』有斐閣

佐々木毅（1999 = 2012）『政治学講義』東京大学出版会

砂原庸介・稗田健志・多湖淳（2015 = 2020）『政治学の第一歩』有斐閣

あ と が き

　この教科書を生んだのは，ある懐の深い編集者です。その始まりは，2020 年の春，有斐閣の岡山義信さんが著者の一人（前田）に教科書の執筆を依頼するメールを送ったことでした。これは，実に驚くべきことでした。なぜなら，前田は従来の有斐閣の政治学の教科書がいずれもジェンダーの視点を欠いていると論じる本を出版したばかりだったからです。自社の出版物に対する批判に即座に反応し，新たな教科書を作るべく動き出すというのは，並々ならぬプロ意識だという他ありません。

　それでは，どのような教科書を作るか。もう一人の著者（羅）が加わり，それぞれの大学で行っている授業の取り組みについて話し合うなかで浮上したのが，権力というテーマです。ただし，それは主権者である国民が持つ権力ではありません。日本人教員であれば自然と行うであろう「主権者教育」は，外国人教員である羅にとっては悩ましい課題でした。そこで本書では，その悩みに正面から向き合ってみることにしたのです。その結果，人々が被治者として経験する国家の権力に焦点を当てる方針が決まりました。

　作業は，前半の序章，第 I 部，第 II 部の初稿を羅，後半の第 III 部と終章の初稿を前田が執筆した後，互いの原稿に手を入れる形で進めました。そして，出来上がった原稿を林載桓さん（青山学院大学），梅川葉菜さん（駒澤大学），河野有理さん（法政大学），作内由子さん（獨協大学）に読んでいただき，多くの改善点の提案を受けたうえで，

改めて完成原稿を作成しています。

　ご協力いただいた4名の査読者，そして本書を完成に導いてくださった岡山さんをはじめとする有斐閣の皆様に感謝します。

　　2023年11月

　　　　　　　　　　　　　　　　　　羅芝賢・前田健太郎

索　引

事項索引

人 名 索 引

【y-knot Musubu】

権力を読み解く政治学
Politics and Power

―――――――――――――――――――――――――――

2023 年 12 月 20 日 初版第 1 刷発行

著　者　羅芝賢・前田健太郎

発行者　江草貞治

発行所　株式会社有斐閣

　　　　〒101-0051 東京都千代田区神田神保町 2-17

　　　　https://www.yuhikaku.co.jp/

装　丁　高野美緒子

印　刷　株式会社精興社

製　本　牧製本印刷株式会社

装丁印刷　株式会社亨有堂印刷所

落丁・乱丁本はお取替えいたします。定価はカバーに表示してあります。
©2023, Jihyun Na and Kentaro Maeda.
Printed in Japan ISBN 978-4-641-20008-1